加勒比之梦

旅游、帝国扩张与全球流动

[美] 布莱克·C. 斯科特 著 刘雅虹 译

Blake C. Scott

Unpacked

A History of Caribbean Tourism

中国科学技术出版社

·北 京·

北京市版权局著作权合同登记 图字：01-2023-3213

图书在版编目（CIP）数据

加勒比之梦：旅游、帝国扩张与全球流动 /（美）布莱克·C. 斯科特（Blake C. Scott）著；刘雅虹译 . — 北京：中国科学技术出版社，2024.4

书名原文：Unpacked: A History of Caribbean Tourism

ISBN 978-7-5236-0432-8

Ⅰ.①加… Ⅱ.①布…②刘… Ⅲ.①旅游业发展—研究—中美洲 Ⅳ.① F597.3

中国国家版本馆 CIP 数据核字（2024）第 039799 号

策划编辑	刘　畅　宋竹青	责任编辑	高雪静
封面设计	周伟伟	版式设计	蚂蚁设计
责任校对	邓雪梅	责任印制	李晓霖

出　　版	中国科学技术出版社
发　　行	中国科学技术出版社有限公司发行部
地　　址	北京市海淀区中关村南大街 16 号
邮　　编	100081
发行电话	010-62173865
传　　真	010-62173081
网　　址	http://www.cspbooks.com.cn

开　　本	880mm×1230mm　1/32
字　　数	226 千字
印　　张	10
版　　次	2024 年 4 月第 1 版
印　　次	2024 年 4 月第 1 次印刷
印　　刷	北京盛通印刷股份有限公司
书　　号	ISBN 978-7-5236-0432-8 / F·1203
定　　价	69.00 元

序言

　　长久以来，一个主题被定义为"民主化"的故事，在不同的旅游史学家的叙述中不断演变。故事从"巡游欧洲"（Grand Tour in Europe）开始。当时出现了一种仅限于精英圈子的消遣活动，实则是超级富豪们在比赛花钱，看谁花得多。[1]参加此活动的女性虽不多，但旅行给她们提供了一个"出去走走"的机会，即给了她们自由。[2]随着蒸汽轮船和铁路的发展，以及每周工作时间的缩短，越来越多的人通过旅行来寻求放松、教育和乐趣。[3]工人们去海滩嬉戏玩乐；[4]大批女性参加"库克之旅"[①]；[5]中产阶级纷纷前往乡下，走向远方，渴望提升自己。历史遗迹和自然美景成了世俗的朝圣地，是歌颂祖国的地方。[6]到了20世纪，政府认识到旅游业可以促进意识形态的传播，从而利用旅游业来推销它们各自的世界观，也因此获得了大批追随者。[7]汽车让几乎每个人都有可能打破惯例（或者说，至少使人们能够更有效、更便宜地旅行）。第二次世界大战后，生活水平迅速提升，人们可以参加大众旅游以及各种别出心裁的个性旅游。[8]很快，人人可以去旅行，大家都成了游客。

---

① 托马斯·库克（Thomas Cook，1808—1892），近代旅游业之父，首创了"团队游"模式。——译者注

然而，事实并非如此。旅游业本质上是服务行业，史学家们对旅游业的劳动力了解甚微。这通常不是一份高薪工作。许多居住在当地社区的有色人种充当了劳动力，但他们却从中受益甚少。大笔资金经过那些负担不起度假支出的贫困工人之手，流入白人管理的大型跨国公司的金库，[9]而我们对该故事的这一面知之甚少。

同样，休闲旅游的前提是人们可以从日常事务中脱身出来。它带人们体会异域风情，鼓励游客参观当地人的生活。游客们对快乐而淳朴的原住民的生活方式心驰神往。"原住民之旅"是最能直观体验和观察原住民生活的旅行。[10]

也许我们不该惊讶。通过大英帝国的航线，旅游业延伸到了欧洲以外。游客们所看到的，正是一些帝国主义者自己所谓的"前殖民地"和"当地人"的样子。当地人天真烂漫，民风淳朴。[11]对这一普遍观点，游客挑不出毛病，他们一般也不会问太多难以回答的问题。虽然旅游业吸引客源的一部分原因，可能是承诺游客可以在旅游中认识新事物，但大多数人从中所获得的体验却寥寥无几，而且流于表面。

本书（*Unpacked: A History of Caribbean Tourism*）是对民主化叙事的推翻和重新定义。在本书的开篇，布莱克·斯科特（Blake C. Scott）就直言不讳："如果你要找的是有趣的休闲指南，那还是别看这本书，将其放回书架吧！否则，该书的内容可能会破坏你的心情，毁了你的假期。"他的话有一定道理。书中的很多内容会让读者感到扫兴，但作者叙述的故事引人入胜，书中的人物各种各样，提供的材料也很具有权威性，所以阅读这本书是一种享受。尤为重要的是，只有我们认识到问题所在，事情才会向好的方向转变。这本书就找出了问题的症结及问题的形成过程。

斯科特的秘密在于，他从未忽视这样一个事实：加勒比地区旅游业的故事归根结底是关于"人"的故事。加勒比旅游业是"人"决策的产物，是一个充满政治性的故事，也是关于社会和文化的故事。斯科特写道：

> 游客——历史上，是美国、加拿大或欧洲的富裕白人，他们的霸权身份依赖于20世纪深刻的社会转变，包括对热带疾病和健康的理解、交通技术和基础设施、美国外交政策、种族化的移民限制、对发展和自然的愿景，以及旅行者对国外和国内的想象。然而，唯有通过研究人们的生活经验，才能了解所有这些因素是怎样融合在个人生活和社会形式中的，旅游业的历史与人是不可分割的。

旅游业的故事绝非发生在富人和穷人之间的偶然事件。旅游业从一开始就是这样建构的：开发者和推广者刻意为之。哪些人可以享有现代休闲旅游，哪些人又被排除在外，这通常由种族观念来定义。不平等是旅游业的原罪之一。

考虑到旅游业的复杂性，详细描述旅游业的故事是一个十分艰巨的任务。斯科特的做法是叙述了一系列小故事，涉及的问题包括美国帝国主义、政治决策、科学研究和探险、旅行写作以及充满暴力的去殖民化故事，等等。为此，他融合了详细的档案研究、文学研究、家族史研究（"我和很多人一样，是旅游业历史的产物"），甚至亲身体验。这个方法很成功。我们读完本书就会发现，"加勒比旅游业的历史是……由其线路和历史根源所定义的"。

斯科特的叙述从修建巴拿马运河（1904—1914）和加勒比地区"从患病到渴望"的"转向"开始，以此来证明美国的扩张与加勒比旅游业密切相关。这条运河不仅仅是"大运河"，还象征着战胜"邪恶巨龙"的不懈努力——这是一条"呼出毒气"、导致无数旅行者和游客死亡的"恶龙"，"人一踏上海岸，就会衰竭而死"。运河的修成使游客更容易到达，而其控制疾病的能力使他们变得更安全，加勒比地区由此改头换面，成了"疗养胜地"。在这个故事中，斯科特向我们介绍了渴望赚钱、勇于冒险的年轻人，急于战胜由蚊子传播的疾病的军医，以及宣扬爱国情绪的政治家，而这种爱国情绪源于对工程和医学进步的自豪。在这本书中，读者会看到寻求光明未来的加勒比黑人移民，还会了解到当时盛行的从美国传到巴拿马及加勒比其他国家的种族主义观点，以及控制该地区劳工的种族等级制度。美国白人负责建设工作，黑人则"被贬到危险和艰苦的工作岗位上"。这种劳工结构很快也定义了旅游经济：美国白人和欧洲人受到欢迎，而黑人和棕色人种则为他们服务。与此同时，建造运河的帝国主义基础设施也被重新利用，构成了旅游业的重要组成部分。

随着运河的建成，越来越多的人前往佛罗里达州、古巴和巴拿马。环加勒比海国家（circum-Caribbean）的政治领袖，比如有着"巴拿马现代化的建筑师"之称的贝利萨里奥·波拉斯总统（Belisario Porras）就曾大力推动旅游业发展。斯科特向我们展示了波拉斯——这位有着强烈反帝国主义背景的巴拿马民族主义者——是如何将旅游业视为前进的道路的。美帝国主义从表面上看可能不那么好，但事实上美国人改善了这里的卫生条件，提供了更便利的交通，所以现在是时候吸引外国人来赚钱了。正如斯科特所说，"旅游业似乎打通了外国统治和民族主义引导经济的愿望之间的暗道"。随后巴拿马举办了全国博览会和其他促销活动，并投资修建了休闲基础设施。

然而，如果波拉斯和其他领导人将旅游业视为前进的道路，那么他们也确实内化了这一概念，即应该由"白人"而不是黑人来开展旅游业，因为"我们共和国的实际人口满足不了国家发展的需求"。他们需要吸引白人来到这个国家定居或者旅游，而"社会效率低"的人只能卖苦力。充其量，这些人只适合做服务人员，他们甚至被禁止进入旅游区和赌场，除非他们手里端有一盘饮料，身上穿着专门的制服。这种隔离现象并非巴拿马独有，"尽管加勒比地区和拉丁美洲的精英阶层为欧洲裔白人的旅游和投资制定了极其宽松和慷慨的激励措施，但他们对非白人旅行者和移民却存在严重歧视"。他们详细界定了谁可以成为游客，而谁不能。种族和国籍是决定因素。毫不奇怪，早期的旅游宣传材料经常对"国民生活中的非洲裔加勒比元素"忽略不提。

航海业和航空旅行的发展代表了另一场革命，改变了早期的时间和空间概念，但基本没有消除旅游业中迅速显现的种族分歧。事实上，新的流动模式"加剧而非减少了社会不平等现象"。轮船和飞机往来的地方产生了一种"立交桥文化"。小型港口被绕过，对富人游客没有吸引力的地方被遗弃，与其他地方逐渐隔绝。财富集中在越来越少的地方。那些不在旅游线路上的地方越来越与世隔绝。

还有其他因素促成了人们选择去加勒比地区旅行，并进一步加深了人们对去加勒比地区度假的渴望。科学家和博物学家都在讲述他们的热带之旅，这就创造了"印第安纳·琼斯（Indiana Jones）和罗斯福式"的粗犷探险家的典型形象。旅游业开始资本化。斯科特得出结论："在 20 世纪的流行文化中，冒险无处不在。"但是，根据制度，在加勒比地区探险的人通常仅限于白人男性，有色人种可以扮演服务角色，但在其他方面，他们被认为不合适。这一点正如大英帝国统治南亚时期一样，殖民政府规定狩猎者仅限于白人，而当地人只能充当向导或将老虎赶出户外供白人来狩猎。[12] 旅游业接受了这一遗产：

> 它承载了殖民探险家的文化特权和排外做法的历史包袱……现代旅游业模仿和包装了这种社会化和自然化的秩序，以供大众消费。游客可以想象自己在探索未知的大自然，而导游、开路工、女佣、司机和所有仆人们在看不见的地方干活，以制造一种不存在的感觉。

欧内斯特·海明威（Ernest Hemingway）等作家为白人游客增加了另一个可以尝试扮演的角色——作家。他们激发了出国体验的渴望和通过游历和写作来谋生的梦想，而后一点往往是不现实的。他们充当游客和当地人之间的媒介，宣扬自我放逐，然而，却依靠他们声称要抵制的科技、政治和经济的手段来逃离原来的那种生活。与此同时，他们向广大读者展示了种族差异和享乐的感受。例如，海明威"在他的故事中使用了种族主义和种族特权"。他的主要角色"几乎是清一色的白人"，他们在挑战危险的同时展示了"特殊的"和值得向往的东西，而有色人种则"被描写成卑躬屈膝的样子"。结果，早期的加勒比旅游业成为"白人的幻想"，作者们将其卖给了广大读者。这一遗产至今依旧根深蒂固。

在这种背景下，旅游基础设施，特别是一些著名的酒店，常常成为"处于去殖民化核心的跨文化冲突"的诱人目标。斯科特详细描述了蒂沃利酒店（Hotel Tivoli），这是美国人在巴拿马城为美国和欧洲游客开设的热门旅游目的地。1964年年初，巴拿马发生了反对美国在该地区存在的民众起义，蒂沃利酒店也遭到袭击，两名巴拿马青年试图从空中轰炸该酒店，他们使用了子弹、石头，并试图放火。他们的努力最终失败了，但这次大规模袭击持续了三天。

这家酒店于1906年开业，主要接待白人，由黑人服务员来招待，游客并未因此受到打扰。然而，对巴拿马人来说，这家奢华的酒店与他们在困苦中挣扎的日常生活形成了鲜明的对照，他们被禁止在那里逗留。他们也缺乏充分的医疗保健以及高中阶段的公共教育。美国人享受着"高档游泳池、网球场、花园"，而当地人则住在"破旧的棚屋"里。斯科特明确表示，蒂沃利酒店只是这种反差的一个例子。菲德尔·卡斯特罗（Fidel Castro）迅速将哈瓦那希尔顿酒店（the Havana Hilton Hotel）变成了他的总部，并将该建筑命名为"自由哈瓦那"。埃及的谢泼德酒店

（Shepheard's Hotel）也遭遇了类似的命运，这象征着"大英帝国衰落的尾声"。现在，这些告别了过去几十年外国消费和过度消费的建筑，代表着一群不愿忍受从前那种生活的人。

这种暴力几乎没有消除现在已经被奉若神明的种族问题，也没有消除体现这种问题的旅游业。随着民族主义政府在去殖民化之后成长壮大，它们将旅游业作为一个前途光明的经济引擎。这种做法使得从一开始就存在的不平等现象延续至今。正如本书明确指出的那样，从根本上来说，旅游业是帝国主义的产物，但游客"似乎已经忘记了这个历史组合的过程"，"游客们受这个组合的影响，但并不需要知道其观念和行为从何而来"。

从这个角度来看，旅游业的故事绝不是民主化的故事。世界上大多数国家从一开始就被排除在外。我们当然可以期待这种情况得到改善。随着这本书进入制作阶段，游客们在新冠感染封锁结束后再次登上了飞机和游轮。针对此事，专栏作家和评论员指出了该行业的环境和与阶级相关的问题。他们说，威尼斯老城的当地人因为负担不起那里的生活费用已经被赶出了老城区。专栏作家和评论员呼吁关注许多亟须保护的历史遗迹和自然环境再次出现过度旅游的问题。他们为大多数旅游业从业者的低工资而担忧。他们想知道旅游业的恢复是否会带来更新的可能性。也许疫情会催生一种新的旅游业，一种以可持续性、社会责任感、相互理解和收入分配更加公平为前提的休闲旅游业。[13]

也许吧。关键是要知道我们所了解的旅游业从何而来、为何产生，应当认识旅游业的不利之处，并反思从一开始定义它的话语和行为。然而，只有我们认识到旅游业的复杂性，我们才能有所行动。这本书代表着朝这个方向迈出的重要一步。虽然它讲述的故事可能不会立刻温暖人心，但我们不应该因此而将其束之高阁。恰恰相反，阅读这本书的收获令人惊喜。谁知道呢，也许有一天，我们可以公正地讲述一个真正实现了的民主化的故事。

埃里克·G.E.朱洛

前言

旅游流动问题

　　如果你寻找的是一本充满趣味的休闲指南，那就把这本书放回书架不要读了。该书的内容可能会让你扫兴并毁了你的假期。有时候，事实就会导致这种后果。

　　2020 年春季，为阻止新型冠状病毒的传播，城市封控，国门关闭。人们清楚地认识到，工作出差、休闲旅游或外出购买必需品都成为病毒在人与人之间传播的主要媒介。游客被劝返、移民被迫逃离或被困在边境。飞机、游轮和火车都停止了运行。全球都是如此。无论政客和卫生当局如何粉饰太平，事实是所有的人并非都"在同一条船上"。当纽约和东京等国际化大都市进入隔离状态时，有钱人纷纷逃到第二套住房和度假出租屋，富人区人去楼空，而穷人们还在长达数月的隔离中苦苦挣扎。[1]

　　新冠病毒的传播再次提醒人们要面对一个深刻的全球性困境：流动问题。社会学家、流动问题研究专家米米·谢勒（Mimi Sheller）说："全世界人民和各国政府都在应对一系列有关我们出行方式的危机。"[2] 无论是流行病、飓风，还是与之相反的度假，人类最关心的是流动问题。历史学家和加勒比地区研究专家詹姆斯（C. L. R. James）在其 1963 年的回忆录中阐述了这一现代问题："时间会流逝，旧帝国会陨落，新帝国会取而代之。国家之间的关系和阶级之间的关系必须改变。我才发现，相对于商品的质量和实用性，流动更重要。你在哪里，你拥有什么，这些都无关紧要。而你从哪里来，到哪里去，以及你到达目的地的速度才是最重要的。"[3] 有些人可以旅行，参加社交活动，改变他们的现实生活，而有些人却不能。更有甚者，一些人能够出门去消遣享乐，过着奢华的生活，而另一些人却不得不一直困在家里。更糟糕的是，有人为了逃离迫害而出行，有人因为贫困而不得不外出谋生。这个问题在历史上源远流长，而其延续下来的思想和社会性表现——是否具备行动自由，在我们的全球化时代卷土重来。

当然，有很多方法来研究流动问题，但是正如我在本书中所说的，如何看待现代生活中这个如今被认为不可或缺的方面，旅游业历史提供了一个必要的、有启发性的视角。富人和穷人的流动才形成旅游业。根据联合国统计，旅游业还提供了世界上约十分之一的就业机会。[4] 旅游业是世界上最庞大和最赚钱的经济活动之一。似乎每个人都梦想度假，但实际上，休闲旅游仍然是一种专属于精英的流动形式。在 21 世纪初出现旅游热潮时，世界也经历了历史上最严重的移民危机之一。数百万逃离暴力、贫困和环境灾难的移民在一个又一个边境被拒绝入境。与此同时，享有特权的游客却前往南方，参观豪华的度假胜地。

在美洲的中心加勒比海，数以亿计的游客去度假，与此同时，无数的墨西哥人、古巴人、海地人、牙买加人和中美洲人却在寻找一条秘密的途径穿越边境进入美国。一名游客乘坐加勒比海豪华游轮穿越多个国家边境的平均费用为 1 500 美元，而当局很少过问。相比之下，为了寻求更好生活的中美洲无证移民为了能藏在卡车或安全藏身处偷渡成功，可能会支付 10 000 美元以上，还要被走私犯虐待，被政客妖魔化。[5]显然有些做法是错误的。一些游客非常受欢迎（当地人铺上红地毯，给龙虾涂上黄油，端上最好的葡萄酒招待客人），而另一些人则被视为不受欢迎的难民，遭到追捕并被关进监狱，与他们的孩子分离，并被驱逐到南方。有些人被认为是"受欢迎的"游客，而另一些人则被认为是非法的"不受欢迎的"难民。这些能流动和不能流动的界限究竟从何而来？

本书通过考察加勒比地区的旅游历史来审视这种流动性悖论。然而，可能有人会问，当全世界这么多社区都受到这些流动／不流动问题的困扰时，为什么要把重点放在加勒比地区？首先，加勒比是世界上最依赖旅游业的地区之一；其次，该区域对于理解全球化的历史至关重要。从佛罗里达州（Florida）到安的列斯群岛（Antilles），再到中美洲（Central America）和南美洲北部（northern South America），环加勒比海地区是现代世界第一个真正的全球十字路口。从加勒比海地区的角度分析旅游业这个最具国际性的行业之一的历史，揭示了旅游业与政治、文化、经济和环境的相互联系，这种联系如今普遍被称为全球化。加勒比海旅游业的历史是全球流动／不流动现象的风向标。

我想很多读者会从你们的个人经历中知道，旅游业也是出行方式之一，我们中的许多人都感受到了旅游业的双重影响，一方面是作为游客去旅行，另一方面自己所在社区也经常被游客光顾。我在佛罗里达州中部的奥兰多（Orlando）附近的一个小型社区长大，我永远不会忘记上岸游客的样子，也不会忘记旅行中的不平等。我的家乡是退休人员和游客花钱消遣的地方，同时这个半岛也是来自发展中国家的移民和难民的目的地。奥兰多国际大道（International Drive）的一边有旅游景点和豪华酒店，而另一边却是破旧的公寓楼群和无证打工者的房子拥挤在一起。这些工人使旅游设施得以运转，以其低廉的服务使游客实现度假梦，而他们得到的薪水却很微薄。这种可见的休闲和隐形的服务之间的复杂关系具有社会启示性，但却被旅行的大众所忽视。

在度假城镇出生和长大的当地人也加入了全球旅游经济的热潮，他们为游客提供饮料、食物和娱乐。只要让游客展颜并收获有趣的体验，当地人挣到的钱可能比需要大学学位的工作领域里的更多。我现在居住的南卡罗来纳州的查尔斯顿（Charleston, South Carolina），2018 年和 2019 年每年都有超过 700 万的游客到访。查尔斯顿是一个历史上充满种族歧视的南方港口城市，它的经济和地位都依赖于国际旅游业。我的许多邻居和一些年轻人都在畅想未来，去国王街上的酒吧和酒店赚快钱十分诱人。然而，年复一年，每天为别人的假期服务，可能会对一个人的身心造成负担。正如 2020 年春季的全球危机提醒我们的那样，旅游收入来得快去得也快，会让企业和服务人员陷入困境，无力支付账单。⁶ 旅游业的金蛋全都破灭了。

人类学家、社会学家、记者和社会评论家试图理解旅游文化在美国南部、加勒比海群岛以及全世界阳光充足的热带地区塑造社区的意义。然而，这些研究更多地关注当下，描述当代效应。但我想明白并且希望你们也能明白的是——它是怎么开始的？为什么会这样？我们不能假设旅游业总是什么样的或者它应该是哪样。加勒比海地区旅游业的历史告诉我们，该地区及其在世界上的地位是什么样的。关于流动和静止、游客和移民的不同身份、受欢迎和不受欢迎游客的持续经历，历史可以揭示什么呢？

通过讲述故事的力量，密切跟踪和分析早期旅行者的经历，人们可以开始理解影响现代旅游业和流动问题的一些历史根源和跨国路线。开端很重要。一个在多世纪前形成的社会和经济模式已经成为今天旅游文化的指导原则和实践。不管是好是坏，我们都生活在假期幻想的影响中。

目 录 | CONTENTS

引言
我在佛罗里达州的度假胜地长大

"在我看来，我们现代教育社会中的某些基本的、普遍的元素——哦，不是所有的元素——闪耀着光芒，正如这个可爱的小家庭的照片。这些元素只在显微镜下发光，'就像太阳照在小水滴上'。但是，有些东西被反射了，有些东西就自我暴露了。"

——费奥多尔·陀思妥耶夫斯基（Fyodor Dostoevsky）

《卡拉马佐夫兄弟》（*The Brothers Karamazov*）

1968 年，在美国中西部生活了半个世纪之后，我的祖父母退休去了佛罗里达州。在佛罗里达群岛生活一年是他们的梦想，当时人们把那里称为"美国的加勒比海"。第二次世界大战后，他们开始每年冬天带着三个年幼的孩子从伊利诺伊州开车过来，在水边租一所房子。退休后，科妮莉亚·斯科特（Cornelia Scot）和霍华德·斯科特（Howard Scot）打算回到自己所谓的"天堂"，在那里度过余生。"我们很喜欢那里，"祖母回忆道，"我们会有客人来，他们会待上几个星期！"当霍华德爷爷打高尔夫球、玩扑克、喝酒、钓鱼时，奶奶会照料房子和花园。[1] 招待客人是一个由来已久的度假梦，会对我们的家庭产生长期影响。事实上，他们南迁的决定引发了小规模的移民浪潮。不久，他们的下一代也住到了佛罗里达州，在这个"阳光之州"组建了自己的家庭。[2]"我们从游客和退休人员变成了佛罗里达人，度假胜地的居民。"

"我的父母都60岁了，"喜剧演员杰瑞·宋飞（Jerry Seinfeld）喜欢开玩笑，"他们要搬到佛罗里达州去。尽管他们不想走，但这就是法律！"[3]宋飞说对了。显然，"老人们"会去佛罗里达州和其他阳光明媚的地方度假和退隐，有时也蛮有趣的。在20世纪，这是一个普遍的美国梦，现在仍然如此。酒店、餐厅和酒吧、饮料经销商、航空公司、旅游公司以及地方和国家政府都将热带度假的形象具体化。在美国1号公路——这条沿着佛罗里达州东海岸一直延伸到基韦斯特（Key West）的老公路上，旅行者沿路会经过无数酒店和景点，波浪状的棕榈树点缀其中，还有俗套的"加勒比海之梦"和"热带客栈"这样的名字。正如"好市多"（Costco）等大大小小的旅游运营商告诉顾客的那样，"田园诗般的海滩、蓝宝石般的大海和炫耀的故事使加勒比海地区成为温暖天气的仙境"。这种享受阳光和温暖天气的承诺已经变成了一个利润丰厚的产业，也成了招徕游客和其他来访人员的一系列社会性操作。[4]

然而，这种对热带休闲的渴望从何而来呢？当数以百万计的人接受这种流动性的生活模式时，群体和社会关系发生了什么变化？这些问题跨越了国界和加勒比海地区，不只涉及佛罗里达州或我的祖父母。旅游业的兴起彻底重塑了加勒比海地区和世界各地社区的经济、文化和生态。然而，很少有游客，事实上也很少有当地人会问：这种旅游式的生活方式是如何在文化上变得如此普遍的？

　　这本书使加勒比地区度假梦及其实现变得不那么理所当然。书中记录了旅游业是如何在历史上被创造出来的，而不是必然的或永恒力量的结果，它要求我们所有人，包括游客和当地人，质疑被认为是理所当然的欲望，并审视它的起源。更具体地说，这本书揭示了加勒比海地区与美国的历史性关系，证明了20世纪早期的帝国主义扩张是该地区旅游业发展的一个关键催化剂。该行业的批评者认为，现代旅游业是一种新殖民主义形式。[5]但在这些评论中，我们很少了解到加勒比海地区的殖民历史与该地区现状之间的因果关系。本书记录了那些非常真实的和有历史基础的联系。在美国军队和白人定居者对美国南部和佛罗里达州的土著社区和景区进行殖民主义征服后，士兵和殖民管理者继续向南深入拉丁美洲的加勒比海盆。

　　加勒比地区的旅游业发展遵循了一种模式，从征服之地到度假之地，从佛罗里达州到古巴一直到巴拿马。然而，学者们往往只关注某个国家或社区的旅游业历史，尤其是在第二次世界大战之后，在这个过程中忽视了该地区早期的地理和文化联系。[6]环加勒比海地区的旅游业最初是一条海上航线，依赖于源自美国的资本和商业扩张，需要停靠各种港口。该行业依赖于航运业及其跨国航线。例如，如果你作为一名游客参观哈瓦那，那么你也会参观到其他的港口，如基韦斯特港和更南的巴拿马的科隆港。我们不能从地理上或分析式的片面角度来理解一个特定目的地的旅游历史。通过挖掘这段被遗忘的跨国历史，我们可以清楚地看到，这并不仅仅是美国的旅游业历史和加勒比地区的旅游业历史，而是一段相互依存的历史。

尽管当代旅游业会让人联想起加勒比海过去的浪漫景象，但产业的推动者和消费者似乎没有意识到，权力、暴力、社会和环境变革的这些力量使这个产业成为可能。通过与旅游业历史专家的对话，本书提供了一个语境的新层次，表明加勒比旅游业开始于传统上所研究的第二次世界大战后经济繁荣的几十年前。[7]旅游者对加勒比地区的看法以及在那里的体验，实际上是在20世纪的前十年开始发生转变的。从前，人们想象那里是一个充满危险和疾病的地方，而现在该地区被视为一个舒适奢华的理想目的地。美国向古巴和巴拿马的扩张，以及随后出于限制黄热病和疟疾传播的需要，催生了休闲旅游的新时代。正是在这一点上，在20世纪之交，加勒比成为一个被征服的"天堂"，其形象得以改观，越来越多地进入旅游业。根据对美国和加勒比国家（如古巴、牙买加和巴拿马）档案材料的研究，本书探讨了帝国主义对边疆的愿景、资本主义、科学技术、环境变化、文学想象和政治权力斗争相结合的多种方式，从而将加勒比海地区改造成现代度假胜地。[8]

岛屿和半岛，与看起来永恒的宣传册相反，它们并不是从海中浮出海面，为渴望寻找天堂的游客祈福的。在游客和退休人员到来之前，各种各样的美洲土著社区、欧洲征服者和海盗、定居者和拓荒者、奴隶和种植园主也曾在加勒比海地区进行旅行和占领。早期的欧洲和美国欧裔旅行者，就像他们的旅游后代一样，把加勒比海和热带地区想象成逃离现代文明束缚的地方。过去与现在之间的关系比大多数人意识到的还要紧密。环境历史学家理查德·格罗夫（Richard Grove）描述道，热带环境早在17世纪就成为"西方理想化的风景和想象中渴望的象征性场景"。[9]这种文化欲望——对加勒比地区的渴望——仍然植根于对这一理想之地的霸权愿景中。

然而，加勒比地区的旅游业依赖于历史的连续性和巨大的变化。在漫长的殖民时代（17世纪至19世纪末），去加勒比海旅行被认为是极其危险的。旅行者们一厢情愿地梦想着这一地区，但矛盾的是，他们认为那是一个暴力和病态的世界，绝不会让人享受到休闲度假的舒适。疾病和死亡对来访者虎视眈眈。正如旅游历史学家凯瑟琳·考克斯（Catherine Cocks）所记载，在19世纪末，"大多数欧洲人和北美白人（仍然）把热带地区视为'白人的坟墓'"。然而，到了20世纪初，也就是几十年后，这种观念开始消退。[10]到了20世纪中期，人们普遍认为，从佛罗里达州到巴拿马的加勒比海地区为度假者提供了"理想的冬季度假胜地"。到20世纪末，休闲和奢华似乎已成为热带风景中永恒而自然的组成部分。"就连太阳本身，"一位作家在度假时写道，"似乎都是为我们的舒适而准备的。"[11]

现在的游客在旅行时，会把环加勒比海地区想象成一个无关历史的度假胜地。这种对该地区的神秘感掩盖了旅游业的基本历史。当然，这种类型的文化失忆是有先例的。加勒比海地区并不是唯一一个从被认为敌对的（但理想化的）殖民领土转变为好客的旅游目的地的地区。随着英法两国历史上的殖民帝国的扩张和巩固，中东和非洲大陆也出现了类似的发展。[12]东南亚也是如此，随着欧洲大国和美国扩大其地缘政治影响力，在这些地方开展旅游业的可能性也随之增加。在美国，这种想象中的地理性转移也发生在征服西部边疆的过程中。然而，大多数游客和许多学者都认为，国际关系史中的战争、暴力和政治阴谋与旅游业的文化和经济发展没有关系。然而，这并不意味着它们在历史上彼此隔绝。环境历史学家威廉·克罗农（William Cronon）在分析荒野历史及其与美国大陆扩张的关系时，提出了一个极具争议性的论点："荒野文化发端的最显著证据之一，是它对自身起源历史的彻底抹杀。"[13] 缺乏对霸权文化的历史产生的社会反思可以证明其仍在持续。现代生活似乎依赖于健忘。人类学家克利福德·格尔茨（Clifford Geertz）在描述隐藏人类景观创造过程的独特社会能力时表达了类似的见解："就像变色龙适应环境，在环境中成长，仿佛自己是环境的一部分，只是另一块黄褐色的岩石或绿叶，一个社会需要适应它的景观……直到在外人看来，它不可能在别的地方，而在它所在的地方，它不可能是另一个样子。"[14] 简而言之，只有一种文化和一国人民如此熟悉一套社会实践和信仰，才能将其从历史中剥离。"对他来说，"作家豪尔赫·路易斯·博尔赫斯（Jorge Luis Borges）曾说，"它们是现实的一部分，他没有理由强调它们。"[15] 旅游业似乎也不例外。然而，正如后殖民时期的加勒比海地区专家，安吉丽克·尼克松（Angelique Nixon）和米歇尔-罗夫·特鲁伊洛（Michel-Rolph Trouillot）所说，"我们必须打破过去的沉默，才能了解我们的现在"。[16] 研究加勒比地区独特的旅游历史为揭示全球旅游发展模式提供了证据，这种模式事关政治和社会权力、景观创造以及现代生产和消费的经济不平等。

　　然而，在每一个历史事件或进程的背后，我们都必须记住人民。要理解旅游业的出现，我们还必须了解那些有血有肉的主角们的故事，是他们创造了旅游业的制度和路线。早在游客到达度假目的地之前，他们的期待就已经在脑海中形成并渗透，形成了社会学家约翰·厄里（John Urry）所谓的"游客凝视"。这种凝视是有历史和社会组织存在的。它取决于历史的层次和"许多职业性专家"（典型旅行者、政府官员、探险家、博物学家、作家、开发商、家庭成员和终身漫游者），他们"帮助构建和发展了游客的凝视"。[17]这本书通过对"许多职业性专家"的流动历史进行分析，解构了引导游客前往加勒比海的"凝视"。这些人在很大程度上创造并支持了西方对旅游的看法和实践。学者们试图将游客、旅行者、探险家或殖民统治者进行明确区分，但这些努力被掩盖的东西却比它们在历史上揭示的要更多。这是一部关于依赖于其对立面的流动特权的历史。各种形式的旅行和工作，从导游和殖民地官员到移徙工人和服务工人，共同制约了现代旅游经验。一大批跨国公司设计并参与了加勒比地区的旅游业。本书跟随这些不同的旅行者和文化塑造者回到过去，沿着一条连接美国东海岸和加勒比海的路线，从南佛罗里达地区到古巴，再到巴拿马地峡（Isthmus of Panama）。通过追踪私人旅行故事，将它们进行分析并联系起来，我们可以看到对典型的加勒比地区度假的产生和体验至关重要的历史模式。[18]这段历史既不是线性的叙述，也不是普遍的经验，但它反映了"就像小水滴中的太阳"般的关键片段。

旅游的定义

首先，我想问一下："旅游"是什么意思？我们该如何定义它呢？根据《牛津英语词典》（*Oxford English Dictionary*），这个词于1811年首次在英语中正式出现。从词源上看，旅游源于希腊单词"tornos"，这个希腊单词的意思是一种做圆周运动的工具。从这个意义上说，它的词源与旅行的语言历史有着巨大的差异，而旅行的语言历史来自法语单词"travail"，意思是艰苦劳作，它的词根来自拉丁语单词"tripalium"，意思是用于折磨人的"三根木桩"。旅行就像一次艰苦劳作，不能保证一定会有所回报，正如它的词根所示，它不能保证快乐，甚至不能保证生存。从本质上讲，这是危险的。相比之下，旅游意味着一个循环的行程，离开一个地方去另一个地方，然后舒舒服服地回到原来的出发点。[19]那么从定义上看，作为一名游客，所面临的风险要比传统意义上的旅行者低得多。

旅游历史学家埃里克·祖洛（Eric Zuelow）认为，从最简单、最现代的形式来看，旅游指的是专门的"追求快乐和逃避日常现实的旅行"。[20]简而言之，是一次愉快的旅行。《旅游高级词典》（*Advance Dictionary of Tourism*）的作者阿斯杰姆·阿南德（Ascem Anand）补充了祖洛的定义，将旅游描述为"一个综合现象，其中包括了那些第一次来游览的旅客的移动人口率。它本质上是一种娱乐活动，在居住地赚的钱，在旅游的地方花掉"。[21]在这种情况下，游客是一个享有特权的旅行者，可以安全地离开家和成为一个四处奔波的陌生人，花钱寻求逃离和舒适。这种活动的、舒适的探索已经成为价值万亿美元的全球产业。从欧洲到东南亚再到加勒比地区，旅游业已成为许多国家和社区最重要的经济部门。尽管旅行——为工作、为食物、为好奇心、为精神——与人类历史一样古老，但大规模的国际旅游则是一种相对新近的体验。旅游研究领域的著名学者约翰·厄里和迪安·麦坎内尔（Dean MacCannell）将旅游业描述为近 200 年来才出现的现代现象。厄里有句名言："作为一名游客，这是现代人的决定性特征之一。在现代社会，它已成为身份的标志，也被认为是健康和世界主义观点的必要条件。"[22] 然而，学术界一直在争论旅游作为一种社会实践是什么时候开始的。一些历史学家认为，旅游作为一种舒适和快乐的体验可以追溯到罗马帝国（以及更早的希腊），当时富人在庞贝（Pompeii）和蒂沃利（Tivoli）等沿海和山区别墅中寻求"放松、冥想和快乐"。其他学者将旅游的现代起源追溯到欧洲大旅行时代。在 18 世纪和 19 世纪，随着财富在欧洲大都市的积累，精英们把他们的儿子（偶尔也有女儿）送到欧洲大陆，通过学习和旅游来寻求"启迪"和社会地位。"根据习惯，也许还有理性的法则，"年轻的爱德华·吉本（Edward Gibbon）声称，"外国旅行成了英国绅士的教育"。[23] 来自美洲各个新共和国的一小群年轻精英也参加了欧洲大旅行。[24] 然而，总体来说，在 19 世纪早期，旅游仍然是富裕精英群体在欧洲旅行的专属活动。

　　美国内战（1861—1865）后，越来越多的美国游客开始设想并参加海外旅游，尽管规模仍然有限。1867 年 3 月，一艘内战时期退役的船（贵格城号）从纽约出发，开始了一次"愉快的欧洲和圣地之旅"。船上有作家马克·吐温（Mark Twain），他后来在《憨人国外旅游记》（Innocents Abroad）一书中讲述了自己的旅程。"这是，"吐温写道，"短途旅行方式中的一个新奇之处——它的类似之处以前从未被人提到过，它激起了人们的兴趣，而这种兴趣往往是由吸引人的新奇事物所引起的。这将是一次规模巨大的野餐。"[25] 到 19 世纪末，城市化和工业化促使越来越多的中上层阶级旅行者接受了这种旅游心态。越来越多的人不再为了寻找财富、土地或宗教纯洁而旅行，而是把旅行作为一种暂时的放松方式。然而，这些游客中的大多数人仍然停留在传统的欧洲旅游的范围内或停留在他们自己国家的国界内，出国旅游的费用仍然高得令人望而却步，而且需要几周甚至几个月的空闲时间。[26] 出国也被认为是有罹患致命疾病的风险的事情，特别是去到温带以外的地区。直到 20 世纪，旅游业才从欧洲的专属活动和北美温带地区一些精选的度假胜地活动演变为延伸到世界各地的一种社会仪式，特别是对热带和半热带环境中的社区产生了影响。[27]

　　我是在佛罗里达州的一个旅游小镇长大的，那时，我第一次对旅游主义的全球扩张产生了疑问。我的家族来自欧洲的一个遥远的角落，后来又到了美国中西部和东北部，我们是如何来到这里的？为什么会有数以百万计的游客和退休人员不断来到南方？现在正在展开的这段历史是怎样的？接下来的故事是一个触及家庭历史和存在问题的缩影，同时也采用了一种全新的逻辑方法来审视过去是如何累积成现在的。

热带天堂的传闻

1961 年 10 月，伊利诺伊州沃基根市（Waukegan, Illinois）的市政官员们享用了 475 磅重的大海鲈，还有希腊沙拉和炸薯条。当地报纸《沃基根太阳新闻报》（*Waukegan News–Sun*）报道了这顿丰盛的大餐，并在头版刊登了一张摆放在主大街上的鲈鱼照片。事情是这样的：前沃基根市的居民爱德华·哈维尔卡（Edward Havelka）带着一群朋友在基韦斯特附近钓鱼，但他们的运气不佳，未能抓到一条鱼。在他的朋友们回到北方各自的家之后，哈维尔卡决定再次出去捕鱼。他将 5 条巨大的石斑鱼——时

图 1 伊利诺伊州沃基根市一条繁忙街道上的行人停下脚步，凝视着在佛罗里达群岛捕获的 5 条歌利亚石斑鱼。《沃基根太阳新闻报》，1961 年 10 月 10 日。斯科特家族文件。

下叫作海鲈鱼（现在的歌利亚石斑鱼）——放在干冰上，然后驱车1 500英里①返回伊利诺伊州，与朋友和家人分享了这些鱼。他的这趟旅行引起了社区居民的极大兴趣，人们涌上街头观看这些巨大的鱼，聆听在"美国加勒比海"生活的故事。[28]

我祖父最喜欢我的表兄哈维尔卡（Havelka）。我们称呼他为埃德（Ed）表哥。20世纪50年代初，表哥离开了沃基根市，搬到了基韦斯特以东30英里的大松岛。在经历了第二次世界大战的恐怖和在阿登战役中几乎致命的伤害后，埃德表哥对回到位于美国中西部寒冷的家乡，从事稳定而平凡的工作的想法犹豫不决。所以在墨西哥短暂住了一段时间后，他搬到了佛罗里达群岛。埃德表哥和他之前的那一代退伍老兵一样具有冒险精神。他计划购买未开发的海滨土地，建造一个小型的度假和退休开发项目，并将其命名为"热带湾"。我的祖母后来回忆道："那个时候的大松岛除了鹿什么都没有。没有餐厅，没有酒馆，买东西只能去基韦斯特岛的杂货铺。"[29]埃德表哥计划在岛上定居并开发这座岛屿。回到沃基根市后，他向家人、朋友和老邻居分发宣传材料。他解释道，"在热带湾将有铺好的道路、城市供水、供电、电话和校车"，最重要的是，"不用缴城市税"。埃德表哥向人们宣传热带地区是多么适宜居住："住在这座气候条件适宜的岛上，哮喘、风湿、花粉过敏、关节炎、心脏病等症状都可以缓解……岛上从来没有霜冻天气。"他还保证，每个家庭都会有一条可以通

① 1英里约等于1 609.344米。——编者注

向大海的运河，"你的船停靠在你家门口，在家里就能潜水和游泳"，[30] 热带湾将是他们的天堂。表哥说服了我的祖父母和其他几十名沃基根市的居民搬到佛罗里达州的南部岛屿。和许多开发商和政治家一样，他认为旅游、退休和投资都是发展小岛的途径。[31] 如果他让人们去度假并享受美味的巨海鲈，也许有一天这些游客会投资他的计划，并在这里安家。

　　这个关于旅游和移民的故事，虽然受到了表哥的影响，但却远不止依赖于一个人的计划。埃德表哥的愿景是历史构建的文化模式中的一部分，这依赖于半个多世纪的发展。佛罗里达州的旅游业，更确切地说，是佛罗里达群岛的旅游业，随着铁路和酒店建设的扩张开始生根发芽。19 世纪末，想要逃离寒冬和拥挤城市的北方白人居民，有历史记载以来，第一次可以舒适而有效地到达佛罗里达州。[32] 例如，我和我的兄弟姐妹长大的小镇——冬季公园，顾名思义，是一个远离北方寒冷冬季的好地方，它是在 1885 年由早期的中西部开发商建立的，当时正值铁路刚通到佛罗里达州。在 1892 年出版的一本名为《佛罗里达古巴》①（*Florida Cuba*）的旅游小册子中，铁路和酒店企业家亨利·普兰特（Henry Plant）描述了这个小镇以及他的塞米诺酒店："这个令人愉快的度假村位于南佛罗里达铁路的沿线，位于奥兰治县松岛和美丽清澈的湖泊之间，周围环绕着无数的橘子树林和令北方游客感到舒适的冬季家园，以其温和的气候和干燥的空气而闻名，

---

① 书名为本书译者自译。——译者注

还可以缓解鼻黏膜炎的肺部感染。"[33] 埃德表哥在 20 世纪 50 年代和 60 年代也出售过治疗各种疾病的药物，这种药物在 19 世纪和 20 世纪相交的时候已有雏形。佛罗里达州的湖泊、沼泽和温暖的海岸曾经是塞米诺人的家园，曾经被白人旅行者视为危险和疾病肆虐的地方，如今已被改造为北方游客的疗养胜地。从地理位置来看，从认为疾病蔓延到渴望到达的这一历史过程将逐步成为加勒比海地区从佛罗里达州到安的列斯群岛再到南美洲北部旅游业发展的特征。

历史上，数百万游客所走的路线是建立在历代人征服政治和环境的基础上的。在 20 世纪初，另一位铁路开发商，标准石油公司（Standard Oil）的联合创始人亨利·弗拉格勒（Henry Flagler），试图将佛罗里达州南部变成度假胜地和加勒比门户。1904 年，弗拉格勒宣布，他的佛罗里达东海岸铁路将横跨 150 英里的海洋、河口和小岛，连接基韦斯特岛和佛罗里达大陆。他的计划恰逢其时，成功地将加勒比海贸易路线从北部到南部连通。同年，在其正南方 1 000 英里处，美国政府也开始挖掘巴拿马运河（Panama Canal）。[34]

尽管弗拉格勒的铁路声名狼藉，在 1935 年被飓风摧毁，但这条线路保留了下来，并成为该地区新兴旅游业的支柱。移走的无数吨的泥土、被排干的沼泽、为铁路修建的桥梁将被改造成公路，这是美国 1 号公路的延伸。在接下来的几十年里，开车来到群岛的游客（包括我的家人）都是在弗拉格勒铁路的基础设施遗迹上开展旅行的。[35] 沿着旧铁路线，如圣奥古斯丁、代托纳海滩和迈阿密这样的小村庄也变成了繁华的旅游城镇和城市。在 1896

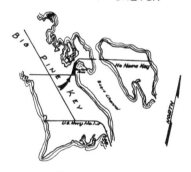

图 2 埃德表兄设计的宣传册,旨在宣传其位于佛罗里达州大松岛的热带湾开发项目。斯科特家族文件。

年弗拉格勒修铁路前,迈阿密是一个渔村,大约有 300 人。然而,到 1910 年,它已成为成千上万居民的家园,每年会接待超过 12.5 万名游客。[36]迈阿密依靠旅游业和交通服务业,经济得到了蓬勃发展。宣传资料将这座城市描述为"佛罗里达州的热带地区"，最初的"魔幻之都"。[37]

第一代前往加勒比地区旅游的游客通常来自美国最富有的阶层。在某种程度上，他们是"度假贵族"。休闲旅行仍然是精英政治家、商人和维多利亚式的探险家和收藏家的专属。早期前往南佛罗里达州和附近加勒比岛屿的游客中包括一些杰出人物，例如哈里特·比彻·斯托（Harriet Beecher Stowe）、西奥多·罗斯福（Theodore Roosevelt）、托马斯·爱迪生（Thomas Edison）、亨利·福特（Henry Ford）和年轻的富兰克林·德拉诺·罗斯福（Franklin Delano Roosevelt）。在第二次世界大战之前，在热带地区度假一直是精英活动。[38]然而，在20世纪50年代和60年代的"美国大加速"之前，数以百万计的中产阶级通过报纸、电台，以及越来越多的人在电影院和电视上了解到了冒险事迹，于是在这片新征服的热带地区上，开始看到有特权的游客所使用的奢侈品。20世纪初，当我的祖父母一代长大成人时，热带旅行的故事已随处可见：报刊和文学作品、广告、电台、大学和公共博物馆的展览。[39]以前那代人的故事深刻地影响了旅游者的梦想。

第二次世界大战后，旅游业进入了一个新的发展阶段。那时，外祖父一家也来到了南佛罗里达州，赶上经济蓬勃发展的好时候。"二战"期间，我的外祖父曾驻扎在佛罗里达州的一个军事基地，那个时候他就喜欢上这个州了。他不是唯一一个对佛罗里达州有特殊感情的人，正如社会历史学家夏奈尔·罗斯（Chanelle Rose）所解释的那样："在南佛罗里达州建立战时军事基地，为这个热带城市带来了旅游热潮，因为归来的士兵、游客、名人和战争参与者希望在这个魔法之都长久地定居下来。"[40]

战争结束后，外祖父希望回到佛罗里达州，摆脱他住在新泽西州大西洋城的俄裔犹太父母的传统期望：留在自己家里的熟食店工作。所以，他买了一辆摩托车，向南驶去了迈阿密。他在新兴航空业——泛美世界航空公司（Pan-American World Airways）找到了一份当机械师的工作。作为一个旅游景点和通往加勒比海地区以及拉丁美洲的交通枢纽，迈阿密提供了就业机会。

旅游业发展的互补要素——热带休闲的梦想、交通基础设施以及劳动人口支持服务和交通经济的需要——将我们两边的家庭紧紧联系在一起。我和许多人一样，在旅游业发展期间出生。我的父母是在奥兰多假日医院工作时认识的，该地区那时正在经历第三次旅游业增长浪潮：迪士尼世界的繁荣。20 世纪 60 年代中期，沃尔特·迪士尼（Walt Disney）和他的空壳公司秘密收购了佛罗里达州中部 40 平方英里的土地。1971 年，迪士尼公司开放了奇幻王国乐园，共有 6 个主题园区：中央大街、冒险乐园、梦幻世界、拓荒之地、自由广场和明日世界。这里反映了使旅游业发展成为可能的扩张主义历史，游客不仅能娱乐，还可以轻松了解世界。[41] 随着迪士尼公司的到来，奥兰多在 20 世纪中叶从一个人口不超过 10 万的南方小镇转变为一个经济靠旅游业扶持、拥有 200 多万人口的大城市。然而，迪士尼公司的宏图并没有止步于主题公园和奥兰多地区，它们还开创了迪士尼电影业、成立了出版公司、制作电视频道、开设零售店以及打造了一艘可以将游客带到迪士尼公司在加勒比海上岛屿的游轮。迪士尼公司在佛罗里达州所完善的"米老鼠"的故事、发展和娱乐已成为加勒比海地区经济的典范。像迪士尼公司一样，旅游供应商努力将数百年的暴力历史和文化冲突重新包装成令人愉快的度假幻想。

图3　亨利·弗拉格勒的佛罗里达东海岸铁路公司的宣传册。内容包括1904年为
　　　游客提供的酒店清单和基本信息。图片来自佛罗里达州盖恩斯维尔县的佛
　　　罗里达大学乔治·斯马瑟斯图书馆，特殊和区域研究馆藏，菲利普·凯斯
　　　央（P. K. Yonge），佛罗里达州历史图书馆，佛罗里达州短效物收藏品。

　　我之所以会讲述这个关于我的家族移民和社会历史的曲折
故事有以下几个原因：展示旅游业对家庭和社区发展的强大而持
久的吸引力；承认我在这本书中带着些许自传体性质，同时也为
了介绍指导我的叙事方法的历史方法论。历史学家威廉·阿普尔

曼·威廉斯（William Appleman Williams）曾说过："人们永远不会忘记，是由人们来采取行动，而不是政策或计划。"[42] 人才是历史的核心。因此追溯人们的旅行路线揭示了历史趋势，个人经历反映了旅游业发展历史更加广泛的过程，可以从微观角度揭示宏观现象。[43] 接下来的章节采用了这种微观历史的方法，讲述了从佛罗里达州到佛罗里达南部群岛，再到中美洲、南美洲，形成环加勒比海旅游历史的更广泛模式的旅游故事。然而，叙事不仅仅是讲故事。拉尔夫·沃尔多·爱默生（Ralph Waldo Emerson）曾写道："所有的历史都具有主观性。""换句话说，根本没有历史，只有传记。"[44] 本书是一本扩展的比较传记，根据我的经历、档案资料、旅行观察描述了我的所见所闻。

本书借鉴了斯图尔特·霍尔（Stuart Hall）和金伯莱·克伦肖（Kimberlé Crenshaw）等批评学者的经验，认为旅行者"在心理上、文化上和政治上都是一种不稳定的身份。这种身份是通过人们口口相传所构建出来的，而不仅仅是天然存在被挖掘出来的东西"。[45] 旅游业的兴起，就像所有特权和不平等的社会实践一样，是历史产生的综合现象。根据克伦肖对交叉性的分析，必须在种族差异、性别、阶级和国籍的特定背景下分析旅游业的历史，根据政治身份控制人们获得交通技术、资本、自由时间、休闲甚至健康环境的方式来看待旅游业历史。[46] 一个来自美国、加拿大或欧洲的历史上富裕的白人游客的霸权身份取决于20世纪深刻的社会变化，包括对热带病和健康、交通技术和基础设施、美国外交政策、种族化的移民限制、对发展和自然的愿景，以及旅行者对国外和国内的想象。但要看到所有这些因素是如何在一个人的生活里融合在一起的，唯一方法是通过对生活经验的研究。人类承载了旅游业的历史。

值得记住的是，没有一个故事、目的地、地点是一座真正的岛屿，这段特殊的历史是一个更大的全球故事的一部分。用地理学家多琳·梅西的话来说："不要把某个地点想象成周围有边界的区域，可以将其想象为社会关系和理解的连接时刻，但其中很大一部分关系、经验和理解的构建规模都要远远大于我们当时定义的街道、地区或大陆。"[47]传记和地点都属于时间、空间和经验等更大的领域，我们必须从多个方面去了解加勒比地区旅游业的历史。

制造并消费一个跨国加勒比

加勒比地区是一个拥有文化和历史多样性的群岛，但这些多样化的社区并非孤立、封闭的。仔细观察，你会发现这些被地理、语言和种族分隔开的地方和人群有着共同的历史。加勒比问题的历史学家劳拉·普特南（Lara Putnam）告诉我们，被认为是"与世隔绝"的地区，实际上是"同一个海底大陆架被海洋分割成的碎片"。[48]跨国旅游文化提供了"海底"互联的证据——"碎片"，虽然它们肯定不是相同或平等的。在整个环加勒比地区，从佛罗里达州到岛屿，再到中南美洲的海岸，旅游业已成为一项主要的经济活动。[49]这不是巧合。旅游业既是一种地方现象，又是一种跨国现象，其定义是跨境流动的政治和经济。[50]一个地区的旅游业依赖于另一个地区的发展。举一个最近的例子，在21

世纪 10 年代，每年有 800 万到 1000 万人从佛罗里达州的港口乘船前往加勒比海诸岛和中美洲的目的地。截至 2015 年，该州有三个世界上最繁忙的邮轮码头：埃弗格莱斯港（Port Everglades）、迈阿密港（Port Miami）和卡纳维拉尔港（Port Canaveral）。它们的方向几乎总是向南，加勒比地区的游轮运力领先世界，约有 37% 的全球邮轮行程和 62% 的美国船只都会经过这里。[51]

然而，大陆和岛屿之间的跨国联系早在当代之前就已经存在了。有必要将当前的旅游时代与之前的旅行类型进行背景分析和比较。加勒比海地区过去有无数跨境旅行的先例，[52] 殖民历史也突出了"海底"地区的团结。当征服者在 15 世纪末到达美洲时，西班牙船只开始在岛屿和半岛之间航行。波多黎各（Puerto Rico）的第一任总督胡安·庞塞·德·莱昂（Juan Ponce de León）曾率领一支探险队前往佛罗里达半岛，和他的许多继任者一样，他在寻找神话中的"青春之泉"，但在他 1521 年最后一次前往佛罗里达半岛时，被一群卡卢萨战士用毒箭射中了。他的探险队逃了出来，向南航行到哈瓦那，他因伤势过重去世了。这位征服者是该地区跨越边境历史的殖民时代的缩影。庞塞·德·莱昂殖民了波多黎各，在佛罗里达半岛作战，死于古巴。在暴力和死亡方面，该地区的历史也有着深刻的联系。[53]

弗朗西斯·德雷克（Francis Drake）和亨利·摩根（Henry Morgan）等海盗也在墨西哥湾流（Gulf Stream）航行，袭击了佛罗里达海岸后，又返回了南方，继续袭击波多黎各、古巴、牙买加和巴拿马的殖民地。欧洲列强和它们的私掠船为控制加勒比海的贸易路线和丰富的商品资源战斗了几个世纪。从荷属圭亚那

（Guyana）到丹麦维尔京（Virgin）群岛，从法属安的列斯群岛到英国和西班牙殖民地，环加勒比地区经历了令人眼花缭乱的殖民遭遇历史。虽然该地区的旅游业发展得相对较晚，但通过海外流动进行的跨文化交流却并非如此。[54]

如今在迈阿密，骄傲的银行家们和国际化的商人们宣称他们的城市是拉丁美洲和加勒比海地区的新时代之都。然而，大多数人似乎没有意识到的是，几个世纪以来，佛罗里达半岛已经是加勒比地区的一部分——虽不是首都，但无疑是一个重要的环节，在一张更大的关系网中，一直延续并发展到 20 世纪。在美国和加勒比历史的交汇处，佛罗里达半岛的历史是一个起点。半岛如果有脚的话，一只脚会在大陆上，另一只脚会在加勒比海水域中。对历史上人员和船只流动的回顾表明，佛罗里达州与美国本土一样，也是加勒比海地区历史的一部分。同样的，无论是通过游客、移民还是军事人员的流动，加勒比地区都与它们北方的庞大邻居紧密地联系在一起。人们的来来往往塑造了一个地方，这种双重过境角色，是该地区跨国历史的一个决定性特征。正如纽约一个现代博物馆展览所描述的那样："加勒比海是一个由'流动的运动'定义的十字路口……在那里人类和自然的力量会相互碰撞。"[55] 在佛罗里达海峡（Florida Straits）两岸，社会群体通过移动来联系、发展并定义了自己——人们、思想和商品在移动中塑造了历史。因此，加勒比地区的历史是由它的路线和历史根源定义的。

在 19 世纪末和 20 世纪初，随着欧洲帝国主义在美洲的逐渐衰落，美国的军队、政府、企业和游客开始利用佛罗里达半岛向加勒比海的其他地区扩张。到目前为止，我一直强调佛罗里达州在旅游业中的历史作用，但读者将会看到，本书将会特别关注"环加勒比海"（Circum-Caribbean）的另一个地理位置端点——巴拿马地峡。该地峡在佛罗里达海峡正南约 1 000 英里处，它在加勒比地区跨国旅游业的兴起中也发挥了巨大作用。

大约在佛罗里达半岛被开发的同一时期（1510—1513），巴拿马作为西班牙殖民地被建立，几个世纪以来一直是美洲殖民地贸易的十字路口。西班牙人、美洲原住民群体、英国海盗、苏格兰定居者、法国企业家，以及后来的美国政府官员和商人，都声称拥有加勒比海和太平洋之间的地峡。[56] 随着巴拿马运河的修建，美国在美洲的地缘政治影响力达到了霸权和傲慢的新水平。1914年，当运河工程完成时，美国政府和媒体宣称，热带地区终于被征服了，该地区现在对"白种人"来说是安全的。记者和扩张主义者辩称，运河为游客和商业贸易打开了该地区从最北到最南的大门。鉴于这条新的海上航线的前景，美国官员，以及像弗拉格勒这样的私营企业家和开发商，争相在佛罗里达州和加勒比海群岛修建铁路、现代化蒸汽船和港口设施。美国军方还为其从南卡罗来纳州查尔斯顿到基韦斯特的海军基地的发展，以及对古巴关塔那摩湾（Guantánamo Bay）和波多黎各长达一个世纪的占领提供了正当理由，理由是需要保护新的巴拿马运河。20 世纪早期，蒸汽客运船运载了第一批经过加勒比海的旅行团，利用了公众对建设项目的兴奋。1909 年，佛罗里达狭长地带（Panhandle）的一位开发商甚至把海滨小镇哈里森（Harrison）的名字改成了巴拿马城（Panama City），希望公众对运河项目的兴趣能刺激旅游业和投资。在接下来的十年里，该镇的人口翻了两番。[57]到 20 世纪末，巴拿马城完全依赖于旅游业，特别是"春假"旅游。从佛罗里达州到巴拿马，旅游业呈现出地区性特征，从半岛到地峡的路线上，社会被拉进了以旅游消费和生产为重点的经济和社会活动的新轨道。

然而，跨国联系不仅仅局限于人员和政府的流动。在思想和观念方面，环加勒比海地区的不同目的地也形成了一个共同的故事。许多群体依赖于同一种旅游文化，用加勒比地区作家德里克·沃尔科特（Derek Walcott）的话来说，这种文化被定义为"相同服务形象的高度重复"。[58]

在西方的想象中，加勒比地区在历史上扮演着极其重要的角色。这个地区是莎士比亚式幻想的王国，充满了海盗和印第安人的浪漫与阴谋、财富、朗姆酒、奴隶制、叛乱和创造自由。[59]这些被浪漫化的历史延续至今：作为一名现代游客，你可以沿着著名征服者的足迹，在著名旅行者和作家最喜欢的酒吧里喝酒，像博物学家、探险家一样穿过雨林，像普通英雄一样爬上古老的堡垒，然后享受夜生活和赌场。作为一名游客，人们可以逃离家里的无聊和压力，去寻找永恒和有趣的过去。与此同时，每天的生活都在安全地等待着一个人的归来。

这种旅游的核心是一种追随历史脚步的感觉。然而，讽刺的是，旅游业也把自己包装成了逃离现实的方式。这就是沃尔特·迪士尼在他的魔幻王国出售的东西，也是邮轮在加勒比海航行时所做的事情：游客可以与一个历史人物互动——与海盗、冒险家、富有的男爵一起吃喝玩乐，以及永远不必长大的"彼得·潘"（Peter Pan）式的自由精神。在现代旅游文化中，加勒比海盗被重塑为迪士尼的角色和约翰尼·德普（Johnny Depp）等演员扮演的可爱怪人。正如一位记者在评论电影《加勒比海盗》（*Pirates of the Caribbean*）时所说："头脑混沌但可爱的杰克·斯派洛（Jack Sparrow）船长讲述了他被困在荒岛上的恐怖经历。后来，他又被扔在了同一个地方，这次是和性感的伊丽莎白·斯万（Elizabeth Swann），她很快发现没有什么比和斯派洛第一次造访荒岛就坐在海滩上喝酒更可怕的了——尽管这很像现代的加勒比海度假。"[60] 在这种受历史影响的高度有限的看法中，欢乐和冒险盖过了丑陋和世俗，加勒比地区仍然是一个神奇的地方。[61] 这听起来很吸引人，但也存在很大的问题。历史和文化变成了包装起来供大众消费的米老鼠（Mickey Mouse）式的故事。[62] 在幻想的背后，人们过去的和现在的真实经历都被一层享乐的薄雾所遮蔽。

加勒比地区的历史、劳动和种族关系、征服和探索、经济活动，与其说是荒诞的，不如说是残酷的。500 多年来，拉丁美洲和加勒比地区的自然资源和人民满足了远在他处消费的人们的愿望。正如乌拉圭知识分子兼记者爱德华多·加莱亚诺（Eduardo Galeano）的著名论断："这是一个待开发的地区。从美洲被发现到我们这个时代，一切东西都被转运到欧洲或者后来的美国这些中心，并在遥远的权力中心地带积累起来。这一切东西是指土壤、果实和深处丰富的矿藏，人民和他们工作以及消费的能力，自然资源和人力资源。"[63] 加莱亚诺的观察捕捉到了美洲资本主义世界体系的历史，来自外部的利益、贪婪和过度享乐决定了当地的历史。从这个意义上讲，天堂的幻想——无论是殖民地的还是旅游的——都是依赖于物质剥削。

殖民时期，外国对糖、烟草和巧克力等其他商品的无止境需求助长了长达几个世纪的财富积累和种植园奴隶制。人类学家西敏司（Sidney Mintz）在《甜与权力》（Sweetness and Power）一书中详细描述了用于制糖的暴力劳动制度：跨大西洋的奴隶贸易、被严格控制的种植园生活、生态破坏，以及在大都市生活的人为了满足对甜度的渴望而造成的数百万人过早死亡和痛苦。糖的出口主宰了加勒比海地区人们的生活，整个社会群体都围绕着糖的生产而组织。[64] 几个世纪以来，出口工业和农产品是整个加勒比海地区和拉丁美洲的经济基础。[65]

到了 19 世纪末，香蕉也成了一种"绿色黄金"。国际消费者对水果的需求成为许多加勒比社区新的组织原则。正如环境历史学家约翰·索鲁里（John Soluri）所述，新的城镇围绕香蕉生产的需求而形成，于是新的家庭和亲属关系也就此形成。与此同时，在美国的消费者端，一种以金吉达小姐（Miss Chiquita）和"戴水果塔帽子的女士"（the Lady in the Tutti Frutti Hat）为特色的娱乐和饮食文化应运而生，用以推销热带地区的产物。[66] 然而，使加勒比地区与西方消费社会接触的大规模生产模式并不是自然的。我们不仅要研究生产的历史，还要研究消费模式的变化和生产过程之间的影响关系。正如西敏司所解释的："人们需要理解是什么使需求在起作用——在什么条件下有需求？如何以及为什么会增加需求？我们不能简单地假设每个人都对甜味有无限的渴望，就像我们不能假设每个人对舒适、财富或权力的渴望一样。"[67] 那么，一个人如何学会控制"欲望"呢？

消费者对糖、烟草、巧克力和香蕉等农产品的需求形成了加勒比海地区与世界其他地区的联系。但并非所有面向外国利益的行业都植根于物质产品。正如米米·谢勒在《消费加勒比海》[①]（*Consuming the Caribbean*）中雄辩地指出，"消费的不仅仅是事物或商品，还有整个自然、风景、文化、视觉表现，甚至是人体"。[68]服务、体验，甚至是爱情或友谊，除了风景和梦想之外，还可以被一个行业利用，或者，随着政治家和开发商逐渐理解了旅游业，旅游业成为一种"无形的出口"。到20世纪中叶，旅游业已超过糖、香蕉和其他商品，成为加勒比地区最有价值的经济部门。

历史不是由不同的阶段组成的，而是从一个阶段过渡到下一个阶段。相反，过去就像一层层的土壤堆积直至现在。历史上从加勒比海地区的自然资源中获利和消费，创造了殖民时期热带幻想的习俗，并使人民成为该地区的旅游消费者，这并非巧合。这是一个历史的继承过程。[69]游客和退休人员不会走出美国郊区和城市的沙漠去发现"热带天堂"，他们的梦想根植于历史。包括我的祖父母在内的无数个人的旅行决定，在历史上都来自随着时间的推移而形成的观念和实践，在亲人和邻里之间代代相传。有人告诉他们冒险的故事（他们从别人那里学到故事），有人引导他们去有趣的景点，有人开辟道路，有人从他们的旅行中获利，还有人可能会遭受损失。在这一多方面的历史进程中，形成了一

---

① 书名为本书译者自译。——译者注

种新的旅行和工作方式，再次将加勒比海地区人民同外国消费者的愿望联系起来。因此，一种更新的"热带天堂"传统，包括白色的沙滩、波浪状的棕榈树、微笑的当地人、无忧无虑的生活方式和果香饮料，成为一个超越地方差异的行业象征。

吉尔罗伊的船

想象一下，现在有一艘游轮在行驶：主甲板下面的加油器和雨刷器使大引擎保持着运转，而上面的客人则在带阳台的海景房里享受着精致的美食，俯瞰着美丽的蓝色大海。从技术上讲，船上的每个人都在一起，但他们的命运却截然不同。这艘游轮拥有等级分明的船员和乘客群体，是加勒比旅游史上不对称但相互关联的体验的流动缩影。

保罗·吉尔罗伊（Paul Gilroy）在他的经典研究著作《黑色大西洋》（*The Black Atlantic*）一书中，采用了类似的海洋隐喻来描述非洲移民的历史。他写道："这艘船的形象是一个鲜活的、带有微观文化和微观政治的动态体系。"[70] 海上的船只代表了历史旅程的不同路线。考虑到这一点，一次"快乐之旅"会揭示历史向现在的转变吗？毕竟船舶、海洋及其停靠港长期以来一直是"人类生存的典范"。[71]

联合果品公司（United Fruit Company，简称 UFCO）的客运专线"大白舰队"（Great White Fleet）的历史为旅游业的跨国历史提供了一个生动的例子。[72] 据约翰·索鲁里（John Soluri）称，尽管联合果品公司传统上被称为"香蕉的农业供应商"，但它也确实通过向消费者运送香蕉的铁路和轮船线路将北美游客带到了热带地区。早在希尔顿酒店或其他酒店之前，"联合果品公司的'大白舰队'就在加勒比巡洋舰上运送游客"。[73] 从 1908 年到 1913 年，巴拿马运河即将完工，联合果品公司将其轮船服务从小型轮船更新为豪华巡洋舰，每艘可运载 160 名乘客。该公司的新船既可运载乘客，也可运载香蕉和其他热带商品往来于美国主要港口和加勒比海之间。"大白舰队"是 20 世纪初该地区首屈一指的旅游线路，还有许多其他路线纵横交错。其中一条最受欢迎的航线被称为"1 号航线"，它从纽约经佛罗里达海峡航行至古巴、牙买加和巴拿马。20 世纪 10 年代和 20 年代，数千名游客游览了联合果品公司的加勒比海航线。[74]

联合果品公司航行中的每一种体验，以及船上的每一个人，都是休闲旅游的社会和经济关系的一部分。当游客们在上层甲板闲逛时，船员们则在狭窄的房间里与他们同行。在岸上，更多的劳工为船上的乘客提供服务。出租车司机、各种各样的小贩、导游、餐馆服务员和商店老板以及无数劳工的生计都依赖游客的到来。20 世纪 20 年代中期，一位带有严重偏见的旅行作家描述了一艘豪华船只抵达另一个加勒比停靠港时引发的场景：

> 消息很快传开，又有一大群美国游客来到该岛，居民们都立即摘下一把水果或找到一堆鸡蛋，出来售卖自己的商品。不管是什么种族的女人，都只是默默地举起她们的商品。男人们在尘土中追着我们，跳上我们的甲板，坚持要我们买一把香蕉或一个熟面包果。[75]

　　与此同时，小男孩游到船上，乞求游客向港口投掷硬币。正如加勒比作家埃里克·沃尔隆（Eric Walrond）描述的那样，深色皮肤的男孩会潜入水中取回硬币，并恳求白人游客扔更多。"一便士，先生……这边……随便你。"[76]

　　历史现实和船只是从一个港口驶向另一个港口的隐喻，突显了作为出行者可以旅行和不能旅行的社会界限。旅游业中的种族和经济不公正也卷入了 20 世纪一些最具争议的问题。例如，旅行和旅游业中的种族主义是活动家马库斯·加维（Marcus Garvey）组织"黑星轮船公司"（Black Star Line Steamship Corporation）的原因。加维在牙买加长大，移居美国前在巴拿马生活和工作，他高度意识到国际种族主义的严重性。"从事航运业的大公司，"加维解释道，"决心让黑人远离公海。"[77] 马库斯·加维创建的"全球黑人促进会"（UNIA），无论是在贸易旅行还是在休闲旅游中，都致力于挑战海上种族主义。然而，全球黑人促进会的努力遭到了白人的强烈反对，国际旅行的技术和基础设施受到严密保护。1924 年，全球黑人促进会从美国控制的巴拿马运河公司购买了其最大的船只戈塔尔斯号（General Goethals）。在全球黑人促进会的所有权下，该船最初是以运河总工程师和总督戈塔尔斯上校（George W. Goethals）的名字命名，被收购后又以纪念非裔美国活动家布克·华盛顿（Booker T. Washington）的名字命名。然而，就在布克·华盛顿号离开纽约港前往加勒比海的那天，美国调查局（后来称为 FBI）指控加维犯有邮件欺诈罪。1924 年至 1972 年担任该局局长的埃德加·胡佛（Edgar Hoover）领导了一场运动，以看似捏造的指控起诉了加维。黑星轮船公司寄出了一份小册子，上面有另一艘正在购买的船只的照片。胡佛和美国政府以这次不完整的交易为借口，袭击了加维并将其关进监狱。尽管布克·华盛顿号的领导者在狱中，但它还是在全球黑人促进会的控制下进行了唯一一次航行，航行到弗吉尼亚州，并从那里又到了古巴、牙买加和巴拿马。[78]该船在航行中面临的反对意见集中体现了白人对机动性的控制。在金斯顿和哈瓦那，当局为了债权人的利益扣留了这艘船。随后，三 K 党（Ku Klux Klan）返回美国后，在佛罗里达州的杰克逊维尔（Jacksonville）非法占领了该船。更糟糕的是，该船因违反美国海事规定而被罚款。最终，布克·华盛顿号被带回了纽约，并在那里被迫拍卖。[79]该船的失败旅程故事也是一个深刻的隐喻。

现代旅游业依赖于按照种族、国家和阶级排斥来组织和控制的"权力几何"。这是对少数特权阶层资源和能源的制度性分配。这段尚未过去的历史需要我们进行批判性的反思。

旅游拼贴画

正如我希望在这篇导言中所表明的那样，旅游史是一幅历史拼贴画。每个故事和每个章节都可以单独阅读或在对话中阅读。每一章都探讨了一个特定的主题和一个塑造了现代加勒比海地区旅游文化的特定社会群体。本书的研究和叙事方法遵循人类学家克劳德·列维·施特劳斯（Claude Lévi Strauss）所称的"拼凑"方法（bricolage），将各种不同的故事汇集在一起，以阐明并指向更广泛历史模式中的历史迹象。[80]这是一个创意拼贴。旅游业是一种多体验活动，在本文中作为帝国历史、作为发展梦想、作为科学实践和知识建设、作为城市不满和逃避、作为跨文化接触点、作为反叛来源、作为人种学自我反思以及作为组成产业出现。

该故事提供了旅游业见解、历史事件和引导游客前往加勒比海的人的家谱。在接下来的章节中，读者将了解到世纪之交的殖民官员和边疆人物是如何成为导游和企业家的（第一章），精英政治家和革命者如何转向酒店和赌博发展（第二章），水手和飞行员冒着生命危险开辟新的旅游路线（第三章），激发游客关注热带自然环境的科学家和探险家（第四章），旅行作家和"热带流浪汉"设想并实现了逃避国内责任（第五章），反殖民主义活动家与旅游特权阶层混为一谈并反抗旅游特权（第六章）。这些不同类型的历史演员为加勒比海地区的旅游业提供了一本集体传记。

然而，度假的许多文化和物质方面将不会在接下来的几页中讨论。对于戴克里酒、玛格丽塔酒、吊床和热带色彩的衬衫等经典的假日恋物癖，将不会有直接的分析。巴拿马帽子的历史可以写一整本书，尽管大多数人似乎只在度假时戴这种帽子。[81] 然而，本书所描述的是"专家"是如何构建和普及一种休闲旅游霸权文化的，这种文化允许游客在衣着、消费形式、想象力和社会行为方面重塑自己。此外，这种叙述不能为读者介绍加勒比地区的每个主要港口，例如巴哈马、巴巴多斯（Barbados）、墨西哥海岸、阿鲁巴和特立尼达（Trinidad）。本章介绍了一条连接佛罗里达群岛、古巴、牙买加和巴拿马的旅游线路。然而，这种沿着特定的历史进行的叙事会攥住已经被反复标准化和包装过的大众消费心理结构。

　　从殖民时代到 21 世纪，旅游者经历了一代又一代的学习行为、模仿和体验、营销和传播。这是一个文化连续性的故事，尽管经历了巨大的历史变化。我认为，加勒比地区的旅游业是对殖民地旅游幻想的大量复制和模仿。这取决于"模仿能力"，即模仿先前观察到的人类行为的文化倾向。[82] 游客遵循早期旅行者的社会实践和信仰。这些经验已经被积累起来，尽管它们的起源常常被抹去，但仍然是日常社会实践的一部分。

　　这本书也是一种旅行形式：跨越时间，从 20 世纪初到 21 世纪初；跨越空间，从佛罗里达半岛到大安的列斯群岛，再到巴拿马地峡；跨越身份，从殖民地官员到加勒比海地区的精英们，再到博物学家、作家、游客和服务人员。这些跨越时间、空间和身份的故事共同构成了一幅历史的马赛克拼贴画。

第一章

帝国之湖：美国扩张引发旅游热潮

修正主义者以另类方式看待基本事实，并按自己的视角理解事实之间的关系。

——威廉·阿普尔曼·威廉姆斯（William Appleman Williams）
《修正主义顽固分子的自白》（*Confessions of an Intransigent Revisionist*）

数千名游客启程前往美国边境线以南地区，翘首期盼巴拿马运河通航。古巴、牙买加和巴拿马的港口、街道和酒店都挤满了游客。英国作家温妮弗瑞德·詹姆斯（Winifred James）在她的游记《桑树》（*The Mulberry Tree*，1913）中，记录了这波热带旅游的早期浪潮。她写道，"巴拿马运河将在一年之内竣工"，因此，"那些有钱有闲的美利坚爱国人士，正在争先恐后地涌向纽约，从那里出发去欣赏国家的工程杰作"。[1] 一位旅游经营者得出结论，运河"让人们对加勒比国家的历史、资源和未来产生了新的兴趣"。[2]

从 1904 年动工到 1914 年竣工，巴拿马运河工程是一道分水岭，它使加勒比地区不再是疾病肆虐之渊，而是令人向往的旅游胜地。由此，美利坚合众国得以掌控巴拿马地峡，而热带度假旅游开始成为一种文化仪式，一种地区产业。[3] 然而在今天，人们往往会把旅游和运河分开来看，认为二者没有关系。在学者和公众的记忆中，运河是工程壮举、技术奇迹，但也有人持不同观点，认为修建运河是现代世界的恣意妄为。[4] 在这条地峡上，政治家、工程师和外来务工人员修建了"连接两大洋的通道"，以利于船只航行和商品运输。这就是人类学家阿什利·卡尔斯（Ashley Carse）所谓的"大运河"（Big Ditch）的故事。[5]

然而，对理解区域转型而言，巴拿马运河的凿成开创了历史先河，提供了地理参考。与运河有关的热带征服言论，也改变了人们对自然环境的偏见，将对游客体验这一热带地区产生深远的影响。20 世纪 20 年代，一位在那里玩得很开心的游客指出，"美国建成了运河，但前提是战胜了死亡势力"。[6] 20 世纪初，对于美国大多数地方的人来说，去加勒比地区休闲旅游仍然是不可能的事情。[7] 至少在 1896 年，记者兼作家理查德·哈丁·戴维斯（Richard Harding Davis）所报道的有关这一带的境况，与温妮弗瑞德·詹姆斯在 1913 年看到的场景仍天差地别。戴维斯和他的两个旅伴将其在巴拿马加勒比海岸这段游历比作来到世界的尽头或希腊－罗马神话中的冥河。戴维斯写道，"如果尤利西斯漂泊到此，试图穿越巴拿马地峡"，他会"发现一条邪恶的巨龙守卫着这里，它每呼吸一次，就会喷出大量的毒液。这个怪物潜伏在沼泽和丛林中，袭击过往的水手和行人。人一旦踏上海岸，就会衰竭而死"。[8]

显然，这并非度假之旅。在 19 世纪 90 年代，为了鼓励人们去佛罗里达半岛以南的加勒比地区旅行，美国出台过一些举措。但是，正如历史学家克瑞斯塔·汤普森（Krista Thompson）的说法，"旅游经营者面临严峻的挑战。西印度群岛恶名在外，传言那里滋生着致命的热带疾病"。1891 年，一位业内促销人员说，"在国内许多守旧派人士看来，预订去牙买加的船票，几乎就等于订购棺材"。[9] 用历史学家菲利普·科廷（Phillip Curtin）的话来说，这是"旅行带来死亡"。[10] 那么，从 19 世纪末到 20 世纪初，旅游与环境之间的关系发生了怎样的变化，使人们前往加勒比地区旅行不再是历险，而是相当舒适的度假游呢？

巴拿马运河的历史凸显了热带旅游的文化转向，这依赖于美国的建设以及在热带医学方面的相关进展。运河建设还促成了交通网络的迅速发展。南下与运河交汇的铁路和海上航线成为该地区旅游业的支柱。[11] 无数来自纽约、新奥尔良或基韦斯特的美国度假游客乘船抵达加勒比地区，詹姆斯写道，"除了享受从大西洋沿岸前往巴拿马的舒适旅程，你别无选择"。[12] 预计伴随着运河竣工，旅游业即将兴起，商业交通也将更加繁忙，许多轮船公司，如美国联合果品公司、汉堡 – 美国航线公司（Hamburg–American Line）和巴拿马铁路轮船公司（Panama Railroad Steamship Line），对其客运服务进行了现代化改造，轮船专门为适应热带旅行而翻修一新。一位乘客称赞道，一些船只甚至"通过人工通风系统降温，确保旅客在最闷热的夜晚也能睡得安稳"。[13] 私营的、政府运营的运输公司都扩大了它们的服务，以满足人们对旅游业日益增长的需求。

加勒比地区的旅游业在区域范围内拓展速度迅猛。1896年，理查德·哈丁·戴维斯来巴拿马考察时，他把那里的海岸比作地狱之门。十年之后的 1906 年，西奥多·罗斯福（Theodore

Roosevelt）总统成功访问了巴拿马。他是首位在任期内出访加勒比地区的美国总统。在为期 17 天的加勒比之旅中，总统先后访问了巴拿马和波多黎各。在科隆市，罗斯福当众发表了一场爱国演讲："看到美国的铁血男儿在这片地峡上创建的丰功伟绩，我也将努力做一个更优秀的美国人，一个更自豪的美国人。"[14] 总统前脚刚走，游客们便蜂拥而来，他们与总统有同样的感受。詹姆斯报道说，在拥挤的人群中，可以听见"这些爱国游客的鹦鹉们从早到晚重复着这句话：'先生，您眼前是世界上最伟大的工程奇迹之一'"。[15] 该奇迹在某种程度上来说，就是所谓征服热带环境，将这里变成休闲旅游的安全地区。这种对热带地区的适应，不仅使公共卫生和流行病学有了实质性改进，也推动了思想领域的转变，即游客如何正确认识来到该地区时罹患的与种族相关的疾病。

运河竣工之时，加勒比地区的形象焕然一新，这里被包装为疗养胜地，是战胜热带自然环境的标杆。从 1896 年戴维斯到此一游，到 1906 年罗斯福来访，再到 1913 年詹姆斯到此观光，直到游客蜂拥而来，也表明加勒比地区旅游业是随着美利坚的扩张行为而不断发展的。归根结底，美国通过军事手段和商业行为，不仅在巴拿马，而且在贯通巴拿马地峡和美国本土的航线全程，迅速加强了对热带疾病的控制。这些成功的举措有助于消除当时流行的观点——热带地区对白人有害。因此，回顾运河建设的历史就像打开了一扇宏大叙事的窗口，由此可以了解，在 20 世纪初，帝国建设、医学科学和交通技术这三者如何联手重塑了加勒比地区的生态环境，终于将其改造为理想的度假胜地。

从致人患病到令人向往

1904 年 6 月，亚拉巴马州（Alabama）的威廉·哈斯金斯（William Haskins）和其他 18 名乘客登上了一艘联合果品公司驶往巴拿马的轮船。他指出，他的旅伴是"代表着人们所能看到的最奇怪的人类群体。大多数人以前从未下过海，他们前往巴拿马，希望这片新土地能给他们带来丰厚的回报"。他们相信，参与运河工程是一次冒险的机会，是历史的一部分，也是赚钱的机会。那年夏天，哈斯金斯成为南方贝尔电话电报公司（Southern Bell Telephone & Telegraph Company）在亚拉巴马地区（Alabama District）的代表。他的一位在蒙哥马利郡（Montgomery）的经理与一位亚拉巴马州参议员合作，认为"在巴拿马建立一个电话系统"是个好主意。正如海外扩张的推动者所希望的那样，运河项目可以赚钱。哈斯金斯回忆道："其中一项举措要求有人去巴拿马，以获得终端城市的电话特许经营权。"然而，公司里没有人愿意亲自前往巴拿马地峡进行谈判。这个责任落到了哈斯金斯身上：

> 最后，我说我愿意前往。其他人都认为我勇气可嘉，警告我这是在拿自己的生命冒险。但木已成舟，在我出发前的一段时间里，我试图收集所有我能搜集到的关于巴拿马的信息。蒙哥马利郡的图书馆几乎没有什么有价值的内容，藏书也没什么吸引力。在查阅《大英百科全书》（Encyclopedia Britannica）中关于巴拿马的章节时，我读到一段令人震惊的陈述："那里的气候太恶劣，白人无法居住。"[16]

当时，热带地区（即佛罗里达州南部）仍被认为是"白人的墓地"。[17]当哈斯金斯开始他的旅行时，他的保险甚至因为一项禁止投保人前往热带旅行的规定而失效。

几个世纪以来，加勒比地区一直是重要的贸易路线和巨大财富的来源。但这段历史并没有减轻人们的恐惧。旅行者们认为，穿越热带的旅行是一次会直面死亡的经历。例如，在19世纪中期，一个名叫詹姆斯·克拉克（James Clark）的旅行者从美国东海岸（US East Coast）通过"加勒比－巴拿马航线"航行到加利福尼亚州（California）。克拉克在他的日记中记录了这段无比艰辛的旅程，这份日记现在被收藏在国会图书馆（Library of Congress）。克拉克睡在泥土里，在热带森林泥泞的小路上徒步数英里。不过，在这趟艰辛的旅程中，他并不孤单。从1848年到1860年，有20多万人从纽约经加勒比海和巴拿马前往旧金山（San Francisco），比从陆路穿越北美大陆的人数还多。[18]加勒比海是最快的路线，但这趟旅行并不容易。克拉克从加勒比海岸的一艘船到太平洋上的另一艘船花了9天时间，他参加了多个在长途跋涉中死去的旅行者的葬礼。当克拉克最终到达旧金山并找到工作时，他自己也生病了。他的日记以"呕吐和腹泻"的记载而突然结束。[19]

巴拿马在西班牙殖民统治时期（1513—1819），地峡在连接加勒比地区与欧洲及其在美洲的其他殖民地的交通和贸易网络中也发挥了关键作用。西班牙帝国依靠巴拿马作为跨洋大陆桥，将金银从秘鲁的矿山运到马德里的国库，皇家船只将白银沿太平洋海岸运到巴拿马城。[20]出于同样的原因，在那里，骡子、人力和小船等将金条通过地峡运到加勒比海岸。海盗们发现该地区是一个很有吸引力的跟踪地点，弗朗西斯·德雷克（Francis Drake）和亨利·摩根分别在 1596 年和 1671 年，因攻击巴拿马的加勒比海岸而声名狼藉。然而，在这几个世纪的迁徙和冒险中，西班牙官僚、英国海盗、淘金者和其他旅行者群体通常都认为巴拿马是一个"感染走廊"，是旅途中一个快捷但可能致命的途经站。这条地峡是传说中大西洋和太平洋之间的一条危险、易使人患病的路径。[21]

当成千上万的工人开始在地峡上挖掘运河时，这些长期存在的困境尚未得到解决。法国运河公司于 1881 年启动了该项目，至项目结束时大约损失了 2.2 万名工人，其中大部分死于疾病。公司总裁费迪南德·德·莱塞普斯（Ferdinand de Lesseps）认为，巴拿马运河将是他早期在埃及挖掘成功的苏伊士运河（Suez Canal）（1859—1869）的续篇。这只是一个需要技术和资金的工程问题，法国人认为他们两者都有，但他们的计划以失败告终。1889 年，高死亡率、工程困难和财政困难使法国的这个项目破产。[22]

19 世纪末，美国还在努力控制环加勒比海地区和太平洋地区的疾病暴发。在美西战争（Spanish-American War，1898 年）期间，美国军队因疾病而损失的士兵比实际参加战斗的士兵还要多。[23] 虽然阵亡的美国士兵不到 400 人，但在战争中大约有 2 000 人死于疾病。根据威廉·沙夫特将军（Gen. William Shafter）的说法，古巴的疾病"比敌人的导弹更难抵抗"。[24] 尤其是黄热病，严重威胁着美国占领古巴岛的能力。首席卫生官威廉·克劳福德·戈尔加斯（William C. Gorgas）解释说："卫生部门已经无能为力了。我们当时所知道的任何手段都无法避免哈瓦那成为疫情重灾区。"[25] 当美国于 1904 年开始挖掘巴拿马运河时，也面临着类似的问题。疾病仍然是主要障碍。许多工人很快就明白，不值得为挖运河而早死。当地峡暴发黄热病时，工人们成群结队地逃离。正如一位官员报告的那样，"一种近乎恐慌的情绪在地峡的美国人中蔓延，人人自危，惶恐不安"。[26] 在项目的第一年，来自美国的"熟练"劳动力的流失率为 75%。

黄热病的蔓延引起了最大的恐慌。感染者最初会出现头痛、背痛和类似流感的发烧症状。接着，病毒会扩散到全身，攻击肝脏和血液凝结所需的蛋白质。患者的眼睛和鼻子出血，进而吐血。看到自己的身体越来越虚弱，许多病人变得越来越狂躁，人们不得不将他们捆绑起来。而医疗专业人员无能为力，只能眼睁睁看着他们死去。

由于危险重重，加之工作条件恶劣，运河建设主要依赖有色人种和移民劳动力。1907 年，该项目的 5 万名工人中，70% 是来自加勒比海诸岛的 "negroes"。① 管理地峡的美国官员声称，西印度群岛的黑人劳工比白人劳工更能抵抗热带病。根据社会达尔文主义者和气候学家对种族差异的理解，黑人天生就适应热带地区的艰苦劳动。免疫力被认为是归因于先天的种族特征，而不是个人疾病史。[27] 尽管一些非裔加勒比工人在童年时期因接触疾病而建立了后天耐受性，但现实情况是，黑人劳工的痛苦在白人控

---

① 西班牙语的"黑人"。——译者注

制的种族主义政府和新闻界大厅中引起的争议要少得多。事实上，有色人种劳工死亡或生病的人数比地峡上的白人劳工要多得多。[28]

地峡运河委员会（Isthmian Canal Commission，简称 ICC）的招聘人员支付了移民工人前往地峡的费用。该委员会还在加勒比地区的好位置做广告宣传，为"白手起家"的故事做助推。"科隆男人回来了"（Colón-man-a-come），这是一个运河工人口袋里装着钱回家的故事，以歌曲以及各种口头和书面形式广为传播。[29]然而，真实的大多数黑人劳工到达时的经历却截然不同。1906年，阿尔伯特·彼得斯（Albert Peters）从巴哈马出发，前往巴拿马时，年轻的他满怀憧憬。他解释道：

> 一天，当我看日报的时候，我看到他们在巴拿马地峡上挖一条沟通两个海洋的运河，需要数千人。我和我的两个朋友仔细阅读了一遍，我们提议去旅行。我们都渴望一些冒险和历练。我父母反对这个想法，他们告诉我，那里流行着黄热病、疟疾和天花，但我告诉他们，我和我朋友们只想亲自去看看。

彼得斯和他的朋友们到达科隆时，他 21 岁。很快他就患上了疟疾。在医院里，他述说道："在那里的第一个晚上，我旁边的那个人死了，这时我想起父母的恳求，要是我当时接受了他们的建议就好了。"在接下来的几个月里，彼得斯多次因发烧返回医院。虽然他在运河区（Canal Zone）生存了下来，并在那里谋得了一番事业，但他的许多朋友却没有。"每天下午四点半左右，人们都可以看到 5 号发动机和一辆敞篷车，粗糙的棕色棺材一个接一个地堆放在通往霍普山（Mt. Hope）的路上，霍普山在当时被称为猴山（Monkey Hill）。死亡率十分高……如果你有一个朋友，你经常见到他，但他突然失踪了一两个星期，不要奇怪，他要么是在医院，要么是在猴山安息。"[30]

一代加勒比黑人移民在巴拿马运河寻求更好的未来。旅行和谋生的欲望促使数千名西印度人（West Indians）前往地峡。然而，这段经历充满了艰辛。在运河工程期间，黑人劳工的时薪通常不超过 10 美分，并且还被安排从事最危险的工作。有色人种挖土、砍伐灌木或担任服务员和厨师，种族主义不允许他们担任领导或填补技术职位。[31] 法纳姆·毕晓普（Farnham Bishop）是一位南方白人，其父曾在地峡运河委员会任职，法纳姆在 1916 年出版的《巴拿马：过去与现在》①（*Panama: Past and Present*）一书中抓住了白人的普遍情绪。他写道："必须像对待许多孩子那样，照管这些高大、强壮的黑人。他们是非常和平、守法的人，但极其懒惰，而且愚蠢得令人难以置信。他们的头脑中一次只能装一个想法，不能再多了。"[32] 这是吉姆·克劳（Jim Crow）②的时代，也是美国种族主义盛行的时代。运河工程需要廉价和消耗性劳动力，同时也需要维持社会秩序，因此美国将其独特的种族主义出口到了热带地区。事实上，对于许多南方白人来说，运河工程和

---

① 书名为本书译者自译。——译者注
② 美国剧作家 T. D. 赖斯创作的一个黑人角色，后成为对黑人的贬称。——译者注。

美国向加勒比地区的扩张象征着白人控制的南方和北方在内战和重建的动荡后的统一。[33] 在帝国主义统一的愿景下，非洲后裔回到了艰苦劳动的领域。

运河的历史揭示了世纪之交的种族关系及其在几个重要方面对旅游业未来的影响。巴拿马运河被白人认为是山姆大叔（Uncle Sam）[①]"征服热带"的典范，尽管它主要是由来自加勒比地区的黑人劳工的汗水和苦难所完成的。运河工人的薪酬和住宿是不同的，他们分别被列在"银制"（Silver，非白人）和"金制"（Gold，白人）名单上，突出了种族等级制度对美国在热带地区政治、文化和经济实力发展的重要性。白人劳工作为管理者和休闲消费者进行管理和制定规则，黑人劳工则被贬到危险和艰难的工作岗位上。管理运河建设项目的种族主义模式也将成为早期旅游经济的特征和分界线。美国官员在制度上确定，受欢迎的游客是美国白人和欧洲人，而劳工和服务人员的肤色则被定义为棕色和黑色。[34] 然而，在这种种族主义社会秩序转化为旅游特权之前，不同种族背景的移民工人和旅行者的疾病问题仍然没有得到解决。

当美国入侵古巴，并且在几年后开始运河工程时，对流行病学的科学理解正在转变。正如威廉·哈斯金斯（William Haskins）所记得的那样，在早期，人们"仍然不相信蚊子是疟疾和黄热病的病因"。[35] 1904年，在医学领域之外，人们普遍认为热带病是

---

① 指美国。——译者注

由"瘴气"引起的，也就是说，不健康的空气从沼泽和肮脏的土壤中冒了出来。这个理论可以追溯到几个世纪以前，在 20 世纪之交，它仍然与新兴的疾病细菌理论相竞争。例如，著名的博物学家亚历山大·冯·洪堡（Alexander Von Humboldt）在 19 世纪初访问了巴拿马地峡后得出结论，是海滩上的软体动物和海洋植物导致人类患黄热病，而疟疾是由于过度生长的植被产生的"恶臭散发物"引起的。[36]

在古巴军事行动中服役后，威廉·戈尔加斯博士受任负责美国在巴拿马地峡的卫生工作。戈尔加斯是美国陆军医疗队（Army Medical Corps）的一名军官，在亚拉巴马州的一个军人家庭长大。在美西战争之前，他还曾在北达科他州（North Dakota）、得克萨斯州（Texas）和佛罗里达州担任过陆军医生。19 世纪 80 年代，他和他的妻子在得克萨斯州患黄热病并幸存下来，因此对这种疾病具有免疫力。[37] 不过，和他的同事一样，戈尔加斯最初并不认为蚊子是病原体的携带者，但他在古巴的经历带给了他另外的启示。1900 年，即美国占领古巴两年后，由沃尔特·里德博士（Dr. Walter Reed）领导的一个特别军事委员会在古巴得出结论，雌性埃及伊蚊（Aedes aegypti）携带并传播黄热病病毒。英国医疗官员在印度进行了重要研究之后，关于黄热病病毒和疟原虫从蚊子传播到人的知识在世纪之交开始传播。古巴医生卡洛斯·芬利（Carlos Finlay）在 19 世纪 80 年代也提出了蚊子传播黄热病病毒的理论。然而，美国当局直到 1900 年才开始接受这些新理论，当时它已成为一个具有地缘政治重要性的问题。当戈尔加斯从古巴被重新调遣到巴拿马时，他是带着这些关于蚊类是疾病传播媒介的新经验去的。[38]

　　然而，在运河建设的早期，监督该项目的地峡运河委员会成员仍旧坚持瘴气理论。他们认为戈尔加斯对控制昆虫的非传统建议是一项不必要的、奢侈的开支。1905 年，在黄热病流行期间，四分之一的白人劳动力逃离地峡，地峡运河委员会主席和运河区区长都要求戈尔加斯辞职。然而，罗斯福总统不顾地峡运河委员会官员的意图，出面干预，保住了戈尔加斯的职位。罗斯福的私人医生亚历山大·兰伯特（Alexander Lambert）对总统说："如果你沿用旧办法，你就会失败，和之前法国人的失败一样。如果你支持戈尔加斯和他的想法，让他开展抗击蚊子的运动，那么你就会得到那条运河。"[39]罗斯福对解雇戈尔加斯的请求做出了回应，授予了戈尔加斯更大的权力和财政资源。罗斯福目睹了古巴军事行动中疾病的肆虐，他担心如果疟疾和黄热病问题得不到解决，运河工程将面临最糟糕的情况。[40]

　　有了更大的权力和更多的资源之后，戈尔加斯加强了灭蚊运动。他呼吁对蚊子全面开战，于是四千多人组成了"灭蚊大队"。[41]雌蚊依靠静止的淡水产卵并使幼虫发育。团队排干了周围沼泽地的水，清除了蚊子聚集的植物和灌木丛。他们为运河区住房配备了纱窗和纱门。灭蚊大队还会未经个人居民许可就进入巴拿马人的私人住宅，用化学清洁剂和杀虫剂对住宅进行熏蒸。[42]

　　石油将成为参与 20 世纪进步的一员，是征服热带病的首选武器。为了预防并杀死蚊子幼虫，灭蚊队员们向运河周围的田地、沼泽以及附近的社区喷洒了数千加仑的石油。戈尔加斯解释说："石油通过在水面上扩散，使幼虫窒息将其消灭，菲诺塔斯

（phinotas）石油就是一种杀虫药。这是消灭幼虫的主要方法。"[43]
到 1914 年，这些队员们已经消耗了 60 多万加仑石油、120 吨除
虫菊酯粉末和 300 吨硫黄。正如一位热情的游客所报告的那样：
"安孔山（Ancon hill）上没有臭味，没有蚊子，也没有苍蝇，但
到处都是石油的气味，几乎每天都会用石油喷洒整个地区的溪流
和沼泽。这使得运河得以修建，也救了工人。"[44]地峡上的黄热病
疫情突然结束，运河雇员的死亡率从 1906 年的 40% 下降到 1909
年的 8%。游客们声称，运河区内人口稠密地区的蚊子已经被消
灭了。这片土地已被清理（并被闷死），可以进行帝国建设了。[45]

　　与卫生运动并行的工程项目的规模是前所未有的。到 1914
年这条跨洋运河开通时，美国政府已经建造了世界上最大的人工
湖和最大的船闸。船闸将轮船从海面升起，穿过地峡后，船闸再
将轮船降下来。工人和机器穿过沼泽和山脉，贯通了大西洋和太
平洋。天然流入加勒比海的查格里斯河（Chagres river）被改道并
筑坝，形成运河的主体水体。美国当局清除了整个城镇，它们淹
没了土地，形成了加通湖（Gatun Lake），使得 4 万名巴拿马居民
流离失所。[46]正如英国大使詹姆斯·布莱斯（James Bryce）所看
到的，运河工程是"人类有史以来向大自然获取的最大自由"。[47]
从某种意义上说，这是一场战争。当罗斯福总统来访时，他高兴
地宣称："如果我看到我们国家的精兵强将参加了一场伟大的战
争，我也会有同样的感受。我郑重其事地告诉你们，你们在完成
这项伟大事业中出色地工作，你们是有史以来全世界最著名的军
队中的极少数精英。"[48]他们公开宣称的敌人是热带地区的环境。
到 1912 年和 1913 年，很明显，美国正在赢得胜利，尽管付出了

巨大的财政、社会和生态代价。

正是在这一历史关头，加勒比地区的旅游业才得以发展。巴拿马卫生运动的成功成为头条新闻。记者和沙文主义者声称，"山姆大叔"已经"征服了热带地区"，并使该地区成为"白人种族"的安全地带。故事中还说，在戈尔加斯博士的指导下，热带地区已经从"害虫巢穴"变成了"疗养胜地"。运河编年史作家阿瑟·布拉德（Arthur Bullard）声称："每一位来科隆或巴拿马访问的美国人，都会对我们的卫生工程师的工作产生强烈的爱国自豪感。就在几年前，这两个城市还被称为美洲害虫最猖獗的地方。"[49]美国政府已经战胜了白人旅行者前往热带地区会得的瘟疫黄热病和疟疾。现代技术知识已经将山脉夷为平地，将沼泽排干，移动了2.3亿多立方码[①]的泥土和岩石，白人现在可以在热带地区生活和统治，这是全球贸易的新门户。正如布拉德所描述的那样："用不了多久，世界上的船只将通过我们的运河，我们不得不将其归功于一项国家成就，而老鹰[②]将在其上展翅飞翔。参观巴拿马地峡将使任何美国人为自己的国家感到骄傲。运河是这个时代最伟大的事业。"[50]

戈尔加斯博士、乔治·戈塔尔斯上校（总工程师）和运河工人成了国家英雄。在防治黄热病和疟疾运动结束之后，美国医学会（American Medical Association）任命戈尔加斯博士为会长。在协会的年会上，戈尔加斯描述了他们取得成就的意义。从他的角

---

① 1立方码＝0.7646立方米。——编者注
② 老鹰是美国的标志。——译者注

度来看，"白人现在可以生活在热带地区，享有与生活在温带地区一样的健康。我们对古巴的两次军事占领和我们目前对巴拿马的占领都证明了这一点"。[51] 政治家和公众同意戈尔加斯的评价。正如罗斯福总统所言，"地峡的卫生条件处理措施使其成为热带国家所有此类工作的典范。要知道就在五年前，巴拿马地峡还是最致命的健康代名词"。[52] 现在，游客们蜂拥而来。

在短短几年内，巴拿马地峡的形象就转变了，昔日的"白人墓地"如今成了冬季疗养胜地。公共卫生实践和热带征服的故事不仅吸引了游客前往巴拿马，而且使游客们还会前往沿途的加勒比地区。轮船和旅游公司将卫生和热带征服变成销售加勒比旅游的新营销工具。1915 年，联合果品公司的广告词是："今天，健康和幸福是在南美洲北岸（Spanish Main）追求财富。专为热带旅行而建造的大白舰队，能将你奢华地带到浪漫的场景。"[53] 格雷斯轮船公司（Grace Line）解释说："发烧和死亡曾使法国人相信运河永远修不起来……而现在这是世界上最健康的地方之一。"[54] 另一家轮船公司在广告中说："在这里（巴拿马），看到自己的赛车将光明送到世界黑暗的地方，即使是最卑微的美国人也会感受到古代罗马或现代英国公民的那种帝国自豪感。"[55] 旅行作家和游客也复制并传播了这种征服环境的民族主义信息。"我们登陆了，"一位旅行者写道，"马上出发去看两位伟大的美国人——威廉·克劳福德·戈尔加斯博士和戈塔尔斯上校——创造的奇迹。我们在任何地方都没有发现蚊子，苍蝇也很少——我想，我们在运河区的两天里只看到两三只。"[56] 在征服运河后，越来越多的游客可以安全地体验到热带地区古老的殖民幻想。

图1-1 "巴拿马运河区蚊子的死亡之歌"，这张明信片记录了灭蚊大队的工作，四千名工人主要是西印度劳工，他们向巴拿马运河建设项目周围的田地和沼泽地喷洒石油。道格·艾伦明信片收藏（Doug Allen Postcard Collection）。

图1-2 参观巴拿马运河建设项目的游客。道格·艾伦明信片收藏。

　　然而奇怪的是，这种推动早期旅游业发展的征服故事现在已经从大众记忆中消失了。疟疾和黄热病的故事已经淹没在一个包装好的永恒的热带天堂中。现在看来，加勒比地区似乎一直是一个有趣而安全的旅游胜地。然而，对巴拿马运河历史的修正主义解读，迫使我们重新思考过去和现在健康观念差距的意义。历史学家——特别是那些在环境史领域工作的历史学家——重新评估了运河的胜利叙事及其与美国的联系。历史学家保罗·萨特（Paul Sutter）解释说："在那里（巴拿马）控制热带疾病的环境管理做法有助于改变美国人对热带自然的期待和认为其危险的态度。" [57]

　　不过，萨特证明，科学征服也缓解了美国的帝国主义扩张带来的意想不到的生态矛盾。1898 年战争期间及巴拿马运河修建初期的疟疾和黄热病疫情，在本质上并不一定是热带恶劣环境造成的。相反，流行病是社会性构建的景观以及工作和生活习惯的有序化的结果。在古巴，数千人的军营将农场和森林变成了不卫生的泥浆坑，人类与排泄物和尸体靠得很近。巴拿马运河也发生了类似的变化，该项目将热带雨林和丘陵稀树草原改造成了人与自然的战场。库布利拉峡谷（The Culebra Cut）是最困难、最危险的挖掘地点，与过去的热带地貌相比，它看起来更像是但丁笔下的地狱。正如一位游客所观察到的："现在，一条人造峡谷横跨大陆的脊梁……人们称之为库布利拉峡谷……它雄伟、可怕，它就是'大运河'。" [58] 为了建造这条人造峡谷，人们在沼泽地里行走和生活，这里是携带病原体的蚊子的完美繁殖地。人类受害者在蚊子理想的栖息地中创造并工作。这些并不是热带地区天然不利的生态系统的部分。相反，它们是人类的傲慢和对环境的愚昧认识的长期历史的一部分。[59]

以这种条件反射的方式来解读，旅游业在 20 世纪的兴起，比热带病原体的控制要复杂得多。人类劳动的大规模组织和工业机器的使用产生了驯服自然的需要。征服疾病是美国政府最喜欢的外交政策举措之一：努力解决它帮助制造的问题，同时否认是由其制造。为了工业化开辟一条新的交通路线以满足国内的经济增长，人们渴望创造的生态条件（供蚊子繁殖的死水）和社会关系（大量移民人口居住在邻近地区），为流行病提供了必要条件。

欧洲人后裔和非洲人后裔世代居住在加勒比地区。然而，这些居民并不是美国的白人公民。尽管美国政府帮助根除了黄热病，降低了巴拿马和加勒比地区疟疾的感染率，但我们必须认识到，在美国大陆南部地区，蚊子的自然栖息地及其携带的病原体从未被隔离。夏天，从新英格兰（New England）到南北卡罗来纳州再到佛罗里达州，蚊子传播的病原体都导致当地疾病的流行。疟疾和黄热病以及流感等其他传染病困扰着城市和沿海社区。在 19 世纪 70 年代和 80 年代，黄热病疫情经常袭击美国沿海社区。截至 1899 年，迈阿密和基韦斯特报告的黄热病病例超过 1 500 例。与此同时，疟疾一直困扰着南方的社区，持续到了 20 世纪 30 年代。从统计数据来看，运河工程前后，环加勒比海国家的死亡人数和患病人数并不比美国大陆城市少（如新奥尔良和查尔斯顿，甚至是芝加哥和纽约等工业城市）。更准确地说，在巴拿马和古巴对疟疾和黄热病的征服，属于 20 世纪初整个美洲从温带到热带的公共卫生工作更广泛的转变。[60]然而，这些流行病学的细节却被公众和渴望宣布并证明在外国取得胜利的政府所忽视。在巴拿马和古巴，美国理应"重获"热带天堂。此后，旅游业和商业活动如火如荼地进行，公众很快就将这个胜利的开端事件抛之脑后。

帝国基础设施

除了在热带地区得到了健康保证外，交通速度和舒适度的提高也促使游客向更远的南方旅行。如果没有现代贸易路线的同步发展，前往新近消毒的热带目的地将是一段漫长而艰巨的旅程。在世纪之交，支持美国帝国主义和商业扩张的新铁路和海上航线也使北方游客得以进入该地区。

在美西战争和巴拿马运河建成之前，美国控制了佛罗里达州基韦斯特以南人口稀少的地区。但是，当罗斯福总统 1906 年开始他的海外之行时，美国已经控制了古巴、波多黎各、巴拿马以及遥远的菲律宾（Philippines）和关岛（Guam）。1898 年，美国打赢了对西班牙的战争，并在此过程中将一系列西属殖民地人民的民族独立运动转变为帝国主义战争。[61]同年，美国政府还吞并了夏威夷共和国（Republic of Hawaii）。五年后的 1903 年，罗斯福总统派出一批海军战舰前往巴拿马的加勒比海岸，巴拿马当时是哥伦比亚的一个省份。位于波哥大（Bogotá）的哥伦比亚政府拒绝签署关于允许美国在地峡上挖掘跨洋运河的条约。对此，在美国海军的支持下，巴拿马爆发了一场没有流血的革命，正式从哥伦比亚独立，创建了新国家巴拿马共和国。由此产生的《海布诺瓦里条约》（Hay-Bunau-Varilla Treaty）在没有一个巴拿马人在场的情况下签署，授予美国政府建造巴拿马运河的权利，巴拿马划出一条纵贯加勒比海和太平洋的 10 英里宽的地带作为运河区，并永久租用给美国。[62]

在华盛顿政府大厅里，在与美国最强大的资本家的密切对话中，有人认为，如果美国要继续走工业发展的道路，它就必须参与到争夺殖民地和新市场的帝国主义竞赛里。1898 年，历史学家、政治理论家布鲁克斯·亚当斯（Brooks Adams）总结了这种扩张主义意识形态，认为美国"民族正面临着一个最严峻的形势。它必须保护自己的贸易渠道，否则将面临窒息的风险"。[63] 海军战略家阿尔弗雷德·塞尔·马汉（Alfred Thayer Mahan）也提倡海外扩张，他解释说："美国人现在必须看向世界。不断扩大的生产力需要海外扩张。"[64] 美国官员们认为，美国需要在拉丁美洲和太平洋地区开发新市场，这也将成为通往令人垂涎的"亚洲市场开放大门"的战略基石。[65]

随着美国在 1898 年到 1903 年的领土掠夺，美国控制了美洲最重要的航线，获得了位于古巴、波多黎各和未来巴拿马运河的战略基地。这些军事行动模仿了大英帝国在地中海和印度洋的既定海军战略。正如马汉所说，英国海军是这个岛国在 19 世纪发展成为世界上最强大帝国的源泉。控制海洋和战略航运地点，如狭窄的海峡、运河和位置良好的装煤港，对于一个不断发展的国家未来的成功和安全至关重要。美国在加勒比地区从佛罗里达海峡到巴拿马地峡的扩张主义部署与英国的海军战略相似，后者控制了直布罗陀海峡（Gibraltar）和苏伊士运河的航道。[66] 正如一位早期运河观察家所指出的那样："加勒比地区将成为美国的地中海（American Mediterranean），美国在这些水域的有形进出口货物和有效力量必须与英国在欧洲内海的力量相等，甚至超越对方。"[67]

随着一个又一个领土被征服，美国的军事和商业扩张相继进行。正如前一章所讨论的佛罗里达州的港口、铁路甚至住宿酒店，都是美国侵略古巴的始发点。19 世纪中叶，美国政府认为佛罗里达州的大部分地区是印第安人边境，是与塞米诺尔人（Seminole）进行残酷战争的地方。但到了 20 世纪 90 年代，该州已成为另一波扩张浪潮的固定集结地。"在美国和西班牙之间的实际敌对行动开始之前的一段时间，"一位记者观察到，"基韦斯特看起来像是一个战争港口。"[68] 缅因号战舰（Maine）驶离坦帕港（Tampa），经停基韦斯特港，最后抵达哈瓦那港。停泊在哈瓦那港的战舰突然发生爆炸从而引发了战争。不久之后，罗斯福和他的义勇骑兵（Rough Riders）在坦帕湾酒店（Tampa Bay Hotel）附近的场地上进行战斗训练，该酒店由铁路和酒店工厂系统拥有和运营。亨利·弗拉格勒拥有的佛罗里达东岸铁路公司（Florida East Coast Railway）也随着美国政治和军事的扩张而发展。几年后，当美国政府在巴拿马开始运河项目时，铁路一直延伸到了基韦斯特。在乘客手册中，铁路管理层解释说：

> 铁路的建成将是处理快速增长的古巴客运业务的重要因素。这条铁路也将是美国境内距离巴拿马运河东端最近的铁

路枢纽。相信这条铁路可以将美国与西印度群岛和中美洲地区迅速增长的商业联系到一起，可以保证运河建设的巨大支出。一条从迈阿密向南延伸的航线将途经古巴，到达科隆，这是巴拿马运河的终点站之一。[69]

根据该线路的宣传册，铁路公司承诺铁路和海上的旅行将是"一次真正的仙境之旅"。这本名为《重获天堂》的小册子包括一张加勒比海地图和一幅尤似仙境的柱状大门图片，大门两边各有一位穿着仆人制服、面带微笑的黑人男子，他们提着高尔夫球杆和手提箱（见引言图3），背景是酒店列表和一些大致信息。美国的基础设施、公共卫生举措和种族主义社会秩序正在融合成一个新行业。

道路、人行道和现代酒店住宿的发展也借用了类似的美国模式。在古巴，美国义勇骑兵的前指挥官伦纳德·伍德上校（Leonard Wood）被任命为该岛的美国军事总督。他委托建立的基础设施成为古巴早期旅游经济的支柱。伍德下令建造的哈瓦那著名的海滨大道（El Malecón），至今仍然受到游客和哈瓦那居民的赞赏。他认为，军政府的目标是将美国的商业和发展带到古巴岛。伍德宣称，"当资本愿意投资时，就达到了稳定的条件"。[70]卫生条件、基础设施和美国式政府将吸引投资者和游客。在巴拿马，运河及其配套基础设施也为休闲旅游提供服务。运河区拥有一个新形成的社区的所有物质享受，有餐馆、娱乐设施、电影院和热情的邻居可以与游客互动和娱乐。正如一位旅行作家在1913年所言："运河区是热带地区高度文明的前哨。它在建筑、卫生设施、道路建设、教育、公民政府以及所有使国家舒适和繁荣的实用艺术方面，为邻近的共和国提供了实实在在的客观经验。"[71] 应美国总统的要求，美国政府还修建了一些豪华酒店，为游客在巴拿马地峡观光提供方便。位于安孔山的蒂沃利酒店是为了迎接罗斯福 1906 年来此访问而建造的，站在酒店可以将整个巴拿马城尽收眼底。在总统访问之后的几年里，酒店进行了扩建，以容纳"不断前来参加运河建设或对运河建设感兴趣的美国人"。[72] 蒂沃利酒店是 20 世纪上半叶热带旅游界最受欢迎的酒店之一。"在这里，"一位作家指出，"几乎所有的游客都会在地峡停留。"[73] 美国政府出资在科隆建造华盛顿酒店（Washington Hotel）。运河区区长戈塔尔斯上校说道：

> 去年 11 月，总统在访问地峡时，注意到运河大西洋终点站附近缺乏适当的酒店住宿设施（原文如此），于是他授权巴拿马铁路公司（Panama Railroad Company）在位于科隆的"华盛顿酒店"旧址上建造宜居的防火酒店，这一举措同时可以作为巴拿马铁路公司的创收来源。[74]

总之，加勒比地区早期旅游景点的酒店和交通基础设施的发展都遵循了美国的路线。在 19 世纪 90 年代，佛罗里达州南部没有真正的旅游业，也没有任何美国殖民地。但在 1912—1913 年，多条轮船航线和铁路线向南延伸。"在帝国主义最放纵的狂欢中"，游客已经开始欣然接受热带度假。[75] 然而，热带旅游业的发展和美国的帝国主义之间的联系，比时间上的紧锣密鼓或共享的科学、技术和基础设施之间的联系更深入。指导美国外交政策和热带旅游文化的信仰和意识形态也在这段历史中形成。

帝国生活方式

正如一位运河工人兴高采烈地重新措辞："上一代人，霍勒斯·格里利（Horace Greeley）说，'往西走，年轻人，往西走！'明天这个词可能是，'往南走！'"[76] 要想了解美国从 19 世纪初到 20 世纪初的历史，我们可以回顾这条或真或幻的扩张路线，即从美国西部到加勒比热带地区，再到太平洋。19 世纪，随着移民和士兵向西迁移，他们经常经过加勒比海，穿越中美洲地峡。不过，他们通常不会逗留很长时间。像威廉·沃克（William Walker）这样的冒险家企图建立自己的共和国，就像他们在得克萨斯州所做的那样，但在更远的南方，中美洲和加勒比地区的当地居民成功击退了来自美国的入侵者。1860 年，沃克在洪都拉斯（Honduras）被行刑队杀害，而他的随从亨利·提图斯上校（Col. Henry Titus）逃走，后来在佛罗里达州建立了一个小镇，并以自己的名字命名为提图斯维尔（Titusville）。在运河项目开始之前，美军还在巴拿马的地界上派兵不少于 13 次。然而，19 世纪美国移民的主要目的地仍然是大陆。不过，到 1904 年，巴拿马地峡已成为美国新的热带"边疆"的南部边缘。美国先向西，再向南的迁移，都是扩张思维的组成部分。[77] 运河工人将自己视为新一代先驱者。正如阿瑟·布拉德在 1914 年所描述的那样，他们是"我们这个时代的拓荒者，总是迎难而上"。[78]

早先参与征服美国西部的士兵也领导了这次对热带地区的征服。例如，在被派往古巴和巴拿马之前，戈尔加斯博士曾在北达科他州、得克萨斯州和佛罗里达州服过役。[79] 地峡运河委员会号召白人劳工和军官建造运河，他们用暴力、炸药、钢铁和混凝土征服了美国大陆的边疆。戈塔尔斯上校也曾在古巴战役中服役，后来担任总工程师监督运河的完工，他的职业生涯开始于为美国陆军工程兵团（Army Corps of Engineers）在太平洋西北地区进行勘测。戈塔尔斯上校在巴拿马的前任约翰·弗兰克·史蒂文斯（John Frank Stevens）在 19 世纪 80 年代帮助建造了"北方大铁路"（Great Northern Railway），该铁路的起点是明尼苏达州的圣保罗（Saint Pau），终点是华盛顿特区的西雅图。[80] 先后担任驻古巴和菲律宾的美国军事总督伍德上校，早年曾在亚利桑那州（Arizona）和新墨西哥州（New Mexico）参加了最后一次针对杰罗尼莫人（Geronimo）和阿帕奇人（Apache）的正式军事行动。在美西战争和巴拿马运河工程中，所有处于等级森严的体系中的白人，从美国总统到工程师，从军人到低级的殖民官员，都有类似的"移民"经历，即从美国西部迁移到热带地区。[81]

士兵、工程师和政府官员调动水资源和土地，安排工人重塑热带景观，以满足美国式的生产和大都市消费者的需求。从这个意义上说，加勒比地区从被征服的土地向度假胜地的转变与早先在大陆边疆发生的环境、技术和政治变化相呼应。然而，扩张不仅涉及经济利益和军事实力，边疆还养活了工业机器，但它也为好奇的旅行者和对社会不满者提供了逃避和重生的出口。用弗雷德里克·杰克逊·特纳（Frederick Jackson Turner）的话来说，

"那种焦躁、紧张不安的能量，那种占主导地位的个人主义，为善与恶而努力，以及自由带来的那种活力，这些都是边疆的特征"。[82]1893 年，特纳在他的著名文章《边疆在美国历史上的重要性》（*The Significance of the Frontier in American History*）中阐述了这一流行观念。他认为边疆是"一个神奇的青春之泉，美国在其中不断沐浴和恢复活力。这种不断重生、美国生活的流动性、西部拓殖带来的新机遇，以及与朴素的原始社会持续不断的直接接触，构成了主导美国国家身份的力量"。[83] 政治家、商人和士兵都同意特纳的观点，即如果边疆地区不复存在，国家也不再伟大。历史学家威廉·阿普尔曼·威廉姆斯认为，"特纳的个人影响触动了伍德罗·威尔逊（Woodrow Wilson），也许还有西奥多·罗斯福，而且他的论断指导了后来几代的知识分子和商人，这些人成为教育界的领袖、企业掌权者、政府官僚和'自由世界'（Free World）的战士"。[83]"天定命运论"的文化必然会导致不断扩大边疆，这是美国文化中被接受的、受欢迎的组成部分。

"文明"的遥远边缘提供了一个体验和面对自然的空间，而且正如特纳的理论主张，它可以摆脱家庭的约束和规则。边疆是一个地区、一种自然、一种文化，不符合美国预想的何为"现代"的观念。[84]美国西部，甚至佛罗里达州，一直是边疆地区，因为美国原住民和西班牙裔定居者的生活以及他们对这片土地的使用方式，与白人定居者和美国士兵看待人与社区、人与自然的正确关系的方式不同。因此，美国主流社会认为征服边疆、定居下来，开化原住民是必然的。热带地区也是这种思维范式的组成部分。[85]古巴、巴拿马、太平洋地区的夏威夷和菲律宾的美国官员和军事人员，都将他们的使命和存在方式视为不断扩大的文明前沿的一部分。西班牙帝国以及混血儿，还有深色皮肤的"原住民"，遵循的则是一种不同的生活方式，一种被认为对美国白人的价值观怀有敌意的生活方式。为了文明进步，也必须要征服边疆。然而，"不文明"的生活也有一些吸引人的地方。这既令人厌恶，又给了人自由。文明规则在征服期间并不完全适用于边疆。这是文明与野蛮之间的临界区，居住或造访这一地带的拓荒者觉得他们有权在道德上对这里指手画脚。[86]

运河的白人劳工经常觉得自己是生活在蛮荒的热带地区的"粗人"（roughnecks）。在建设时期，以粗犷的男子气概为特点的俱乐部和社团声名鹊起。查格瑞斯协会（Society of Chagres）是一个由运河工人组成的专属于白人男性的俱乐部，鼓励无边界的自由。创始成员约翰·巴克斯特（John K. Baxter）庆祝道：

欢呼三声，我的兄弟们，为巴拿马异教徒欢呼三声。

七大洋上还有哪个城市拥有如此丰富的酒吧、啤酒厂、妓院、酒窖、酒桶屋、小酒馆、俱乐部、杂货店和杜松子酒作坊呢？哪里有品种丰富且价格低廉的苏格兰威士忌呢？哪里有这么多的酒徒、醉鬼、酒罐子、乞丐和皮条客？周日晚上大醉一场的人如此受人尊敬，再没有其他地方的人们对周一早上犯头痛已经如此习以为常的地方了。[87]

热带边疆的生活意味着酗酒、个人主义，据说还不受文明规矩的约束。巴拿马城和科隆这两座城市的夜生活不负盛名。美国运河区以男性居多，这里的酒吧被禁，而且不准与"未婚"女性同居生活。但在附近的巴拿马城却没有这样的限制。运河管理者将工人的声色欲望以及娱乐外包出去，声名狼藉的跨文化的纵情酒色的故事，吸引了许多情感受压抑的旅行者和游客前来。[88] 正如巴克斯特所宣传的那样：

> 如果你在干旱的堪萨斯州、缅因州或俄罗斯受到迫害，如果你又干又渴，而法利赛人（Pharisees）不会给你一滴水减轻你的痛苦，那么巴拿马会有你的避难所。我们会以酒宴热烈欢迎你，并让你快乐地提早奔赴地狱！我们中的许多人已经走过了这条路，我们中的一些人已经达到了目标！我们的终点在巴拿马！[89]

来自美国的游客可以参观环加勒比地区被占领的土地，并为美国征服热带地区而感到自豪，同时还能体验到边疆生活的自由狂欢。这种对"异教"边疆的民族主义观点为热带度假的舒适逃避主义文化铺平了道路。边疆心态竭力逃避和摆脱束缚，是休闲旅游霸权文化的先驱。旅游业的出现，体现了帝国主义作为一种生活方式的地域扩张和文化标准。[90]

不仅游客和热带拓荒者共享随心所欲的文化，士兵和殖民官员还充当了国内规范和国外旅行体验之间的文化中介。领导"征服热带"的帝国主义代理人，为了让游客在健康方面感到安全，征服了该地区，同时他们还建立了景点和设施，使游客可以舒舒服服地观光。有创业抱负的人开设了大大小小的酒吧、餐馆、旅游公司、报社和景点，以服务于快速增长的休闲旅行者群体。生活在热带地区的运河工人和士兵成为新兴旅游业的向导。他们邀请并招待下一轮的旅行者，像曾经的美国西部拓荒者转变为表演者的角色那样，运河区的这些人也如法炮制，比如布法罗·比尔（Buffalo Bill）和他的同龄人从牛仔和士兵变成了旅游企业家。[91]例如，查尔斯·韦斯利·鲍威尔（Charles Wesley Powell）曾是运河工人，他组织建造的植物园成为地峡上最受欢迎的景点之一，后来还与密苏里州植物园建立了合作关系。据一位来访的史密森博物馆（the Smithsonian）的植物学家称，鲍威尔的收藏是"无与伦比的"。[92]适合游客阅读的英文报纸《巴拿马新闻》（*Panama News*）也发表了一些关于鲍威尔花园的文章：

> 毫无疑问，巴拿马运河有一个追名逐利的竞争对手。"你见过巴拿马运河吗？"这不会是经过这一地区的游客要回答的唯一问题。一个人无须特别的远见就能很容易地预测到，当地人和游客很快就会自豪而钦佩地惊呼："你见过鲍威尔的兰花花园吗？密苏里州植物园的热带站呢？如果你还没有，你应该去看看，因为它是世界上最美丽的地方之一。"[93]

报道鲍威尔故事的报纸由前运河工人，也是参加过美西战争的退伍军人经营。据其编辑委员会称，《巴拿马时报》"反映了巴拿马和邻近共和国的风景魅力、历史名胜、旅游景点、商业机会和商业发展"。约翰·巴克斯特曾是地峡运河委员会的秘书，还曾担任《巴拿马时报》的主编。他是土生土长的田纳西州人，毕业于哈佛大学，曾是运河工人，后来成为作家和企业家。[94] 除了为《巴拿马时报》撰稿外，巴克斯特还是英文报纸《巴拿马美国人》（*Panama American*）的第一位编辑，该报的宣传语是"巴拿马，一年 365 天的游乐场"。[95] 同事们都记得巴克斯特是一位"杰出的作家"，他经常将他的日常灵感归功于他最喜欢的饮料阿祖罗朗姆酒。

除了巴克斯特之外，查格雷斯协会的其他成员也深入参与了旅游业的推广。约翰·柯林斯（John O.Collins）是该协会年鉴的编纂者，他是发布巴拿马地峡旅游信息的主要权威者之一，出版了《巴拿马指南》（*The Panama Guide*，1913）和《巴拿马娱乐》（*Recreation in Panama*，1914）。[96] 和他的许多同行一样，柯林斯在古巴的军事行动中服役并在服役结束后加入了运河项目。俱乐部的另一名成员 W. M. 巴克斯特（W. M. Baxter）是运河区政府的官方导游。巴克斯特陪同游客进行乘火车观光运河之旅，这已成为一项高效赢利的业务。1912 年，据运河区报纸报道：

> 因此，观光业务已经系统化，其活动现在已成为工作的常规部分。没有比乘坐观光火车更好的游览运河的方式了，而且需要的时间也短。火车缓缓穿过库莱布拉峡谷、水闸和加通大坝（Gatun Dam），而导游清楚并权威地解释了所有的工作阶段内容并回答了游客的问题。[97]

然而，在查格雷斯协会的成员中，巴克斯特经常抱怨说："游客通常是 50 岁或以上富裕的男人和女人，一些老处女，偶尔有近 20 岁的女孩。25~45 岁的男性很少。我想他们太忙了，抽不出三周的时间去巴拿马。"对于像巴克斯特这样粗犷的运河人来说，游客有时很烦人。"有个傻瓜男游客只有在兴奋时才会烦人，"巴克斯特指出，"那位游客在去地峡的路上读了一两本关于运河的书。"[98] 不过，他承认，游客确实是付了钱的。

正如查格雷斯协会所看到的，在这个联系紧密的社区里，受过良好教育的白人，相继在战争、殖民统治和旅游业里扮演不同的角色。美国的军事力量和工程基础设施与旅游服务息息相关。巴克斯特和柯林斯等人的故事如此紧密地联系在一起，展示了美国的扩张是如何与旅游业纠缠在一起的。两人都在古巴打过仗，住在运河区的同一个社区，在同一个办公室工作，并且是同一个专属俱乐部的成员，他们都促进了热带旅游业的发展并从中获利。

不过，新进入旅游经济的不仅仅是白人官员和美国退伍军人，该行业还涉及当地精英、小企业主，以及来自整个加勒比地区的一大批服务业艺人和有色人种工人。参与建设项目的西印度黑人移民也成为新兴行业的服务者和维修工人。他们来自英属加勒比殖民地，所拥有的美国运河项目的经验和英语知识促进了其向旅游工作的过渡。

然而，在高度种族主义的殖民体系中，有色人种的社会经济流动受到了严重的限制。黑人劳工为白人工头挖沟，在蒂沃利酒店和华盛顿酒店为白人游客充当侍者。这种劳动等级制度与帝国主义的边疆文化相结合，转化为社会实践和私人生活，形成了蓬勃发展但极具种族排外主义的旅游业。

总而言之，加勒比地区从一个疾病肆虐之地向人人向往的地区的转变，源于美国帝国主义扩张的几个重要方面：该地区可作为征服自然和追求安全的本能，作为享受和开发的边疆，作为美国商业和政治利益的延伸，并作为维持美国基础设施和影响力的收入来源。当美国扩展到加勒比地区时，该地区被重构为旅游消费地区。然而，在 21 世纪，帝国主义与旅游业之间的这种重要关系似乎被遗忘了。旅行作家哈里·弗兰克（Harry Franck）游历了美洲各地，并在运河建设的最后几年在巴拿马工作，他预料这些痕迹最终会被历史抹去：

> 热带地区的快速发展将会很快治愈蒸汽铲留下的伤疤，棕榈树将在这条看起来几乎是天然通道的道路上向蒸汽机挥手。然后旅行者懒洋洋地躺在躺椅上，四处张望，哼了一声："哼！这就是我们工作了 9 年并花费 5 亿美元的全部回报吗？"他们会忘记，拥有优秀的外科医生和受过严格训练的护士的庞大医院、数百栋房屋的建造、家具甚至一张茶几的布置。他们不会想起整个巴拿马铁路的重建，也不会想起每年仅为购买石油和雇用黑人向传播瘟疫的蚊子泵油就要花费 43 000 美元等几十件小事。这些小事对企业的成功至关重要，但却没有留下任何痕迹。或许比修建运河更重要的成就是美国在向当地人展示如何在热带丛林中安全、健康地生活。[99]

图1-3　库莱布拉水道（Culebra Cut），是巴拿马运河建设项目最密集的工地。美国陆军工程师大卫·杜·博斯·盖拉德（David du Bose Galliard）监督了运河的挖掘工作，所以该水道以他的名字命名，也叫作盖拉德人工渠（Galliard Cut）。道格·艾伦明信片合集。

图1-4　运河竣工后，盖拉德人工渠被描述成一个田园诗般的轮船通道。道格·艾伦明信片合集。

尽管历史的伤痕和不公已经淹没在那些热带景观中，但挖掘这段历史却引发了我们对现代休闲旅行的意义和实践的严重质疑。从长远来看，帝国主义与旅游业的交叉如何促进了区域发展？这种历史联系促进了何种旅游文化？我们的答案会在美国的帝国主义建设的熔炉中揭晓。

第二章

服务业共和国：巴拿马和古巴的跨国发展

如果你有很多人们想要但得不到的东西，若你可以满足其需求，那么财源便会滚滚而来。

——梅耶·兰斯基（Meyer Lansky）

1928 年 10 月 28 日，巴拿马知识分子、民族英雄吉勒莫·安德烈（Guillermo Andreve）乘坐联合果品公司大白舰队的一艘重达 66 000 吨的冷藏船乌鲁亚号（Ulua），从巴拿马科隆启航，前往古巴哈瓦那。安德烈乘坐的是头等舱，船上设施奢华至极。为"热带服务和最挑剔的乘客"量身定制的"大白舰队"是加勒比早期旅游业中最著名的邮轮，乌鲁亚号及其姊妹船被称为"热带地区航行最大最好的船"。[1]

然而，安德烈不是游客，他的旅行另有目的。他于 11 月初抵达哈瓦那，他的身份是巴拿马政府的外交官。他的官方任务是"研究古巴共和国的旅游业组织和发展"。用巴拿马总统的话说，这是一项"最高使命"。[2] 20 世纪 20 年代，加勒比地区的旅游经济呈指数级增长。1928 年，估计有 10 万游客访问了古巴，巴拿马也有相近数量的游客涌入。那一年，不包括在那里休假或暂时驻扎的数千名海员和士兵，有超过 75 000 名游客来到地峡。根据纽约国家城市银行（National City Bank）的一份报告，"旅游业是巴拿马经济最重要的因素，必然会逐年增长"。[3] 在访问期间，安德烈会见了古巴官员们，讨论了如何在自己的国家实施同样的旅游业发展战略。旅游业正在成为环加勒比海地区从地方到国家各级政府通用的一种国际发展模式。

在 1929 年出版的《如何吸引游客到巴拿马》(*How to attract tourists to Panama*)[①] 一书中，安德烈概述了古巴对旅游业的态度。他解释说，古巴政府在努力实现利润最大化的过程中，组织了一次国际宣传活动，并促进了一流酒店和景点的发展，如赌场、歌舞厅和赛马场。安德烈的报告特别关注了古巴 1919 年的旅游法，该法创建了该岛第一个国家旅游委员会，并出台了一系列税收优惠措施，以吸引外国投资者。尤为重要的是，这项法律使古巴岛上的赌博和赌场合法化，并产生了长期影响。它被称为《蒙特卡洛法案》(*Monte Carlo Bill*)。[4] 这是古巴政府努力将旅游业转变为国家发展工具的第一步，这也是古巴政府批准"旅游欲望"（或恶习）的开端，而这一行业特征将扩展到整个区域。

在这项立法之后，一批臭名昭著的人——梅耶·兰斯基、卢基·卢西亚诺（Lucky Luciano）、弗兰克·科斯特洛（Frank Costello）以及一些不为人知的黑帮和投机分子也开始投资旅游经济。来自美国的有组织犯罪集团为酒店赌场、旅游胜地和俱乐部提供资金，这些使哈瓦那在古巴革命前的几年里声名鹊起。[5] 安德烈似乎没有意识到这场即将到来的社会风暴，他建议巴拿马和

---

① 书名为本书译者自译。——译者注

其他环加勒比海国家采取类似的立法措施来促进外国投资。他解释说，旅游业为那些农业和工业资源不发达（却自然美丽、充满异国情调）的国家提供了经济增长的途径。他认为，国家应该支持旅游业的发展。他的政府同僚们也表示赞同。在他返回地峡后，巴拿马国民议会通过了一项仿效古巴的旅游法，将赌博和赌场合法化。[6]

表面上看，安德烈的政策建议似乎与他早期的公共事业生涯截然不同。一位革命英雄、民族作家和政治家，现在却是旅游策划人。在巴拿马争取政治自治的斗争中，安德烈曾在"千日战争"（Thousand Days' War，1899—1902）中任上校，他直言不讳地批评哥伦比亚的中央集权统治。历史学家罗德里戈·米罗（Rodrigo Miró）表示："在一群勇于创建和组织共和国的人中，安德烈表现出的特点赋予了他与众不同的形象。"1903年巴拿马建国后，安德烈曾担任国民议会主席，并在贝里萨里奥·波拉斯（Belisario Porras，1912—1924）政府中先后担任教育部部长、政府和司法部部长。安德烈在争取国家主权的斗争中被誉为"激进的自由主义者"。除了政治生涯，他还是一位受人尊敬的作家。米罗认为，安德烈是"我们民族文学的创造者"。[7]安德烈是一位旅居国外的知识分子、革命者和典型的19世纪拉丁美洲意义上的自由主义者。但到了20世纪20年代，他还从事了旅游业。

安德烈访问古巴的故事，突出了20世纪上半叶环加勒比海地区和拉丁美洲发展战略中出现的历史性矛盾。那些为国家主权而战，经常支持那些持反帝国主义言论的政治家们，很快接受了旨在吸引帝国主义投资者和游客的政策。[8]身为革命者和民族主义者，怎么可能将这种依赖外国消费者的经济向前推动呢？随着美国对加勒比海地区加强了地缘政治控制，当地的精英们试图利用美国在该地区的利益。用历史学家迈克尔·戈巴特（Michael Gobat）的话来说，如果他们不能在军事和政治上阻挠美国，那么他们可以接受一个旧观念，即用文化和经济的方式来"邀请帝国主义"。[9]

精英战略既注重游客的短期货币收益，也关注通过外国投资实现的长期经济发展。这些国家政策是跨国政治的成果。安德烈的旅程表明，一个地区的旅游发展与加勒比其他地区的发展是相联系的。巴拿马效仿了古巴的政策，但旅游开发商的做法是面对双方的。南佛罗里达州的政治家和商人也是这一精英网络中的一部分，他们与邻国对话，建立密切的经济和文化交流关系。

到了 20 世纪 20 年代，热带旅游的发展与精英们的进步梦想汇合了。国家促进加勒比地区旅游业的努力比学者和公众通常认识到的要早得多。20 世纪头几十年制定的自由主义政策，允许 20 世纪余下的时间里经济增长幅度不受监管。旅游学界传统上研究的第二次世界大战后的经典发展时期，依赖于前半个世纪的基本政策。虽然旅游业有别于世纪之交的民族国家的自由主义愿景，似乎属于一种更为现代的思维和流动潮流，但实际上，旅游业是从 19 世纪发展到 20 世纪的意识形态这条长线中的一部分。精英们更新了关于自由贸易和流动性的旧自由主义理念，以证明旅游业的合理性，并促进其发展，使其在新自由主义的背景下，将这些理念沿袭到了今天。[10] 政治家们和开发商认为，外国游客将成为新兴经济体的重要消费者。有了正确的激励措施，游客可能会决定留下来，长期投资他们的文化和经济资本。正如20世纪20年代末巴拿马的一份经济报告所解释的那样，"旅游业的发展不仅仅是游客的消费……旅游的主要价值是宣传价值……兴趣多样、各行各业的旅客将会越来越多。有经验的商人即使在度假旅行中，也会留意机会。[11] 旅游也可以转化为直接投资"。

在寻求国家发展的过程中，政治领导人将旅游者视为资本投资者、理想的移民、将区域经济与其他"文明"世界联系起来的竞争性发展的源泉。尽管面临帝国主义的威胁，但加勒比地区和拉丁美洲的领导人仍继续维护着欧洲和美国的生活方式。实证主义的政治哲学仍然是人们的普遍信仰。尽管细节存在争议，但本质上是一个共同的信念，即西欧和美国，为拉丁美洲和加勒比国家提供了普遍的发展模式。[12] 20世纪的精英们继承了源自19世纪思想的自由传统，推动了一种跨国的、经济上互相依赖的旅游模式。历史学家彼得·索克（Peter Szok）在巴拿马的案例中写道："这些精英的梦想是建立一个繁华的商业中心，吸引欧洲人来此，使这个地峡变得文明化。"[13] 本章接下来讲述的是一段观念历程，关于旅游业如何成为这一特定未来愿景的构成部分，这是前进车轮上的另一根辐条。

帝国主义时期的自由发展

随着美国政治和经济的扩张，对于那些处于有利地位的人来说，加勒比地区的旅游业成了一个利润丰厚的行业。企业主和政治家在新的旅游经济中快速获利。该行业还为司机、服务员、女佣、厨师、调酒师、音乐家、妓女以及可以满足游客需求的各种其他服务部门的工作人员提供了工作岗位。到 20 世纪 20 年代中期，迈阿密、基韦斯特、哈瓦那和科隆等沿海城市已成为繁华之地，到处都是来此消费的游客和美国军人。

如前章所述，热带医学和运输技术的进步为加勒比共同体开辟了一种新的经济发展形式。这些变化大多超出了当地人的控制范围。例如，安德烈 1928 年的古巴之行的部分原因，是泛美航空公司（Pan American World Airways）决定开通连接迈阿密、哈瓦那和科隆的航空客运服务。除了轮船，预计会有越来越多的游客将乘飞机来到地峡。[14] 这些国际力量影响了经济上许多重要或次要的东西，但正如人类学家西敏司的提问："赋予意义的特权在什么时候从消费者转移到了卖家身上？"[15] 然而，旅游业批评家在是否认可当地领导人在加勒比地区旅游业崛起中的作用上一直举棋不定。人类学家阿曼达·斯特伦扎（Amanda Stronza）总结道："我们一般认为，当地人是受蒙骗接受了旅游业，而不是主动做了这样的选择。"[16] 然而，国家和地方共同体领导人被动接受国际旅游业的这一说法，并不符合史实。

政治家和企业家并不只是坐等游客的到来。就古巴和巴拿马而言，领导人欣然接受了他们国家作为热带度假目的地和医疗卫生国际典范的新定位。为了利用美国的扩张之机，他们乐于接受旅游业的发展。根据历史学家弗雷德里克·库珀（Frederick Cooper）和简·伯班克（Jane Burbank）的说法："在有争议的领土上，当地人会对强国的入侵进行抵抗、转移或曲折前进，使之有

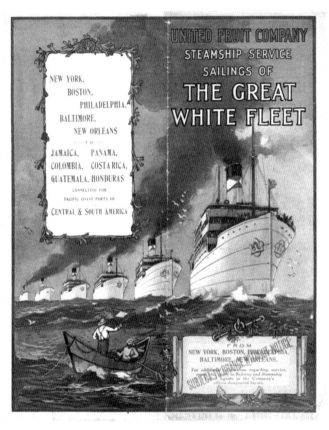

图 2-1 "1912 年 1 月至 7 月第 16 号启航清单"列出了联合果品公司的轮船在美国的出发点以及在加勒比海、中美洲和南美洲的停靠港。比约恩·拉尔森（Björn Larsson）收藏。

利于自己。"[17] 州政府官员和普通民众们试图"曲折地吸引"外国人的涌入。他们通过建造新酒店和消费景点，并宣传该地区为理想的旅游目的地，借此来努力提升加勒比地区的吸引力，这将在经济上和政治上有利于他们的国家建设计划。

为了找到这一国家发展战略的历史依据，本章研究了贝里萨里奥·波拉斯总统执政期间的政策。贝里萨里奥·波拉斯被称为"巴拿马现代化的建筑师"。[18]这段特殊时期发生在这片地峡上的事件，很大程度上说明了塑造整个地区旅游业发展的更广泛的模式。波拉斯的个人经历，也体现了在美国帝国主义的熔炉中出现的国家发展的张力和可能性。

1903年，当美国控制运河工程时，波拉斯公开反对美国的军事干预。他继承了古巴革命英雄何塞·马蒂（José Martí）等人的传统，是一位坚定的反帝国主义者。[19]在19世纪80年代和19世纪90年代，波拉斯走遍了加勒比地区、中美洲和欧洲，发表了一些演讲和论著。他指出由拉丁美洲人主导并为拉丁美洲人服务这种进步的重要性。他相信自由主义和国家主权的神圣性。波拉斯在巴拿马西部的一个小镇长大，他的父亲是一位政治家，为哥伦比亚政府工作。年轻时，波拉斯在波哥大学习法律，在他深情的记忆中，这座城市是"美洲的雅典"。1881年，从国立大学获得法学博士学位后，他带着"数以千计的想法"，以外交官的身份前往欧洲。他的学术研究和国外旅行经历使他倍受鼓舞，他希望为哥伦比亚人民带来进步和文明。在他的自传里，他说自己政治抱负的启蒙者是哥伦比亚著名的自由主义者吉尔·科伦杰（Gil Colunje）和布埃纳文图拉·科雷索（Buenaventura Correoso）。"正是在这两位杰出的地峡之子的影响下，"波拉斯回忆道，"我跨过了青春期的门槛，加入了党的队伍。这后来激励我走上战场，进入政府，在媒体和法庭上为党辩护。当时，有这种思想仍然是犯罪。"[20]在保守派和自由派之间发生的"千日战争"中，波拉斯选择投身于自由派的事业。他成为一名将军，领导巴拿马进行反对波哥大中央集权政府的斗争。然而，他无意让巴拿马成为一个独立的国家，他认为这场战争是政党之间的内部争端。面对美国的帝国主义威胁，波拉斯认为"哥伦比亚的主权应该不惜一切代价来予以维护"。[21]

然而，在美国干预之后，波拉斯发现自己被从其投身的民族主义事业中隔离了。在哥伦比亚参议院拒绝批准与美国的运河条约后，巴拿马自由派和保守派的大多数政治家都"无条件支持独立的主意"。[22] 在美国政府官员的压力下，他在巴拿马新政府中的对手撤销了他的公民身份，波拉斯被迫流亡到萨尔瓦多。三年后，当他被允许返回地峡时，他对美国及其在该地区的霸权角色的看法变得温和了起来。他用比喻的手法解释了自己观点的转变。他描述了美国官员们是如何闯入他熟悉的朋友家里，逼迫他们全家人走上街头消灭蚊子。这家人很沮丧，他的朋友认为，美国官员是"国家的敌人"。但根据波拉斯的说法，几年后，这家人的看法变了。"你看到街道了吗，博士？"他们高兴地问他，"现在我们可以在街上走，而街道却不会弄脏我们了。"像波拉斯这样的民族主义者仍然反对美国的帝国主义控制，但他们也开始认识到新的机会。外国佬带来了现代的卫生和交通技术。尽管这些民族主义者经历了屈辱，但这些措施还是为未来的发展奠定了基础。波拉斯总结道："进步和创新中隐含着好处，不了解的人抵制它。我们从前反感的事情，今天看来却是件大好事。"[23]

波拉斯于1912年当选巴拿马总统，并在1918年和1920年再次当选，他对美国控制该地区仍然持批评态度，但他变得更有策略，而且有选择性。美国政府及其对运河的控制依然存在，然而，为了争取更多由地方控制的发展空间，波拉斯和后任总统们将重点放在与美国政府的谈判上。[24] 接受美国的军事力量存在的现实，但仍要为国家主权而战，这就意味着要在帝国主义的控制下找到繁荣发展的途径。正是在这种折中的背景下，旅游业似乎成为外国统治和民族主义者引导经济的愿望之间潜在的中间地带。在波拉斯政府的领导下，巴拿马人开始将美国公民重新定义为"游客"，即共和国的特邀客人。为了在民族主义和商业利益之间进行协调，旅游支持者们还定期驻扎在地峡，或者去拜访那些现在被视为游客的美国军人和水手。巴拿马商业协会甚至认为，美国海军舰艇的到来，代表着该国的"经济救赎"。[25] 当水手们上岸休假时，那些酒吧和歌舞厅赚取了巨额利润。1929 年，仅仅 2 个月，就有 18 万以上的美国水手来参观地峡。这是加勒比海港口城市司空见惯的事情。历史学家杰弗里·帕克（Jeffrey Parker）说："巴拿马的诸多城市属于一个更广阔的加勒比世界，都有接待北美游客和美国军事人员的历史。"[26]

运河营销必胜信念

作为总统，波拉斯希望将"美国征服热带地区"信念转变为一种经济工具。他认为，巴拿马运河的开通已经引起了全世界对地峡的关注，使其成为"全球最大的商业中心之一"。[27] 于是巴拿马政府也参与到庆祝活动中来。1915 年在旧金山举行的巴拿马－太平洋国际博览会预计会迎来 1 900 万游客，为此，波拉斯政府开始组织自己的巴拿马国家博览会。大型博览会、国际会议和展览会被视为促进发展和投资的方式。[28] 官员们这样做的依据是，从美国东海岸出发的游客，会调整他们的行程，通过运河前往旧金山博览会。

　　国家博览会有两个目标：一是吸引外国游客，以刺激短期货币收益；二是通过邀请欧洲移民、欧美裔移民和资本投资，刺激民族工业经济的长期增长。1913 年，波拉斯政府启动了一系列活动，雇用若干记者和一家宣传公司在美国做广告。政府聘请了《泛美杂志》（Pan American Magazine）的编辑兼经理 W. W. 雷泽（W. W. Rasor）发表了图文并茂的文章。该杂志将报道巴拿马共和国的进步以及其是如何成为"旅行者的世界中心"的角色。同年晚些时候，《纽约先驱报》（New York Herald）的记者杰拉尔德·汉密尔顿（Gerald Hamilton）也签署了一份合同，着手开展宣传活动。汉密尔顿将撰写博览会每周纪事，在美国各大报纸刊登。[29] 作为旧金山博览会的一部分，政府还与轮船公司合作，在巴拿马为博览会做广告。联合果品公司也推出了从纽约经运河到旧金山的专程旅行。在促销传单中，联合果品公司的官员解释："通过巴拿马运河是世博会的序幕，也许没有其他方式可以如此充分地了解世博会的目的和意义。"[30] 与此同时，在巴拿马首都这座古老的殖民城市的郊区农村，政府精心规划了一个社区，在那里铺设了宽阔的道路和步行街，用来举办即将到来的活动。这个今天仍被叫作"博览会区"的街区，将成为新政府大楼的所在地，包含商业、教育、农业和娱乐设施，还拥有一个新体育场和赛马场。此外，博览会区也成为外国大使馆的所在地。政府官员认为，这个新社区将巴拿马定位为一个现代共和国和商业中心。博览会负责人解释说："从纯粹的商业角度来看，该建筑项目必将迅速带来大量的回报。"[31] 新社区也为巴拿马最富有的居民提供了搬进更宽敞、更豪华的住宅的机会。一位记者称，"它将成为上层阶级的居住区"。[32]

巴拿马运河庆祝活动也明显带有民族主义色彩。国家博览会表彰了美国的工程壮举，但与旧金山的活动不同，它的重点是共和国的"西班牙语世界"。在博览会的规划中，巴拿马政府强调了其与"西班牙祖国"的历史关系，以及与西班牙语加勒比其他地区、拉丁美洲国家的联系。国家宣传材料提醒游客，西班牙国王查理五世早在 1534 年就提议修建这条运河，这一提议远远早于法国或美国的运河工程。博览会官员还特别报道了西班牙"发现"太平洋 400 周年的庆祝活动。瓦斯科·努涅斯·德·巴尔博亚（Vasco Nünnez de Balboa）在加勒比地区一路劫掠，然后进入"南海"①，成为第一个穿越地峡的欧洲人。[33] 较之于 1776 年新成立的美国政府及其在该地区的驻军，巴拿马纪念西班牙殖民历史的努力，有着重大的意义。

然而，博览会同时也在试图吸引美国的兴趣。来自芝加哥的前运河员工，美国农业部科学家詹姆斯·泽特克（James Zetek），被任命为国家博览会的主任。泽特克是波拉斯的密友，后来成为史密森学会巴拿马热带研究站的主任。他向总统建议，博览会应该迎合来自美国北部的富有游客，因为他们每年都会为了躲避严

---

① 南海，指太平洋。——译者注

冬，到气候温暖的地方度假。泽特克写道："我们不应该忘记，在所有的博览会中，景点和娱乐是主要因素，可以带来我们期望的成功。如果我们有一个好的赛马场、一个棒球运动场……我们就不用担心参观人数不够可观了。地峡将是游客愿意去的地方。"他补充道："我们想吸引的是那些有钱的外国人……这将为巴拿马带来急需的资本和人才，以开发这里的资源。"发展和公共工程部的官员们表示同意："如果我们的天然条件使我们无法找到使土地肥沃、国家财富增长的必要元素，那么，为什么不吸引外国资本家、经济活动代理人和游客呢？通过客观展示我们的商业、农业和工业机会，我们可以赢得他们的支持。"[34] 20 世纪初，这在自由主义精英中已成为一种被广泛认可的政治经济观点。它提出了一种外部化的旅游发展模式。巴拿马和古巴的官员关注其他旅游目的地的活动，特别是佛罗里达半岛的活动。他们指出，为了躲避北方寒冷的冬季气候而来到这里的游客，往往会在第二年来购买一块地，建造过冬住宅。一个良好的旅游业可以吸引理想的游客成为投资者，或许还会将其变成永久居民。[35]

然而，这一特定发展愿景的一个关键组成部分是种族主义观念，即进步取决于"白人"。波拉斯总统坦陈了自己对国家的看法："我认为我们共和国的实际人口不足以实现其发展。"因此，他认为，该国需要推动拥有资本的欧洲裔人口的"可观"移民，而该国的土著和黑人居民则被认为比具有欧洲背景的人要低等。[36] 社会达尔文主义和本杰明·基德（Benjamin Kidd）等社会学家的思想在拉丁美洲和加勒比地区的自由进步人士中具有广泛的影响。基德认为，热带地区仍然不发达，是因为黑皮肤的大多数人"社会效率低下"。[37] 加勒比地区的精英少数族裔，如以波拉斯为代表的那些人，也认为他们需要更多的"白人"才能形成现代社区。正如历史学家阿维瓦·乔姆斯基（Aviva Chomsky）记录的那样，"许多拉丁美洲民族主义者信奉所谓的'科学'种族主义，并鼓励欧洲人进行移民，促进种族'白人化'，以此作为国家尊严和独立的基石"。[38] 以研究非裔加勒比文化而闻名的古巴知识分子费尔南多·奥尔蒂斯（Fernando Ortiz），甚至早在 1906 年就提出，人们认为"我们应该支持白人进行移民，因为这将向我们人民的血液中注入被热带贫血症夺走的红细胞，并在我们中间播下能量、进步和生命的种子……在今天看来，这似乎是寒冷气候的特征"。[39] 正如前几代试图吸引欧洲移民的加勒比海地区和拉丁美洲的自由主义者一样，下一代精英在旅游业方面也如法炮制。20 世纪初，国家和商业开发人员开始将促进移民、外国投资和旅游业解释为相互包容的项目。欧洲人和美国白人游客是符合理想的移民类型。旧的发展战略与促进旅游业之间的这种密切关系仍然可以在当代经济政策中看到，这是一种超越政治差异的发展方式。如今，加勒比地区各国政府仍将旅游业视为长期投资的前奏。[40]

然而，旅游业发展的思想架构，作为一套关于经济贸易和现代性的理念，实际上比游客的到来早了几个世纪。早在 16 世纪，环加勒比海地区的经济就是围绕着人员和货物的国际流动展开的。新来的欧洲人认为，加勒比地区最大的资源，是其所处的地理位置，因为这里可以与大西洋世界这个更大的贸易网连接起来。殖民者不是专注于生产国内消费品，而是专门从事出口行业和海运服务经济，以支持与欧洲的商业贸易。历史学家阿尔弗雷多·卡斯蒂列罗·卡尔沃（Alfredo Castillero Calvo）在一篇关于巴拿马历史的开创性文章中提出，有三个关键的历史时期定义了这种发展模式，他称之"过境经济"，即对以过境为基础的经济的依赖：① 16 世纪和 17 世纪西班牙船队时期，当大量的新大陆金银穿过地峡进入加勒比海前往西班牙时；② 18 世纪第一个 10 年和 19 世纪 20 年代西班牙殖民独立运动之前，国际贸易的短暂激增时期；③ 1848—1855 年的加利福尼亚州淘金热时期，当时穿越加勒比海和地峡前往西海岸的 "49 人"① 比穿越北美辽阔内陆的人还要多。[41]20 世纪初美帝国主义的崛起，以及服务业经济的复兴，似乎翻开了这段不断演变的转运历史的下一章。

巴拿马几代精英都相信"过境经济"，并试图用它来实现国家发展。贝里萨里奥·波拉斯担任总统时是这样做的，他的儿子埃尔南·波拉斯（Hernán Porras）也同样这么做。埃尔南·波拉斯是 20 世纪中叶著名的历史学家和政治人物，后来还在政府中担任过贸易和工业部长，小波拉斯或许最清楚地表达了他父亲的愿景。他认为，"白人资本家"最有能力在政治上控制国家，并将国家优越的地理位置转变为经济发展的途径。[42]跨国发展植根于对外贸易和科学种族主义的理想，证明了共和国的经济和政治权力集中在少数精英家庭手中是合理的。运河工程和随之而来的国际关注激活了这一长期持有的信念。[43]它为发展现代过境经济提供了

---

① 指"旧金山淘金者队"。——译者注

一种手段，新型旅行者，尤其是游客，将在其中发挥重要作用。

并非只有巴拿马人相信他们在世界地图上的位置是其最大的财富。环加勒比海的精英们都认同关于地理位置优势的说法。在古巴，政治领导人和商业领袖们还声称，"需要推进更多的旅游激励措施，以使该国的气候、自然美景和地理位置获得应有的好处"。[44] 长期以来，哈瓦那的居民一直认为，这座殖民城市是通往新世界和加勒比地区的咽喉，他们相信，这座城市对该地区新的旅游贸易也至关重要。在南佛罗里达州，关于旅游业发展，也有类似的论调。弗拉格勒将东海岸铁路线修到了迈阿密，然后又延伸至基韦斯特，佛罗里达州的"地理位置"保证了大规模的建设投资。20 世纪 20 年代，泛美航空公司还开通了"迈阿密 - 古巴 - 巴拿马"的定期国际航空服务，这证明了其选择地点的合理性，因为迈阿密的"地理位置"使其成为通往美洲的门户。[45] 加勒比海一直是一个十字路口——旅行者的中转地，但由于许多目的地都声称具有相同的地理重要性，于是问题就变成了如何才能在这条路线上脱颖而出。

第二大收获

继蔗糖、柑橘和香蕉等种植业之后，旅游业成为加勒比海地区的下一个发展产业。20 世纪初，古巴、巴拿马和牙买加等邻国的规划师和开发商首次将旅游业称为"第二大收获"。正如他们所希望和计划的那样，该行业将成为"大量新资本"的来源。[46] 农业劳动的机器和劳动制度正慢慢地被豪华酒店、娱乐业和精细服务的经济所取代。

这种新经济依赖于新的生产系统。旅游消费者显然跨越了国界，但寻求新发展模式的产业推动者也是如此。1928年安德烈前往古巴时，他去研究为旅游业而开发的新工具，寻找旅游和经济之间的联系。然而，安德烈只是众多研究旅游业新可能性的旅行者之一。受人尊敬的古巴外交官路易斯·马查多（Luis Machado）从另一个方向前往地峡。马查多在1920年至1930年担任古巴第一任旅游委员会主席，1950年至1952年担任古巴驻美国大使，后来担任世界银行董事。[47] 在多次访问巴拿马期间，他帮助巴拿马国家领导人制订了一个增加旅游收入的计划。马查多认为，国家在旅游业的发展中发挥着重要作用。他声称："只有政府，能够制订和执行协调一致的旅游计划，例如道路建设、通信技术的便利化，以及价格和旅游服务的监管。"他总结说："发展旅游业就是发展国家财富。"[48] 古巴和巴拿马政府都遵循了马查多提出的办法，投资酒店、交通基础设施和景点。

虽然古巴的旅游业一直是巴拿马的灵感来源，但同时佛罗里达州也是两国旅游业的典范。早在20世纪10年代，佛罗里达海峡两岸的旅游推动者就开始会面和交流，并将这些活动一直持续到20世纪50年代。例如，1929年8月，一群隶属于扶轮社①（the

---

① 扶轮社是依循国际扶轮的规章所成立的地区性社会团体，以增进职业交流及提供社会服务为宗旨。最初扶轮社的定期聚会是每周轮流在各个社员的工作场所举办的，因此便以"轮流"（英文：Rotary）作为社名。

Rotary Club）的古巴商人"在迈阿密受到款待"。[49]游客们了解了这座"魔幻之城"的旅游业和商业发展模式。佛罗里达州的商人也对古巴和大加勒比地区的发展进行了大量讨论。A. T. 莫罗（A. T. Moreaux）代表大佛罗里达州协会联系了古巴总统，称赞古巴政府为促进旅游业所做的努力。他写道："我确信，古巴的时刻到了。去北美大陆旅行和投资的大趋势是前所未有的。"[50] 1929 年 11 月，佛罗里达州的扶轮社也派了一个代表团前往哈瓦那，在那里会见了哈瓦那的扶轮社主席马查多和古巴共和国总统杰拉尔多·马查多（Gerardo Machado）将军。总统告诉受邀嘉宾："我也是一名扶轮社员，我们也帮助了美国，你们的金融机构大多数情况下实际上是我们古巴金融机构的例子，因此你们必须帮助我们实现国家的发展和进步，以及扩大我们的经济活动。我们的目标和理想是一致的。"[51] 早在 20 世纪 50 年代著名的旅游热潮之前，亲古巴－迈阿密的伙伴关系就形成了，极大地促进了游客和资本的流动。迈阿密地方当局同意在它们的旅游出版物中宣传该岛，古巴旅游委员会也同意给予回报。

巴拿马当局也与南佛罗里达州的旅游官员建立了密切关系。由于佛罗里达州的旅游业早在 19 世纪 90 年代就已经建立起来，因此该州为巴拿马的旅游经济发展提供了蓝图。南佛罗里达州依靠外部旅游资金进行房地产和基础设施开发，在不到二十年的时间里，迈阿密就从一个小镇变成了一个拥有数万居民的国际冬季度假胜地。运河建成后，巴拿马也开始计划类似的经济增长模式。巴拿马政府在迈阿密设立了领事馆，希望将游客和资本吸引到更远的南方。领事馆的主要任务包括参加庆祝活动，并掌握有关地峡自身旅游景点信息和商业发展的可能性。巴拿马驻迈阿密的首任领事是霍华德·布朗（Howard Brown），他是联合果品公司的前雇员，也是一名曾在巴拿马生活和工作的美国公民。布朗声称与迈阿密市长和商会关系密切。他对巴拿马媒体说，他接受领事馆的工作"是为了尽一切可能为巴拿马服务。我提议在迈阿密开设一个巴拿马物品的永久展览会，这座城市每个月都有成千上万的游客来参观，并在它的进步中发挥了重要作用"。他在给巴拿马总统的信中写道："我把大部分时间都花在了准备巴拿马的展览和在各种俱乐部和其他组织面前进行演讲。"20 世纪 30 年代初，布朗在迈阿密商会、西尔斯和伯丁等流行商店以及扶轮社、基瓦尼俱乐部和迈阿密妇女俱乐部等社会组织里举办了展览。布朗在公开演讲中声称"巴拿马和迈阿密作为旅游中心有很多共同之处"。[52]

从迈阿密、哈瓦那到巴拿马的加勒比海地区的旅游业发展与政界对私人开发商的慷慨让步有关。政界领导人认为，税收减免和廉价或免费土地的分配对于获取第二次收益至关重要。国家和地方各级政府通过一项又一项法律、签署了一份又一份的合同来支持私人融资的旅游项目。[53] 例如，1922 年，巴拿马政府将一块土地让给了一位投资者劳尔·埃斯皮诺萨（Raul Espinosa）。他打算建造一个有"各种奇观"的体育场，"吸引游客来到地峡"，虽然这个体育场的主要用途是赛马。体育场为共和国带来了"间接利益"，当地政府就免除了埃斯皮诺萨为建设和维护体育场而缴纳的税款。合同要求埃斯皮诺萨只需支付一小笔土地使用年费。[54] 政府为酒店和赌场的发展提供了类似的优惠。1928 年赌博合法化后，巴拿马政府收到了许多投资建议。据巴拿马媒体报道，"修建巴拿马的现代旅游酒店和赌场几乎可以确定了"。纽约投资者本·格雷（Bern Gray）获得了其中一项特许权：建造几家酒店和赌场。合同规定，格雷可以免费使用政府土地来建造酒店和赌场，并可以使用任何邻近的土地进行"美化"工程。此外，政府还免除了格雷的国家税。同年，政府还收到了纽约联合酒店公司的一项重大发展方案，即"在博览会建造一座价值 100 000 美元的现代化酒店和赌场"。纽约国家城市银行将为新酒店提供资金，联合果品公司的创始人之一米诺·基思（Minor C. Keith）将"为议案里的建筑提供土地"。[55] 巴拿马商业协会成员称赞了政府在促进私人融资旅游发展中发挥的作用。由于这个新组织的计划，该协会现在"有信心"认为"世界上没有一个旅游中心可以为旅行者提供更大的吸引力"。[56]

古巴也出现了类似的平行投资计划。1924 年，曾经在纽约和佛罗里达州科勒尔盖布尔斯（Coral Gables）建造豪华酒店的比尔特莫尔公司（Biltmore Company），在哈瓦那市中心建成了一座十层豪华酒店。这家由美国舒尔茨和韦弗建筑公司（Schultze & Weaver）设计的酒店将不仅成为富有的游客的聚集地，而且还将成为在哈瓦那活动的有组织的犯罪网络的聚集地。1930 年，同一家建筑公司把著名的国家酒店（The National Hotel）及其赌场建在一座守卫哈瓦那港的古老的西班牙堡垒之上。与巴拿马一样，酒店项目由纽约国家城市银行提供资金，这个古巴国家酒店俯瞰大海，拥有 500 间客房，仿造佛罗里达州棕榈滩著名的布雷克斯酒店（Breakers Hotel）而建。早在 20 世纪 30 年代初，已经在南佛罗里达州从事赌场夜总会业务的黑社会成员梅耶·兰斯基获得了古巴政府的特许，可以经营国家酒店的赌场。不久之后，兰斯基和他的黑手党同伙们成立了一家名为"古巴国家"的公司，该公司接管了国家酒店的部分所有权，并与"古巴国家酒店公司"合并。正如记者 T. J. 英格里希（T. J. English）所描述的那样，"暴徒将肮脏的钱汇入古巴去建造赌场和酒店，这反过来又产生了用于助长腐败政治体系的资金"。[57] 正是古巴的这些私人－黑手党－政府合作伙伴关系所产生的不公正和腐败的累积最终点燃了古巴革命。这在古巴和国外都是众所周知的历史，但很少有人认识到，旅游腐败的进程早在留着大胡子的菲德尔·卡斯特罗在马埃斯特腊山区（Sierra Maestra）建立革命根据地的几十年前就已经开始了。[58]

旅游业作为一种激励，促进了表面上与旅游业无关的国家项目的扩大。例如，伴随着旅游业的发展前景，道路建设和建筑项目蓬勃发展。路易斯·马查多和其他倡导者主张将道路扩建作为一种发展形式，将旅游业扩展到巴拿马全境（不仅仅是主要城市）。马查多解释说，高速公路建设"将为游客提供一种轻松、舒适、廉价和安全的方式，让他们可以带着必备物品自驾旅游"。[59]他建议，政府还应该建立区域旅游委员会来管理和监督新路线沿线的景点和企业。

然而，最赚钱的旅游活动仍然发生在港口城市的餐馆、酒吧和夜总会。酒类销售、赌博和烟草成为巴拿马最大的税收来源。根据历史学家马修·斯卡利纳（Mathew Scalena）的说法，根据年份的不同，酒税占巴拿马国家收入的 20% 到 50% 不等。[60] 同时，国家财政官员解释说，"政府应该充分激励人们发展这些有吸引力的活动"。[61]巴拿马传统上的国内税源不足，对巴拿马运河也没有直接的商业控制，因此需要从外国对酒类和赌博的需求中找到另一种收入和投资来源。在美国禁酒时期，古巴的酒吧老板、走私者和官员也通过酒类贸易致富，这反过来也吸引了渴望致富的美国人来到该岛，古巴也成为非法北运货物的主要来源。[62]

外国游客的欲望促进了古巴和巴拿马城市的酒吧和歌舞厅的发展。然而，本地和外国评论员都抱怨这种日益国际化的夜生活是很残酷和"不道德"的。纳西索·加里（Narciso Garay）是巴拿马的一名资深公务员，他感叹"科隆街头的景象让我几乎感到痛苦"。[63]游客发现了巴拿马、古巴、佛罗里达南部以及更广泛的加勒比地区的港口和旅游城市都已成为罪恶的理想目的地，到处都充斥着酗酒、赌博和有偿性行为。到 20 世纪 30 年代初，估计有 7 000 多名妓女在哈瓦那工作。"对许多男人来说，"记者马克·库兰斯基（Mark Kurlansky）说，"和音乐、朗姆酒和雪茄一样，嫖妓是哈瓦那之旅的一大特色。"[64]在巴拿马，作家德米特里奥·科尔西（Demetrio Korsi）表达了他对这些旅游欲望的批判性情绪。在他 1953 年出版的一首诗《巴拿马的幻想》（*Vision of Panama*）中，科尔西写道（原版是西班牙语）：

> 外国佬，外国佬，外国佬……黑人，黑人，黑人……
> 商店里挤满了各种有色人群。
> 方脸的摔跤手和慕兰潭酒填满了妓院的大厅。
> 一辆破旧的出租车载着游客驶过。

士兵、水手，来来去去。

还有穿短裙的女人，卡巴莱夜总会的工作人员。

巴拿马，外国佬发现了亚当的土地。

令人放松、包容的巴拿马。

中央大街的巴拿马，

人们可以从十字路口、桥梁、港口和门进入运河。

移动，交通，所有的酒吧，

所有的酒鬼，所有的狐步舞。

所有的伦巴舞和所有的骗子，还有上帝派来的外国佬。

成千上万的外国人和数不清的钱包。

……

多么可怕的精神，音乐！

数百万人跳着他们可怕的舞蹈。

外国佬，黑人，黑人，外国佬……巴拿马！[65]

　　这首诗中提到的跨文化和剥削经历往往是由外国对热带异国情调和性行为的认知所导致的。尽管如此，国家还是允许这些欲望存在并从中获利。[66] 正如历史学家杰弗里·帕克在巴拿马所记录的那样，"可可林区和纳瓦霍区（红灯区和旅游区）的大多数业主都是巴拿马的精英家庭"。甚至巴拿马市长也拥有可可林区的房产，他将其出租并授权成为酒吧和妓院。[67]

　　政治和商业领袖似乎愿意为"进步"做任何事情，而不考虑道德影响。问题是，为什么安德烈、波拉斯、马查多和其他精英愿意以这种方式来允许并在实际上促进发展，特别是旅游业的发展？这是什么类型的国家建设项目？酒店、赌场和游客的欲望与国家进步有什么关系？答案似乎直截了当：允许犯罪活动可以迅速获利，而且依赖于满足游客需求的服务型港口经济由来已久。用梅耶·兰斯基的话来说，如果你有人们想要的东西，那么找个办法供应，然后你就能赚取利润。[68] 这个后来在有组织的犯罪世界中被称为"兰斯基定律"的想法，也是指导国际资本主义和国际旅游业的同一原则。作为理性的商人，他们只是提供游客想要的东西。然而，复杂的部分是，这些经济活动是在高度受控的背景下产生的。在巴拿马运河区，一切都由美国政府管理，尽管当地人抗议，但杂货店仍出售非必需品和奢侈品。巴拿马政府每年从美国政府那里获得 25 万美元的运河土地租金，但却对运河的物流或商业运营没有发言权。然而，巴拿马人有一个明显的经济优势：运河区禁止开设酒吧和赌博。在远离美国政府补贴的竞争情况下，经营犯罪活动是国家服务经济发展的一种有利可图的选择。这种关系在微观上代表了将美国与加勒比海联系在一起的社会经济交流的类型。赌博的合法化、酒精的现成供应，以及加勒比海罪恶旅游经济的异常扩张，都是在美国帝国主义的侵入和清教徒进步主义的正义时代开始的。

加勒比地区早期的旅游业成为游客寻找酒精和在美国视为非法活动的出口。在古巴旅游法通过的同一年，美国确立禁酒令的第十八修正案获得批准。整个酒吧和企业，如哈里纽约酒吧、得克萨斯酒吧、芝加哥餐厅和曼哈顿咖啡馆，都从美国搬到了古巴、巴拿马和加勒比海的其他地区。[69] 被称为"科隆卡巴莱歌厅之王”的马克斯·比尔格雷（Max Bilgray）声称，在 20 世纪 20 年代，他将巴拿马的卡巴莱歌厅从“边疆风格”转变为“亲切革命同志的集会场所”。在美国禁酒令颁布前，比尔格雷曾在芝加哥拥有酒馆。搬到巴拿马后，他经营的“热带酒吧”（The Tropic）成为加勒比海旅游景点中最著名的酒吧之一。另一位来自美国的酒吧和歌舞厅企业家玛丽·李·凯利（Mary Lee Kelley）经营着“世界上最著名的妓院之一”[70]，取得了经济上的成功。在 1926 年《巴拿马时报》的一篇简介中，凯利称自己是“白手起家”的爱尔兰裔女性。“为什么我像帕蒂加的猪一样都是爱尔兰的呢？我来自波士顿，那里人人都是爱尔兰人，包括所有的政客和警察。”[71]美国凭借其限制性法律，向南方输出了酗酒和非法居住的文化。谣言传播者、外籍酒类经销商，如比尔格雷和凯利这样的酒吧和歌舞厅老板，在禁酒时代成为浪漫的英雄人物。[72]

　　当巴拿马在 1928 年投票通过自己的旅游法时，美国联邦对酒类销售的禁令和对国内不良经济的打击仍在生效。安德烈指出，“赌博将成为我们的主要收入来源和主要旅游景点”。[73]但同时，他也承认这种类型的旅游发展所涉及的潜在风险。他认为，应该禁止当地人参观新的赌场和酒店，以保护他们免受道德腐败和经济崩溃的影响。他写道：“为了造福国家，应该绝对禁止非工作人员进入赌场……如果我们的国民去赌博，我能预见很多不好的事。”[74]然而不幸还是如期而至，安德烈为巴拿马政府提议的旅游法基本上就是兰斯基和一群黑手党成员用来建立他们的赌博和酒店帝国的法律。巴拿马的国家旅游政策为最有创意、最无情的跨国罪恶发展商打开了闸门。据英格里希称，“兰斯基是（古巴）

岛上的一位大人物，是政府官员的朋友，一直走到最高层"。[75]
兰斯基的合作伙伴卢基·卢西亚诺也在巴拿马产生了影响。在相
继被美国和古巴驱逐出境后，卢基·卢西亚诺决定在巴拿马开展
贩毒活动。

精英政治家们也不能幸免于这种有组织犯罪的社会后果。
1955年1月，巴拿马总统若泽·雷蒙（José Remón）在胡安·佛
朗哥赛马场（Juan Franco Racetrack，建于1922年第一次旅游热
潮期间）被枪杀。尽管刺客从未被发现，但许多人认为卢基·卢
西亚诺和他的国际毒品集团应对总统的死亡负责。雷蒙和他的妻
子、兄弟都卷入了毒品和武器走私丑闻，这些丑闻与从地峡到南
部佛罗里达州的暴徒活动有关。根据美国政府的说法，雷蒙总统
在20世纪30年代和40年代担任科隆警察时曾为巴拿马的毒品
走私和黑手党活动提供保护。据推测，他的妻子也参与了这些
非法活动。在访问波多黎各期间，雷蒙夫人被发现携带一袋麻
醉品，美国海关官员让其缴纳了50 000美元罚款。他们过着典
型的跨国生活，雷蒙夫人在佛罗里达州时，她的丈夫在巴拿马被
暗杀。[76]与此同时，在古巴，富尔根西奥·巴蒂斯塔政府与该
岛上的黑手党深陷纠葛。毒贩、酒店和赌场老板以及政府和军
事当局之间的关系在加勒比海地区的历史上一直存在，并且跨越
国界。[77]

但对国家领导人来说，旅游业不仅仅是一个充满外国罪恶和
美元的腐败行业。游客的到来有望刺激经济，但也支持了更具文
化色彩的国家项目。旅游业既是一种经济资源，也是一种文化资
源。在旅游发展的借口下，精英成为被授权的民族文化守门人。

民俗作为旅游景点的推广项目与民族化和"增白化"项目密切相关。尽管美国游客通常认为该地区的民族是贫穷的，有着深色皮肤和原始的"土著"群体，但该地区利用文化活动和保护西班牙殖民遗址来强调其民族遗产中"光明"的一面。早期的旅游手册反映了这一立场，完全忽视了民族生活中的非裔加勒比人因素。[78] 通过这种方式，这个行业作为一个意识形态平台进行运作，不仅面向国内观众，也面向国外观众。有了旅游业作为一种经济资源和在国内外传播信息的手段，精英们可以清楚地表达成为共和国公民意味着什么。现代文化和历史的观念在一定程度上固化于旅游业。特定的商品、历史和身份出现了新的价值和形式。被忽视了几个世纪的历史遗迹和传统得到了国家资金和私人投资，并重新获得了文化内涵。例如，旅游业发展的可能性促使波拉斯政府在 1912 年通过了共和国的第一部历史保护法，当时正值该地峡第一次旅游业繁荣的鼎盛时期。[79] 古巴和佛罗里达州也曾试图将殖民时期的建筑和废墟改造成历史街区和旅游景点，游客们愿意花钱来观看和体验加勒比海盗和征服者的殖民历史。然而，与历史保护和民族认同并行的总是经济利益。[80]

旅游和种族排斥

虽然加勒比地区和拉丁美洲的精英阶层为有欧洲血统白人的旅游和投资业务创造了极其自由和慷慨的激励措施，但他们对非白人游客和移民有着强烈的歧视。正如历史学家劳拉·普特南所解释的那样："外来人员的形成过程也是本土人员的形成过程，以及他们之间的障碍——意识形态的、制度的、物质的——的归化过程。"[81]普特南指的是 20 世纪 20 年代和 30 年代限制加勒比地区黑人流动的种族化限制。不过，她的观察也与旅游业的历史有关。"本土人员"的形成，特权游客的形成，也是不受欢迎的"外来人员"移民的形成。旅游发展是历史的一部分，它定义了理想的人和不理想的人、潜在的本土人员和固有的外来人员。

国家当局鼓励酒店和赌场的发展，并创造新的方式来吸引游客和投资者。与此同时，它们在边境和海岸巡逻，以阻止那些受到不同种族和民族背景影响的"不受欢迎的人"到来。1926 年，巴拿马政府通过了一项模仿美国移民限制的移民法，禁止以下这些人入境：非洲人后裔、"中国人、吉卜赛人、亚美尼亚人、阿拉伯人、土耳其人、印度教徒、叙利亚人、黎巴嫩人和巴勒斯坦人"。种族歧视在巴拿马建国之初就存在。正如历史学家马里萨·拉索（Marixa Lasso）所表明的那样，该国"不断质疑华人和西印度裔社区成为巴拿马人的权利"。[82]巴拿马早在 1904 年的法律就宣布，有非洲和亚洲血统的人是"被禁止移民"的种族。1926 年法律的第 20 条重申了这条移民法，宣布"本法所指的那些个人，如果认为有必要进入我国领土中转其他国家，必须通过在离境港口的巴拿马领事向外交部获得特别许可"。[83]与此同时，来自美国的白人游客甚至不需要护照即可进入该国。

古巴在 1920 年至 1930 年实施了类似的种族主义移民法，同时允许美国白人公民在没有护照的情况下前往该国。按种族界限限制种族流动的做法很普遍。"根据西印度黑人活动家对拉丁美洲国家的一项调查结果显示，除了巴拿马，还有七个国家十分排斥黑人……一些人设置了极其苛刻的入境资格。"[84]这些流动和固定的种族化结构没有区分贫富或知名和不知名的有色人种。1930年，当作家兰斯顿·休斯（Langston Hughes）计划去古巴旅行时，纽约的官员最初拒绝了他的通行证。根据历史学家弗兰克·古里迪（Frank Guridy）的说法，"（轮船）公司声称它们不能卖给他一张船票，因为古巴政府禁止'中国人、黑人和俄罗斯人'进入该国"。其他著名的黑人旅行者，如非裔美国教育家玛丽·麦克劳德·白求恩（Mary McLeod Bethune）和全国有色人种协会（NAACP）的活动家威廉·皮肯斯（Willima Pickens），在访问古巴时也遭受过类似的歧视。皮肯斯在写给美国国务卿的信中写道："当美国黑人公民寻求行使其来到古巴共和国的权利时，即使是一个星期或一个月等短期来古巴的旅游者，为了寻求教育和知识，或是商务和娱乐，但总有一项政策因受到一些人的支持从而阻碍和劝阻美国黑人来古巴。"[85]

巴拿马也存在类似的问题。巴拿马记者、拥有西印度黑人血统活动家乔治·韦斯特曼（George Westerman）一贯强烈地谴责旅游业中的种族不公正现象。韦斯特曼问道："为什么这项法律对非白人游客如此不友好？这些非白种人士只是希望与地峡亲戚朋友一起度过一个短暂的假期或在前往其他中美洲国家途中参观这个共和国。"[86]韦斯特曼记录了一个接一个的歧视案例。例如，一名来自哈莱姆（Harlem）的非裔美国护士在从巴西参加会议回家的路上，试图在巴拿马停留一个短暂的假期。然而，当局告诉她："你不能来巴拿马，因为美国黑人不被允许在巴拿马登陆。"进入20世纪中叶，巴拿马政府继续要求非裔美国游客必须持有护照才能进入巴拿马并需支付 500 美元押金，而美国白人可以拿着 1 美元办理的旅游卡进入巴拿马且无须护照。韦斯特曼在 1953 年解释说："我们目前对游客的政策引起了不满，这影响了我们在国外的民主地位，同时也削弱了我们与所有在当今世界事务中的意见不容忽视的非白人人民的友谊。巴拿马必须向外界证明它在应用民主原则时不接受双重标准。"[87]

这样，外来人员并没有专门定义加勒比地区游客的特权身份。该地区的精英还定义了谁可以和谁不可以成为理想的客人。白人旅行者和投资者很容易越过国际边界，而所谓的不受欢迎的种族则被拒之门外，甚至被扔出去。"每个时代都有它的宗教裁判所，"旅行作家 B. 特拉文（B. Traven）在 1926 年写道，"而我们这个时代拥有弥补中世纪折磨的通行证。"[88] 然而，旅游业也有其虚伪的一面，并将不道德和特权的例外情况合理化。地方和国家政府向根植于赌博、饮酒和卖淫的旅游经济开放它们的社区，同时加强对非白人旅行者的控制，尽管他们通常在该地区有直系亲属。黑手党和毒贩如梅耶·兰斯基、卢基·卢西亚诺和桑托·特拉坎特（Santo Trafficante）受到欢迎，而黑人旅行者、教育家和知识分子如兰斯顿·休斯、乔治·韦斯特曼、玛丽·麦克劳德·白求恩则受到骚扰和怀疑。

早期旅游业中的这些种族排斥行为产生了历史性的影响。一方面，赋予外国白人和游客特权的国家政策会激起民众对殖民统治和少数族裔统治的抵抗。例如菲德尔·卡斯特罗和他的革命党人将哈瓦那希尔顿酒店变成了革命的总部，并将其更名为"自由的哈瓦那"，这绝非巧合。毫不奇怪，1964 年在巴拿马发生的反对美国统治的起义将其愤怒转向旅游经济。著名的蒂沃利酒店的周边地区卷入了一场激烈的街头战斗。根植于 20 世纪初旅游业单一文化愿景的国家发展政策在 20 世纪中叶的反殖民和反种族主义叛乱时代播下了毁灭性的种子。然而，尽管从过去吸取了这些教训，但在 20 世纪 60 年代的社会动荡之后，另一代加勒比地区的精英已经回到了旅游业发展的（新）自由主义政策。20 世纪初和 21 世纪初的发展战略在某种意义上是非常相似的。计划和行动一直在进行着。尽管现在理论上国家和地方对旅游经济有了更多的控制权，但实际上最终目标是相似的：不顾社会成本，吸引外国直接投资以鼓励"进步"和发展。正如巴拿马街头最新一届政府的标牌上写着："更多的旅游，更美好的国家！"

对于享有特权的游客来说，这些仍然存在于行业中的历史后果应该让人们停下来重新思考：为什么白人经常与环加勒比海地区的游客联系在一起，而黑人，无论国籍如何，似乎仍然代表某种人？过去谁可以和谁不可以成为理想访客的种族化定义，在区分受欢迎和不受欢迎的访客方面仍发挥了巨大的当代作用。[89]

总而言之，美帝国主义向该地区的扩张，加上当地人从涌入的外国人那里获利的努力，使加勒比地区进入了 20 世纪那种具有排他性和种族化的旅游文化的新时代。旅游业的发展并非简单地由外界强加，本国也可以主动邀请外来人员一起来发展旅游业。但一旦政治和经济舞台搭建好，广大游客将如何到达那里？几个世纪以来，航运一直是跨国流动的主要方式，但到了 20 世纪 20 年代后期，这种方式也在发生变化。

第三章

从海运转向空运：泛美航空公司的崛起

有多少次，你站在轮船的甲板上，在波涛汹涌的海面上颠簸，眼巴巴地看着海鸥在轮船周围盘旋和俯冲。它们飞得是那样轻盈而快捷，而你却忍受着恶毒的大海无休止的翻滚和颠簸的痛苦。你多么渴望像海鸥那样平稳而快速地飞翔。然而，现在人类已经掌握了飞行的原理，可以享受空中运输带来的舒适、快捷和安全。

——泛美航空公司宣传册，哈瓦那航线

那是一种可怕的体验：因飞行高度而产生的奇妙幻觉。

——安妮·莫罗·林德伯格（Anne Morrow Lindbergh），"欧洲航班"

1927 年 10 月 28 日一大早，约 700 名观众聚集在一起，目睹了泛美航空公司的首次飞行。从基韦斯特的沙土跑道起飞 1 小时 25 分钟后，这架三引擎福克 F-7 飞机带着 3 名机组人员和他们的邮件降落在哈瓦那。这是国际航空旅行发展的分水岭。[1]

3 个月之内，泛美航空公司不仅向古巴寄送邮件，还替乘客支付费用。1928 年年初，该航空公司开通了客运服务，从基韦斯特飞往哈瓦那，一个座位的票价为 50 美元，载客 8 人。毫不夸张地说，这标志着一个休闲出行新时代的到来。从泛美航空公司的首条航线开始，其业务从佛罗里达州迅速扩张到古巴和整个加勒比海地区，泛美航空发展成世界上最大的国际航空公司，到1931 年，泛美航空已将其服务范围扩展到美洲的 23 个国家。10年后，它的影响力遍及全球：飞行范围覆盖 60 个国家，飞行航程达到了惊人的 98 000 英里。正如该航空公司的高管后来回忆的那样，"我们第一次飞往哈瓦那用时短暂，但那次飞行的意义深远，因为它使美国向全球航空旅行敞开了大门"。[2]

图 3-1　泛美航空公司于 1928 年 1 月 16 日从基韦斯特飞往哈瓦那的第一次定期
　　　　客运航班。迈阿密大学特别收藏。

　　航空业的兴起是一段有文献记录的历史，但大多数作者在考虑航空运输的发展时，倾向于讲述"技术胜利"的故事，而较少关注复杂的文化影响。[3]事实上，对于大多数现代旅客来说，飞行已经成为理所当然的出行方式。然而，本章将文化背景重新融入飞行的历史奇迹中。基于历史学家詹妮弗·范·弗莱克（Jennifer Van Vleck）的见解，本章记录了"空中的逻辑"是如何否定了海洋领土的重要性，不仅对美国的政治、经济和军事利益，而且对旅游业也是如此。[4] 从海上到空中的转变改变了游客度假旅行的方式和地点。尽管在进入"喷气式飞机时代"之前，从经济上来说，航空旅行一直是一种精英阶层的休闲出行方式，但 20 世纪上半叶航空路线的发展为大众旅游的未来体验和目的地埋下了先机。一个人不再需要在路上花费数周时间，经停多个港口，才能到达想去的地方度假。航空业，加上美国国内经济的日益繁荣，将使美国有可能比 20 世纪的任何其他国家向加勒比地区和其他国际度假胜地输送更多的游客。航空运输革命不仅体现了技术的变革，而且在旅行者如何体验时间、空间和跨文化联系方面发生了更广泛的转变。简而言之，航空业创造了一种"时间湮灭空间"的强大力量，因此，极大地改变了加勒比地区乃至世界各地的旅游业。[5]

　　航空业的历史是一个非凡的扩张故事，当它与运输技术的悠久历史进行对话时，就更加有趣了。通过考察和比较之前出现的海外流动形式，我们对接下来发生的事情的重要性有了更深刻的理解。在泛美航空公司第一次飞往哈瓦那之前，从美国本土或佛罗里达群岛访问加勒比国家的唯一方式是乘坐轮船，不久之前是乘坐帆船。[6] 这是一次依靠大海、船只和经验丰富的水手的旅行。然而，这段海上历史已逐渐成为怀旧之情，或者更糟的是，它在今天的喷气式飞机旅行时代被遗忘了。当游客聚集在拥挤的机场，希望进行一次例行而单调的飞行时，他们应该记住，从何时起，海外旅行的方式从海上航行变成了离地面数千英尺^①的飞行，并且这样的转变产生了什么样的后果。[7]

穿过墨西哥湾流

从海上旅行到航空旅行的过渡是半球关系和全球化历史上的一个巨大飞跃。飞行改变了人们跨越国界的方式，但其方式在今天已被人遗忘。[8]跨国旅行的现象学已经发生了根本性的变化：与 20 世纪初的旅行体验相比，现在的速度、距离、时间、气味、视觉、与自然的关系和与声音的关系都有了显著的不同。根据现象学家如埃德蒙·胡塞尔（Edmund Husserl）所言，现象学是构成日常生活的现象——经验的解构。[9]在旅游业和旅行的背景下，体验的结构由到达那里的方式等多因素决定，也就是游客的交通方式。对比空中和海上旅行的历史，我们可以清楚地看到，自然和机器的现象学感觉，除了恐惧和肾上腺素，根据移动方式的不同，也有显著的差异。

现代航空业加快了旅行的速度，但与此同时，它将人们与他们所经过的地方和社区分离开来。航空业的早期是一个浪漫和冒险的时代。但随着科技的进步，民用旅客越来越容易乘坐飞机，飞行也开始培养一种感觉，即分隔美国大陆与南部岛屿和国家水域的仅仅是一小段距离。无论是从字面上讲还是从象征意义上

---

① 1 英尺约等于 0.3048 米。——编者注

讲，海洋的危险和地理环境都与现代的感性观念截然不同。当一个人处在海平面以上数千英尺的地方时，大海对他的旅行体验就不那么重要了。然而，这张 20 世纪的航拍图让我们以一种全新的方式来想象长期以来被认为是潜在危险的海上旅行。

通过分析海上旅行的历史和文化，我们可以更好地了解航空业将带来的激进革命。举个例子，就在泛美航空公司开始飞往古巴的 30 年前，佛罗里达半岛到古巴发生了一次著名的、戏剧性的航行。1896 年新年前夜，作家斯蒂芬·克兰（Stephen Crane）在佛罗里达州的杰克逊维尔登上了海军准将号（Commodore）前往古巴，他要去报道岛上爆发的战争。但在佛罗里达中部海岸的波涛汹涌大海里中，准将号开始在水面上颠簸。随着船慢慢下沉，幸存的船员把它变成了一个小救生艇，他们努力保持漂浮。后来，克兰在一篇短篇小说《海上扁舟》（The Open Boat）中记录了这次磨难：

> 他们（包括我自己）谁也不知道天空的颜色。他们的眼睛向水平方向望去，注视着向他们扑来的波浪。除了浪花的顶端泛着白沫外，这些波浪都是石板色的。所有的人都知道帆船的颜色。地平线时而变窄，时而下陷，时而起伏，边缘都是波浪的锯齿状，似乎像岩石一样一股脑地冲上来，这些浪是最不合理的、最野蛮的、陡峭的，每一个泡沫的顶部都是小船航行的一个问题。[10]

尽管 19 世纪晚期的大多数航海旅行都没有像克兰经历的那

样以灾难告终，但他的故事却突出了"航海"的脆弱、刺激和感官视角。[11] 在暴风雨中迷路、被吹离航线、被海浪淹没或发生海难的可能性，都深深融入了海上旅行的文化体验中。事实上，佛罗里达半岛和古巴之间的水域在历史上对水手和渔民来说是一条危险的航道。正如作家欧内斯特·海明威喜欢提醒读者的那样，"墨西哥湾流"是"仅存的最后一个蛮荒之地"。[12]

旅行者在海洋里遥望着遥远国度的土地，但旅程本身是一个重要的"想象场所"。[13] 例如，我们可以回顾一下比克兰早 50 年下海的另一位航海冒险家和作家的经历。在 19 世纪 40 年代，一个好奇的 20 多岁的年轻人从马萨诸塞州的新贝德福德（New Bedford）出发，穿过加勒比海和好望角到达南太平洋，三年后才返回家乡。年轻的赫尔曼·梅尔维尔（Herman Melville）的航海经历也成为他的写作素材。他笔下的人物和他一样，渴望航海旅行。作者最著名的小说《白鲸》（*Moby-Dick*，1851）以陆地上的绝望和无聊是如何把他送进大海为开头：

> 几年前，我的钱包里几乎没有钱，在岸上也没有什么特别的东西使我感兴趣，我想出去航行一下，看看世界上有水的地方。这没什么好惊讶的。如果他们知道这一点，那么，几乎所有的人，在某种程度上，或在某个时候，都和我一样对海洋怀有几乎相同的感情。[14]

梅尔维尔所追求和描写的水世界体现了一种冒险的"世界之间的世界"。正如历史学家埃里克·祖洛所描述的那样，它是

"存在于出发地和终点之间的第三个地方"。[15] 这条海上通道和这艘船本身就是一个目的地和一种体验。当从北方航行到热带地区时，人们首先观察到的环境差异是来自海洋条件的变化，而不是来自陆地。当船只在冬季航行季节从美国南下时，北风会刮得非常寒冷，海面波涛汹涌，令人生畏。然而，一旦离开佛罗里达州和巴哈马群岛（the Bahamas）的海岸，海水的颜色就会变成深蓝色，几乎是紫色，天气也会变暖，这意味着乘客应该穿上白色衣服，而水手则应该赤脚。如果天气晴朗，那就是一个值得庆祝的时刻。安全进入热带地区的经验丰富的水手通常会进行"热带洗礼"仪式，比如用温暖的海水给新船员洗澡，并给他们灌烈酒。根据历史学家保罗·萨特的说法，当人们进入这个炎热的地区时，这样的仪式展示了"它的水质、天气、它与太阳和星星的关系，甚至它的海洋生命，如何在更广泛的观念中，把这个地区视为独立和有异国情调的地方是至关重要的"。正是在公海上，扩张中的欧洲人（以及欧洲和美洲人）最确切地将热带视为地理抽象概念。[16] 从最早的殖民遭遇到梅尔维尔的捕鲸冒险，再到克兰和蒸汽船时代的同时代人，长途出行都有赖于海洋力量的本质。大海和它的环境是国际旅行的一个奇妙和亲密的感受部分。

帆船技术可以追溯到几千年前，并跨越了地理和文化的差异。但在所有水手中，无论黑人或白人，欧洲人或波利尼西亚人，出海都是一件冒险的事，因此也是件值得尊敬的事。根据联合国教科文组织统计，大约有 300 万艘沉船躺在海底，世界上船流量最大的航道之一佛罗里达海峡就布满了沉船。[17] 海洋是劳动的代名词。在航海历史的大部分时间里，人们都很难预测即将到来的天气，很难准确地确定自己的位置，甚至不知道船下的水深。事实上，1492 年哥伦布和他的船员抵达美洲，与其说是一个"发现"，不如说是一个关于生存的故事。尼娜号（Niña）、平塔号（Pinta）和圣玛利亚号（Santa María）于 1492 年 8 月从西班牙的帕洛斯港（Palos）出发，在大约两个月后的 10 月 12 日抵达巴哈马群岛。在飓风季节的中心，它们穿过大西洋的平均速度为每小时不到 4 海里，但却没有遭遇严重的风暴。运气和技巧使哥伦布成为"海洋上将"。[18]

远洋旅行技术的改进是现代世界早期最重要的技术发展。大海的力量既是动力，也是潜在的障碍。[19] 在欧洲殖民扩张时期，这是一场远洋竞赛，谁的船只最安全、速度最快，谁就最强大。然而，到达目的地的能力阻碍着国际旅行或建立海外帝国。因此，国家资助的水手和科学家们发明了大量令人震惊和富有创造性的航海技术。例如，在 18 世纪中期，英国政府赞助了六分仪的开发和地理坐标系统的标准化。因为具有了精确的经纬度，水手和旅行者可以测量他们在地球表面的位置与英国格林尼治、本初子午线的关系。[20] 六分仪和地理坐标系统一起帮助建立了大英帝国"海上霸主"的地位。但不是只有英国人在努力研究科学技术，相互竞争的欧洲帝国资助了多种海上探险、研究和设计，以支持政治、军事和商业扩张。几个世纪以来——从 16 世纪对美洲的殖民征服到 19 世纪海军舰队的工业化——海上科学技术与帝国扩张紧密地纠缠在一起。帝国的地缘政治利益越来越依赖于海上旅行。[21]

19 世纪末，美国政府也开始扩大其海外势力，与其说是为了殖民定居点，不如说是为了获得战略港口，为其商船和海军舰队提供补给。[22] 对航道的控制是从加勒比海到太平洋的海外扩张的既定和指导原则。但在过去，海上强国会要求沿海中转站修理木制船只并提供新鲜的食物和淡水供给，19 世纪蒸汽船的发展使停靠港的概念工业化了。虽然经过了几十年的技术进步，蒸汽船才能够超越远洋帆船技术，但煤炭的工作逻辑要求一种新的海上工业扩张和工作形式：煤站。[23] 例如，在 1898 年的美西战争和随后的 1902 年普拉特修正案中，美国宣称拥有对古巴关塔那摩湾的控制，因为关塔那摩湾是美国东海岸和即将建成的巴拿马运河之间的采煤站网络中的一个重要中转站。蒸汽机的发明，伴随着工业革命和陆地上的工厂运作，也彻底改变了水手在海上的经历。正如作家兼水手约瑟夫·康拉德（Joseph Conrad）所解释的那样，"机器、钢铁、火、蒸汽……参与人类与海洋之间了。现代船队与其说是利用海洋，不如说是开拓了一条康庄大路"。[24] 由外部内燃机驱动的蒸汽机，需要大量的煤来保持锅炉的压力，使其可以顶着风浪前行。

与数百年的航海历史相比，以煤为动力的航运时代是短暂的。在 20 世纪 10 年代和 20 年代，海军和商船从用煤炭转向用石油作为动力行驶。以石油为动力的船只可以携带更多的燃料，重量更轻，燃料燃烧得更慢，并产生更大的船体速度。然而，在技术发展的每一个阶段，旧的移动方式都会与新的出行方式同存并竞争几十年。在 19 世纪，帆船与蒸汽船一起破浪前进，或者帆船成为同时拥有帆动力和蒸汽动力的混合动力船。在很短的一段时间内，尽管燃油船更快、效率更高，但燃煤船仍在使用。没有什么是不可避免的，除了运动和变化的必然性。随着 20 世纪航空技术的出现，新飞机取代旧飞机的模式也与此类似，基本上都是为了同一个目标。航空旅行的兴起是发展新交通技术以消除地缘政治和经济扩张的空间和时间的历史轨迹中的一部分。

泛美航空公司和航空时代

飞机对旅行的一系列现象变化做出了贡献，但并不是所有的变化都得到了普遍认可。1928 年，记者爱德华·斯图茨（A. Edward Stuntz）在《哈瓦那晚报》（*Havana Evening Telegram*）写了他乘坐泛美航空公司航班的经历，他说："从哈瓦那到基韦斯特，再乘坐泛美航空公司的福克大飞机返回，虽然够新奇，但并不令人兴奋。"相反，他说自己很无聊："现在我听到了空中的狂风，我很失望……在机舱里，没有什么戏剧性的事情。这就像坐电车一样可怕，而且颠簸不止一倍。"斯图茨向希望获得更多冒险经历的读者道歉："很抱歉，我无法充分地写出这次空中旅行。但是，在一个半小时的时间里，谁能想出合适的措辞来描述一段非常有趣的经历呢？我们就称作一段简短而甜蜜的旅行吧，就这样吧。"[25] 然而，斯图茨的视角与 20 世纪 20 年代的胜利和未来主义观点形成了鲜明对比，后者将航空的发展描述为逃避尘世生活的苦差事。飞行员查尔斯·林德伯格（Charles Lindbergh）回忆了自己早期的飞行经历，他说，在飞机上，"我的部分身体似乎得到了永生，像上帝一样俯视着地球"。[26] 飞机应该是一个充满冒险和力量的神奇新世界的源泉。但是斯图茨——当然不像林德伯

格那样有影响力和名气——看到了现在，预测了一个更平凡的
未来。

图 3-2　1941 年 2 月《新视野》(*New Horizons*) 杂志的封面，以戈登·格兰特
　　　(Gordon Grant) 的标志性绘画《洋基快船再次出航》(*Yankee Clippers
　　　Sail Again*) 为特色。迈阿密大学特别收藏。

无论是无聊记者的观察，还是把自己想象成天神的飞行员，
很明显，他们在数千英尺的高空旅行，与依赖海洋的海外出行的
体验截然不同。除了改变空间旅行的体验，飞行当然缩短了过境

时间。根据船只和天气的不同，乘船从基韦斯特到哈瓦那可能需要 15~24 小时，日出时分乘坐蒸汽船可能日落才能到达。但到了1928 年，乘飞机旅行的时间缩短到了 90 分钟。这是一种新的时空压缩形式。《财富》杂志（Fortune）早在 1943 年就认为："空气是一片（新的）蓝海，每个国家都有可能进入这片海洋进行贸易，并制定全方位的高级战略。在其令人陶醉的含义下，世界被陆地和海洋分割的古老思想似乎和城墙一样过时了。"[27] 有了这种新的"空中逻辑"，旅行者可以不再受或不必知道出发地和目的地之间的地理和环境的限制。[28]

现代飞行演变成一种感官错位，或者用人类学家阿琼·阿帕杜拉（Arjun Appadurai）的话来说，是"去领地化"（Deterritorialization）。[29] 自然元素虽然在物理上仍然存在，但与空中旅行者对旅程的感知（或缺乏感知）几乎没有关系。在 20 世纪的整个过程中，航空旅行日益使乘客与外界隔绝。如果问今天的旅行者在海外航班上都做些什么，他们的活动清单相当标准：睡觉、看电影、听音乐、喝酒、吃饭、阅读，可能还会聊天，除了上厕所外很少离开座位。[30] 相比之下，在海面上，无数代水手和乘客目睹了最微小的生态事件——一条飞鱼、一只来访的鸟、远处的一艘船以及风浪的变化。

然而，20 世纪从海运到空运的转变却没有彻底抹去海上旅游文化的社会实践。海事历史、技术和地缘政治为航空旅行时代奠定了基础。从基韦斯特到哈瓦那航线的出现表明了新的交通网络和基础设施是如何依赖帝国的海上航线的。哈瓦那距离基韦斯特岛只有很短的一段航程，但古巴岛也是一个受保护国，或者按照批评者的理解，是美国的新殖民属地，因此将人员和信息迅速从美国大陆送到岛上对美国的帝国主义统治至关重要。联邦政府为泛美航空公司早期的运营支付了费用，因此，美国在国外的军事和海军基地的位置指导了泛美航空公司航线的发展，这并非巧合。[31] 这种关系是将国家权力与交通进步联系起来的既定模式中的一部分。

然而，在 1914 年第一次世界大战开始时，美军仅有 49 架飞机。但很快，战争的需要促使官员们欣然接受技术创新，从而带来了航空业的繁荣。1915 年 3 月，国会通过《海军拨款法案》（*Naval Appropriations Act*），成立了国家航空咨询委员会——后来成为国家航空航天局（NASA）。[32] 到 1918 年 11 月，美国的公司已经制造了 13 894 架飞机，生产公司的数目已从雇用 168 名工人的 16 家扩大到雇用约 175 000 名雇员的 300 多家。飞机设计也在迅速发展，从缓慢的、木质和金属线框架、织物覆盖的双翼飞机，转变为能在水上和陆地上降落的、光滑的、符合空气动力学的铝制单翼飞机。此外，到战争结束时，这些新飞机的最高速度从每小时 75 英里约翻了一番，达到每小时近 150 英里。[33] 航空创新以这种方式迅速反映了早期海事技术的改进，而海事技术在全球军事冲突和竞争时期也依赖于私人利益和国家之间的合作。[34]

战争结束后，美洲和欧洲进入了航空学者们现在所说的"航空的黄金时代"。1919 年，《凡尔赛条约》签署后不到三个月，德国（尽管战败）开通了世界上第一条客运航空服务航线，连接柏林、莱比锡（Leipzig）和魏玛（Weimar）。英国和法国同样改造了以前的军用轰炸机用于伦敦和巴黎之间的商业服务。欧洲对美洲地区的航空旅行进行过一段时间的投资。彼得·保罗·冯·鲍尔（Peter Paul von Bauer）是"一战"中的德国王牌飞行员，他创办了第一家南美商业航空公司——哥伦比亚-德国航空运输协会。20 世纪 20 年代初，美国的航空工业，无论在国内还是国外，仍然落后于德国、法国和英国。然而，在拉丁美洲和加勒比海地区不断增加的商业投资和军事介入，促使美国政府发展了自己的国际航空运输系统。从第一次世界大战到 20 世纪 20 年代中期，据历史学家罗莎莉·施瓦茨（Rosalie Schwartz）的研究，美国在加勒比地区和拉丁美洲的国外投资增长了近 300%。[35]

为了支持美国的军事和经济扩张，泛美航空公司收到了美国联邦政府的第一份合同，开始从古巴向加勒比海地区运送航空邮件。这家航空公司是由 4 位军事飞行员创建的，他们都是"一战"老兵。但经过一连串的买和卖，该公司被胡安·特里普（Juan Terry Tripped）接管，他也是前美国海军飞行员和航空企业家。特里普执掌泛美航空公司 40 年，培养了紧密的政府关系。他通过谈判，确保了该航空公司作为美国政府的"独家国际航空公司"的地位，并自豪地宣称，他的航空公司是国家的"指定工具"。[36]

泛美航空负责运送对美国政府至关重要的乘客、邮件和快递。它也是美国在海外权力的象征。该航空公司国际客运服务的开始时间与卡尔文·柯立芝总统（Calvin Coolidge）于 1928 年访问哈瓦那参加第六届泛美会议的时间恰好一致。柯立芝和古巴总统杰拉尔多·马查多在飞机降落时迎接了飞机，声称这是该地区团结的标志。[37] 1 月 17 日，泛美航空客运航班起飞后的第二天，柯立芝总统在哈瓦那向与会者发表讲话，宣布"任何美洲公民来到这位西印度群岛女王 ① 面前时，都不能不怀着感激和尊敬的心情，这里是西半球新文明的前哨"。[38] 在那个冬季，数千名美国官员、拉丁美洲政要和当时正在哈瓦那度假的游客都听到了这个消息。

继佛罗里达州－古巴航线开通之后，泛美航空的下一个目的地是巴拿马地峡。美国政府已经完成了巴拿马运河的修建，现在已经开始管理该运河。20 世纪 20 年代，每年有数十万名水兵和士兵经过地峡或临时驻扎在地峡。[39] 泛美航空是支持美国殖民的前哨，确保巴拿马运河区官员与加勒比海地区和华盛顿的领导人之间可以进行快速、高效沟通。

1929 年 2 月，新任命的技术顾问查尔斯·林德伯格开始调查这条路线。林德伯格在其 27 岁生日的前一天的早上 6 点从迈阿密出发，先飞往哈瓦那，然后穿过古巴西端，抵达伯利兹（Belize，当时属于英属洪都拉斯）海岸线。在停留一晚后，继续前往哥斯达黎加（Costa Rica）和尼加拉瓜（Nicaragua），然后抵达巴拿马（在 19 小时的飞行时间内，航程约 2 000 英里）。林德伯格的调查飞行为泛美航空提供了专家建议，顺便也为其进行了宣传。

两年前，林德伯格完成了第一次单人直飞大西洋的飞行，成为航空界名人。据报道其加勒比海之旅的记者称："每当林德伯格上校搬家时，都会有一群热切的人群跟着他。人们都渴望与他握

---

① 即哈瓦那。——译者注

手，甚至想和他近距离接触。"[40]泛美航空公司及其飞行员正在开辟一个新的航空"前沿"。

不过，这家航空公司的定期客运服务仍然依赖于海洋。1934年，泛美航空公司在迈阿密比斯坎湾（Biscayne Bay）开设了达南基航站楼，这是世界上最大的海上航空设施。[41]在20世纪30年代和40年代初，新航站楼每年可为5万名乘客提供服务，并吸引更多好奇的游客前往。新航站楼的机队被称为"快船"（Clippers），这是对20世纪主导跨洋贸易的快船全盛时期的致敬。[42]当时的泛美"快船"也被称为"飞艇"，因为它们在水上起飞和降落。之所以这样设计，是因为泛美航空在拉丁美洲和加勒比地区的许多目的地尚未建设好地面着陆所需的跑道和基础设施。

空中旅行文化不仅模仿了海上旅行文化的技术和地理路线，还模仿了其文化传统和培训协议。机组人员严格准备，就像船上的船员一样，由船长指挥，学习水上飞机停泊、海洋潮汐和洋流、天文导航和水上航行等知识。海上旅行训练为航空学奠定了基础。

过去通往遥远地方的港口正在给未来的"空中"港口让位。到1935年，泛美航空在其首次飞行不到十年后，也开始将业务从美洲扩展到夏威夷、菲律宾和中国。1939年，它还开通了向英格兰和欧洲大陆的定期跨大西洋航班。国际的、美国的媒体都通过广播、报纸和电影密切关注并报道这些航线的发展。随着泛美航空公司的扩张，公众的兴趣也在增加。[43]然而，对于20世纪20年代和30年代的大多数旅行者来说，乘船旅行仍然是更经济、更可靠的出国体验方式。航空旅行费用昂贵，虽然旅行速度快，但有时也很平淡，还被认为不安全，有关航空灾难的报道通常会占据新闻头条。1927 年，泛美航空开始客运服务的前一年，尝试从事长途海外航班的所有飞行员中，有近一半人"要么丧命，要么航班险些遇难"。[44] 一位航空公司高管在 20 世纪 20 年代初坦承，"他在能够避免的情况下从不乘坐公司的飞机，而他的妻子则坚决拒绝乘坐飞机"。[45] 尽管公众对飞机的兴趣已经达到了"疯狂"的程度，但许多人仍然不确定去度假是否要乘坐飞机。

然而，在第二次世界大战期间，空中力量得到了毁灭性释放，之后，民用航空旅行便开始了一个更安全、更快速、更经济的新时代。战争结束后，美国成为世界航空技术的领导者。波音公司（Boeing Company）曾开发出泛美航空公司最著名、最先进的飞行"快船"和美国的大部分轰炸机，并致力于为大众提供喷气式飞机旅行。[46] 战后，美国成为世界航空技术的领导者。美国政府也开始在新的喷气技术和研究方面投入巨资，包括利用欧洲早期航空业领袖（尤其是德国）的独创性。美国政府在 1945 年至 1959 年实施的"回形针行动"（Operation Paperclip）中，将 1 600 多名德国科学家、工程师和技术人员迁入美国，以支持美国的军事和技术计划。在"冷战"时期的空中和太空竞赛中，如阿道夫·巴斯曼（Adolf Busemann）等著名德国科学家帮助美国航空业开发了新的航空设计系统，如后掠机翼，这在战后喷气式飞机时代变得至关重要。正如唐纳德·普特上校（Col. Donald L. Putt）向他的上司、美国战略空军驻欧洲副司令休·克内尔（Hugh Knerr）少将解释的那样，德国科学家"将在我们的喷气发动机和飞机开发项目中发挥巨大价值"。[47] 就像以前的交通运输进步时代一样，战争和国家安全的利益将人类工程学推到了一个新的高度（以及道德上的模棱两可），这将在以后服务于民用目的。

1954 年，经过多年规划，波音公司在华盛顿特区的伦顿开设了一家大型工厂，用于开发其 707 客机。在工厂开幕式上，8 000 多名员工和社区领导人聚集在一起，挥舞着美国国旗，铜管乐队奏起美国国歌。泛美航空仍然是政府的独家国际航空公司，是第一家使用波音新飞机提供客运服务的航空公司。这架 707 客机可搭载 150 名乘客，时速可达 600 英里。[48] 在 1958 年发布的一则电视广告中，泛美航空宣传其新的喷气式飞机服务，声称"完全没有飞行的感觉，没有震动，几乎没有什么声音……人们不再觉得旅行很劳累……这就是一架喷气式飞艇航行的氛围"。画面中有快乐的乘客，他们都是白人，衣着考究，坐得舒服，看报纸，和家人一起安静地在一起。[49] 707 改变了舒适和特权的天空之旅的梦想。在运营的第一年，泛美航空的 20 架 707 客机运送了 100 多万名乘客。乘客和飞行员都对这段平稳、相对安静的旅程表示满意。旅行中的"辛苦"确实终于被消除了。[50]

从 1928 年到 1958 年的 30 年里，泛美航空公司的客运量从每年乘坐小型螺旋桨飞机的约 1 000 名乘客迅速增长到每年乘坐 707 喷气式飞机的 100 多万名乘客。泛美航空公司对这一历史性增长进行了庆祝和宣传，声称"在哥伦布、科尔特斯、皮萨罗等探险家的黄金时代，广义上的现代文明是乘着帆船来到拉丁美洲的，但真正打开勇敢者发现的富饶宝库需要航空时代"。[51] 国际旅行已经进入了喷气式飞机时代，但这种变化并不是技术"命运"的结果，而是开创先例的旅行路线、海外军事利益、技术投资和战后消费者富裕的结果。

20世纪60年代喷气式飞机旅行的扩张也直接导致了大型远洋客运时代的终结。海上客运服务无法与喷气式飞机时代的公众魅力和速度相竞争。几十年后，航运业才能够重新包装自己，豪华邮轮与20世纪后期越来越常规化的航空旅行相比，成为一种"返璞归真"的新奇事物。[52] 飞行，就像许多消费文化一样，从精英、昂贵和新奇的活动演变为中产阶级旅游文化的支柱。这种流动性的巨大加速和现象学转变发生在短短几十年内，从20世纪初期到中期。然而，随着大批游客从海上转移到空中，我们必须记住：这一技术变革是如何改变空间和时间的文化体验的呢？

全球化的新时代

从殖民时代到革命时代再到20世纪初，航运是美洲跨国文化和经济联系的生命线。船只和水手将生产者和消费者、农民和杂货商、殖民地臣民和公民、游客和当地人以及各种各样的旅行者联系在一起。但到了20世纪中叶，有关海洋的文化逻辑已经被一种新的流动逻辑所取代。研究全球化的学者们认为，技术的这种转变加剧了社会互动，使曾经孤立的社区有了更直接、更亲密的接触。无论是赞赏者还是批评者，都认为飞机是现代最重要的表现之一。[53] 航空业似乎同意这一观点。2013年，在全美航空公司与美国航空公司合并之前，美国航空公司的一则广告告诉其客户："这是一个大世界。我们已经覆盖了全部。"然而，在历史背景下重新评估时，这种通过航空旅行来实现全球互联的想法就变得不那么确定了。全球化时代的世界真的被如此"覆盖"了吗？比较一下海上旅行时代和航空时代，正如记者迪亚·伯科特（Dea Birkett）在1991年所描述的那样：

> 世界最大海洋的边界前所未有地连接了起来。波音公司将这些地方的人聚在一起。但是，他们飞过的那些面积小于5英里的岛屿上的人呢？强大的747是如何使他们与那些在海岸上被同一海水冲刷的人们有了更亲密的交流？当然没有。航空旅行可能会使商人们在大洋彼岸穿梭，但同时海洋航运业的下降只会加剧许多岛屿社区的孤立。[54]

大多数海上国际乘客的地理迁移，加剧了而非减少了流动性的社会不平等。随着越来越多的旅客乘坐飞机出行，以及航运业服务的日益机械化和集中化，国际运输网络开始绕开那些较小的停靠港。[55]

这就引出了关于"立交桥"文化的影响及其对国际旅游的影响的三个结论。首先，从纽约或迈阿密直飞哈瓦那对旅行者来说可能很方便，但这会切断沿线社区的联系。两个城市获得了直接联系，允许旅游和移民，而整个美国东海岸，以及佛罗里达群岛、巴哈马群岛和更远的南部社区，都从旅行者的行程中消失了。人、思想和货物，从这个港口出发，到达到那个港口，这些都成为过去了。因此，技术和财富集中在越来越少的地区。与此同时，曾经繁华的港口和旅游城镇，如安东尼奥港（牙买加）、圣地亚哥（古巴）和科隆（巴拿马），经济衰退，人们面临失业。

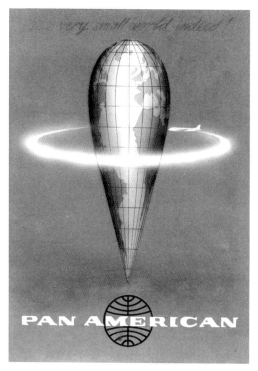

图 3-3　泛美世界航空公司，"世界真的非常小"，广告草图。原创者：保罗·加勒托（Paolo Garretto），迈阿密大学图书馆数字展览馆。

对于许多社区来说，航空旅行的兴起实际上是一个地理隔离的过程。全球化技术不仅可以带来日益团结的故事，还可以创造大片的"立交桥领土"。[56]

　　对于好奇的旅行者来说，有没有可能对三万英尺高空的世界有进一步的认识？跨越空间的旅行需要的能量，这取决于一个人是走路、乘船、骑马、开车还是飞行。在考虑这个问题时，德国哲学家和批评家沃尔特·本雅明（Walter Benjamin）的思考很有见地。本雅明在 20 世纪 20 年代末写道，"飞机上的人只能看到巷道是如何在风景中移动的，以及它又是怎样根据周围地形的规律展开的。但只有沿着巷道行走的人才能体验它的主体性。"[57] 在地上行走，在海上航行，用本雅明的话来说，"去了解他内心的憧憬，因为穿越心中一团乱麻的小路的文本打开了"。技术对人的体验的介入程度越高，人就越难以了解自己内在世界的宏大或壮丽。正是这一点使得许多旅行者在海上所受的艰辛是值得的，也使墨西哥湾流成为冒险和文学想象的场景。在陆上旅行方面，也发生了类似的现象学转变——19 世纪，铁路取代了马车；20 世纪，汽车的速度超过了这二者。[58]

在现代，随着人们对环境和航点与航点之间的社区意识更加淡薄，加勒比海水域被重新想象为一种经过消毒的海洋公园。正如加勒比诗人、诺贝尔奖得主德里克·沃尔科特所言，这是"一个蓝色的水池（从远处看），（美利坚）合众国将佛罗里达州伸出去的脚悬在水池中，就像充气的橡胶岛在水中摆动，带伞的饮料在木筏上向它飘来"。[59] 加勒比海，曾经被视为冒险之地的危险海洋，已经被改造成一个水晶般清澈的湖泊、天堂般的岛屿，用以吸引游客。

旅行速度的加快也可能意味着"实时性"的丧失。如果从美国大陆出发，只需几个小时就可以到达目的地加勒比海，那么就不需要在那里停留了。《纽约时报》告诉读者，停留 36 小时已经足够了。[60] 于是我们放下工作，乘飞机去休闲，然后再回来上班，与当地社区和生态环境互动的时间已经大大缩短。技术一直是流动性和效率的绝佳工具，但也可能会产生意想不到的社会和生态后果。正如古老的格言所讲的那样，"重要的不是目的地，而是旅程"，这句话如今被颠倒过来了。

尽管有现代的健康和安全方面的便利，而且游客获得这些便利的技术速度也在不断加快，但助长旅游业习惯和行为的社会习俗和信仰仍然深深地植根于加勒比的殖民历史。作为一名游客，既要"现代化"，又要渴望并模仿那些看似永恒的体验。本书接下来的两章提供了 20 世纪体现并帮助向加勒比海地区传播霸权旅游文化的社会群体的集体传记。一旦历史结构形成，帝国主义、发展愿景、交通，这些特权演员便会登场，教导无数观众如何在度假时玩要。

第四章

旅游业的性质：作为科学向导的博物学家

如果你身体健康，渴望冒险，至少拥有适度的财富，并且能够把心放在一个老旅行者认为不可行的明确目标上，那么你就一定要去旅行。如果除了这些资格之外，你还具有科学品味和知识，那么我相信，在和平时期，没有任何职业能为你提供比旅行者更大的优势。

——弗朗西斯·高尔顿 ①（Francis Galton），《旅行的艺术》

（*The Art of Travel*）

他的卧室就像一个小型的自然博物馆，一个"奇珍异宝的橱柜"。房间里有头骨、贝壳、羽毛、鸟类标本、植物标本和矿物：各种各样的动物骨头和天然物品。他从小就喜欢研究和收集自然的东西。这是一种激情，也许是一种痴迷。年轻的西奥多·罗斯福收集了数百个标本，他自豪地称之为"罗斯福自然历史博物馆"。[1] 他相信，穿越并占有自然，会使他的身心变得强大。罗斯福解释道："在野外艰苦的生活中有一种乐趣。没有任何语言能描述荒野隐藏的精神，也无法揭示荒野的神秘、忧郁和魅力。"[2]

---

① 弗朗西斯·高尔顿，英国人类学家和气象学家。——译者注

罗斯福在童年时探索了北美的森林和水道，以寻求"鸟类的享受和爬行动物的喜悦"。[3]但在他成年后，这种对发现的痴迷扩展到了新的地理位置和环境。随着美国在19世纪末20世纪初向海外扩张，罗斯福的好奇心也跨越了国界。他的人生轨迹体现了美国的领土扩张。他从纽约的阿迪朗达克山脉（Adirondacks）到了美国西部，接下来去了美洲热带地区，最后到达撒哈拉以南的非洲地区，这就是罗斯福的冒险历程。罗斯福和其他许多人在博物学方面的探索和国际旅行，都与战争和政治密切相关。[4]

罗斯福的经历所体现的冒险欲望也影响了旅游的性质。现代旅游业的许多环境价值观都植根于博物学家的文化。总统童年对自然物品收集的兴趣，以及他在战争、外国旅行和大型动物狩猎中的功绩，突出了现代旅游文化中一个经常被忽视的方面：根深蒂固的殖民主义对发现和冒险的渴望影响了游客对热带自然的梦想和体验方式。20世纪，无数的孩子像童年的罗斯福一样，梦想着去遥远的地方寻找"野性"的自然。和他一样，他们也在寻找一种看似更真实、更原始的自然，以逃离日益城市化的工业生活。[5]

这位美国第二十六任总统声称，他遵循了一种古老而高贵的传统。他认为自己是一个热爱行动、旅行和科学的人。在这个过程中，他还帮助形成了美国帝国主义的路线和热带旅游的路线。1898年，罗斯福上校及其骑兵部队从佛罗里达州的坦帕出发，前往古巴南部海岸，在圣地亚哥附近与西班牙军队作战，后来他们作为民族英雄胜利回国，在古巴战争中的胜利转化为政治资本。[6]回国后，罗斯福当选为纽约州州长。几年后，罗斯福身为总统（1901—1909）继续参与并宣传国外旅行的价值。例如，

1906 年，他成为第一位出国旅行的在任美国总统，这标志着休闲旅游的新时代到来。[7] 尔后罗斯福第三次竞选总统，于 1912 年落败后，他回到了热带地区，这次是在美国自然历史博物馆的赞助下，前往亚马孙河探险。[8] 这些活动是一个长期职业和文化现象的写照。

总统的海外经历反映了在殖民地探险故事中成长起来的游客和旅行者所信奉的共同文化：野生的自然，以及独特的热带世界，可以让人逃离现代的世俗。[9] 随着科技的发展，人们的生活越来越舒适，自然环境对人类健康的威胁也越来越小，随着越来越多的家庭从农村迁移到城市，以自然为基础的旅游和旅行也提供了短期的冒险。罗斯福的旅行也树立了一个引人注目的榜样。他的社会地位确保了他的行动理念和实践为公众所熟知，他的故事鼓舞了一代满怀希望的旅行者。例如，年轻的欧内斯特·海明威在见到总统后，就梦想着进行一次博物学家式的探险。据帕特里克·海明威（Patrick Hemingway）介绍，"当罗斯福结束非洲的狩猎之旅后，他来到了橡树公园（Oak Park）进行了短暂停留之旅"，欧内斯特穿着自己的卡其布狩猎服，站在祖父安森（Anson）身边，为这位伟大的非洲猎人和圣胡安山（San Juan Hill）的野蛮骑手喝彩。[10] "罗斯福带回了一个迷人的热带世界，在这个过程中，他为未来的旅行者开辟了一条道路。"

罗斯福以身作则，教会游客如何在现代的热带环境中求知和漫游，像他这样的人很多。在 20 世纪，史密森学会、国家地理学会和美国自然历史博物馆等机构也创造了游客对热带地区的理解和欣赏方式。[11] 本章从微观层面到制度层面，回顾了科学研究机构的博物学探险家的旅程，试图让读者感受热带旅游的环境价值和实践。本章从现象学的角度解读了博物学家的旅程，描述了探险家如何不仅通过他们的语言，还通过他们的行为、举动来影响未来的游客。寻找热带自然体验的游客会模仿博物学家的经历，[12] 过去的探险家成为旅游业的典范。

热带探险的历史并没有过去，也没有消失，而是累积到了现代旅游文化中。正如科学史学家罗伯特·科勒（Robert Kohler）所言，博物学家的探险"为无数消费者提供了以自然主义或科学的方式来理解自然的指导"，是中产阶级户外度假的文化软设备，它提供了一种模拟的亲近自然的体验，并赋予其知识上的目的。[13]探险科学家告诉公众，参观大自然不仅仅是"休闲"，它还可以是"娱乐"，可以使人在精神和智力上获得提升。旅游业也很活跃。探险家们的旅程，一旦报道到国内，就有助于构建现代旅游文化的生态结构。正如历史学家、学者唐纳·哈拉韦（Donna Haraway）提醒我们的那样，在每一位博物学家、每一次探险和每一次博物馆展览的背后，"都有大量的物品和社会互动，它们可以被重新组合，以讲述一部涵盖 20 世纪主要主题的传记"。[14]自然主义探索及其与热带自然的接触是 20 世纪旅游业传记的基本要素。

知识传播机构——史密森博物馆

罗斯福认为，"我们国家成功的基础"依赖于"科学的想象力"。[15]美国的外交政策、出国旅行与科学研究有着深刻的联系。

罗斯福本人爱好旅行和探索未知，同时他也认为政府和社会有责任培养人们对旅行和科学研究的兴趣。早在 1882 年，24 岁的罗斯福就将他童年的自然历史收藏品捐赠给了"史密森国家自然历史博物馆"（The Smithsonian Institution's National Museum of Natural History）。同年，他当选为纽约州议会议员，这是他第一个政治职位。[16] 在接下来的几十年里，这位雄心勃勃的政治家将成为史密森博物馆最有力的支持者之一。

作为总统，罗斯福主张以前所未有的幅度来增加联邦政府对科学探索和自然教育的资助。1904 年，他拨款新建了一座国家自然历史博物馆。博物馆的展厅于 1910 年竣工，面积扩大到 22 万平方英尺①，该博物馆完全用于自然历史的研究。[17] 像马克·吐温这样的批评家们，早先曾嘲笑史密森博物馆是 19 世纪贫穷、无用又腐朽的老化石，但在新世纪，它成为美国首屈一指的研究和教育中心。[18] 在整个 20 世纪，史密森博物馆将成为美国对热带地区进行研究和探索、收藏热带物品及体验热带生活的主要机构。史密森博物馆现在是世界上最大的综合性博物馆，收藏着来自世界各地的自然历史标本和文化文物。2007 年，史密森博物馆的档案部主任帕梅拉·亨森（Pamela Henson）告诉媒体："我们（史密森博物馆）就是我所称的国家圣殿。我们布置在中央展台上的很多东西，说明了什么是美国——我们的文化、历史，以及我们对科学的信仰。"[19] 史密森博物馆的历史，也揭示了身在国外的美国

---

① 1 平方英尺 =0.092903 平方米。——编者注

游客和旅行者的意义。

人们关于博物馆、博物学家的探索、童年梦想和旅游业相互促进，过去和现在相互依存。因此，研究史密森研究院就是研究一部将探索、科学研究和教育与旅游业的本质联系起来的历史。它的体制历史有助于解释热带环境是如何成为旅游想象力的基本组成部分的。[20]

史密森博物馆成立于 1846 年，最初由一位英国人资助并命名。詹姆斯·史密森（James Smithson）是一位业余科学家，也是欧洲启蒙运动的支持者，他于 1829 年去世。尽管史密森从未踏足美国，但他决定将他的全部遗产留给美国政府，并提出了一项具体要求，即将这笔钱用于华盛顿市的建设，以"史密森博物馆"为名，建立一个增强人类智慧，向人们传播知识的机构。在他去世 27 年后，即 1846 年 8 月，美国国会终于通过了立法，史密森博物馆成立。然而，史密森博物馆究竟该传播哪些方面的知识？面对哪些人？目的是什么？这些问题依然存在。[21]

19 世纪中叶，随着美国领土范围的扩大，史密森博物馆成为研究和展览被征服地域的宝藏的机构。博物馆的第一批自然历史收藏集中在北美西部。随着美国边境地区的地缘政治拓展和商业的不断扩张，博物馆的研究和展览的优势也越来越得到增强。史密森博物馆的秘书长亚历山大·韦特莫尔（Alexander Wetmore）认为，"因为军事探险和其他探险活动正在我们领土以外的地方不断深入，所以博物馆的成长模式和兴趣方向都是自然形成的"。[22]军队和铁路测绘员与专业科学家合作，收集了自然历史标本和美洲原住民文物，将它们放在博物馆里向国内外公众展出。

然而，在 20 世纪初，史密森博物馆的研究及其收藏的侧重方向开始转移。在美西战争结束，加之 1903 年罗斯福总统宣布占领巴拿马之后，热带地区也成为国家利益所在。美国人热切渴望了解加勒比海地区，如波多黎各、古巴、巴拿马和海地，以及太平洋地区，如菲律宾和夏威夷，人们希望了解这些新近获得或占领的海外领土的自然和文化。19 世纪中后期，史密森博物馆基本没有专门研究热带地区的研究人员，也没有收藏热带物品。后来，在重新调整了工作重心之后，该博物馆一跃成为热带研究中心。查尔斯·沃尔科特（Charles Walcott）在 1907 年至 1927 年担任史密森博物馆秘书长，他指出，"巴拿马运河的修建，引起了公众对西印度群岛土著文明遗迹的极大兴趣，因此该馆对西印度群岛进行了更大规模的考古研究"。[23] 研究和收集工作还包括对该地区的动植物进行广泛的生物学研究。因此，到 20 世纪中叶，国家自然历史博物馆下属的美国国家植物标本博物馆中的绝大多数工作人员都对美洲的热带植物颇感兴趣。一位史密森博物馆的科学家回忆道："看看这群人，我认为他们中间没有人会对美国热带地区以外的其他任何东西感兴趣。"[24]

如果不了解加勒比地区的性质，那么美国该如何管理、开发或享受在这里扩张带来的成果呢？博物馆的发展和美国帝国主义的扩张同步进行，这效仿了早期欧洲殖民主义与热带地区的相遇。历史学家理查德·格罗夫记载，"领土征服激励了欧洲人出于商业和应对环境和健康风险的目的，去了解不熟悉的动植物和地理环境"。[25] 在此之前，欧洲曾将科学、商业和知识生产结合起来管理海外殖民地。到了 20 世纪，美国沿袭了欧洲的做法并将其发扬光大。国际科学研究的制度化和普及性依赖于扩张主义的关注点。

在这个美国海外扩张的新时代，华盛顿特区的史密森博物馆和纽约的美国自然历史博物馆等机构发挥了教育作用。历史学家菲利普·保利（Philip Pauly）解释道，它们认为自己是"美国权威科学与民众之间的一种表达媒介"。[26] 史密森博物馆及其科学家团队提供了有关热带环境的实用知识，但科学研究也可能对流行旅游文化产生深远影响。所谓客观的科学工具也为更主观的构造提供了理论基础。历史学家大卫·阿诺德（David Arnold）说："关于自然世界的观念，已经发展并启发了我们对历史和文化的理解。"[27] 与之前的美国西部一样，热带地区寄托了 20 世纪的美国人对"野性"和"原始"自然的想象。

故事叙述和大众娱乐深深融入了科学研究的结构中。科学家们有了新的研究领域，公众也找到了满足自己探索自然的欲望的新对象。1925 年，生态学家沃德·C. 阿利（Warder C. Allee）和玛乔丽·希尔·阿利（Marjorie Hill Allee）对青年读者说："从最具科学性的角度看，热带地区仍然具有浪漫的魅力。美丽的金色泰科马树，有着稀奇古怪的超大嘴巴的鸫鸫，白人和黄热病之间充满戏剧性的长期斗争，在你睁大批判的眼睛观看时，它们就像在任何神话传说中的那样令人着迷。"[28] 关于热带地区科学考察和研究的报道，成了关于新时代冒险的寓言。

20 世纪开始，人们强烈要求促进博物馆在对公众进行自然历史方面教育的作用。如美国自然历史博物馆的亨利·奥斯本（Henry Osborn）所言，参观博物馆的孩子们"在每次参观中，都变得更有敬畏心、更真诚，对自身生命存在的朴素而自然的法则更感兴趣，也愿意在未来成为更好的公民”。[29] 在快速城市化、人们丧失与自然日常接触的背景下，博物馆也可以把自然和历史带给城市居民，并向年轻人传授生活中的自然秩序。

然而，科学的影响并不仅仅体现在博物馆的展览、发表的文章或头条新闻的冒险故事中。在个人与社会之间的往复过程中，科学家们还通过更亲民的媒介，比如广播和电影、公共讲座和大学讲座，以及与社区居民的日常对话，分享他们与大众同样的收藏和旅行的故事。他们的影响力非常广泛，著名探险家、资金充裕的研究机构、平易近人的教授和老师，以及相对而言并不怎么受人关注的旅行者，都以宣传科学和环境的方式来吸引更多的人消费热带地区。[30]

韦特莫尔在帝国扩张时代的探险

史密森博物馆的一位探险家、科学家亚历山大·韦特莫尔的旅行，被编写成了一本传记文学，将旅游、科学和美国在加勒比地区的军队联系起来。他的旅程增加并传播了有关热带地区的知识，与其说是一次独特的冒险，不如说是美国探险网络在不断扩大且影响深远的例证。韦特莫尔的旅行和研究过程，从 1894 年他在佛罗里达州的第一次有记录的观察开始，直到 1966 年他最后一次去巴拿马收集资料，都被记录在史密森博物馆的档案中。他的职业生涯轨迹与 20 世纪的美国国际化及其旅游业发展史同步。作为一位卓有成就的分类学家和鸟类收藏家，韦特莫尔走遍了美洲，但主要集中在加勒比地区。他为史密森国家自然历史博物馆收集了 2.6 万多张鸟类和哺乳类动物的皮肤，4 363 个骨骼和解剖标本，还有 201 只鸟蛋。[31] 由于他的收藏品、出版物以及他作为自然教育的管理者和公众倡导者的角色，韦特莫尔的同事给他起了个绰号，称他为"美国鸟类专家领袖"。[32] 在他漫长的职业生涯中，他发表了数百篇文章、书籍和随笔。作为一名科学家，韦特莫尔还描述了 189 种以上鸟类的新物种和亚种。几十种从前没有名字的动物以他的名字命名，他亲切地称之为"私人动物园"。在他担任史密森博物馆秘书长期间，韦特莫尔还主导了该机构研究的扩展，监督了博物馆设施的兴建。1946 年，位于华盛顿市的国家航空博物馆（现为航空航天博物馆）和位于巴拿马的运河生物区（现为史密森热带研究所）先后开放。他作为科学家、管理者和公众人物的成就是非常显著的。[33]

从很小的时候起，大自然就吸引着韦特莫尔，他也喜欢旅行。他成为一名专业科学家的特质源自童年经历。他在威斯康星州的北自由镇长大，但他第一次记录下来的野外观察是在佛罗里达州，那是 1894 年，当时他 8 岁，正和家人在那里度假。他写道："鹈鹕是一种巨大的鸟，它以鱼为食。"[34] 他后来向博物馆的游客解释说："小时候，我对鸟类的拉丁文名字很好奇，关于得克萨斯州和其他看起来同样遥远地方的鸟类描述吸引了我，我渴望旅行，打算研究那些遥远地方的鸟类。这种愿望伴随了我的一生。"[35] 成年后，韦特莫尔喜欢与公众分享这种对自然的毕生热爱和旅行。1939 年，在一次名为"旅行的价值"的广播讲话中，他告诉听众：

我一生中最感兴趣的事情是研究生物学，研究我们身边发现的所有生物，植物和动物，尤其是鸟类。虽然很多工作都是在博物馆和实验室完成的，但令人高兴的是，还有一部分工作只能在户外发现。从孩提时代起，我就开始在野外研究生物，也因为这种搜寻而经常有机会旅行。

他强调，鸟类和大自然是旅行的最大乐趣。他解释说："对于人类中的大多数个体，出游、旅行的欲望是伴随其终生的。许多人发现，这种愿望可以得到满足，这使他们感到很高兴。很少有人愿意一直待在一个地方。最好的旅行方式与对自然的研究有关。这种类型的旅行，能给人的身心带来健康。它让我们成为更好的公民，可以更好地应对自己的生活问题，让我们变得更优秀、更快乐。"[36]韦特莫尔和他的许多同事一样，坚信科学探索和国际旅行是相辅相成的。

然而，韦特莫尔是用什么方式旅行和探索的呢？为了获得他的探险活动经费，他为谁工作？做了什么工作？对于有抱负的博物学家来说，这本身就是宝贵的一课。韦特莫尔的热带旅行方式取决于地缘政治方面的考虑。从他职业生涯的开始，他的野外工作就依托美国在加勒比海地区的政治和经济扩张。1911年，美国农业部下属的生物调查局（Bureau of Biological Survey）资助了他的首次海外旅行——波多黎各之旅。他的任务是研究与农业相关的鸟类生活，这也是他的博士论文。[37]在美西战争后的几十年里，随着美国政府和企业开始在波多黎各大量投资，科学知识成为殖民事业成功的关键。[38]

图 4-1　1901 年，少年亚历山大·韦特莫尔在研究鸟类，并向往远方的土地。后来，他成了史密森学会的第六任秘书长。

　　对热带动植物的研究，需要与经济挂钩，促使科学考察沿着美国帝国主义建设的路径发展。[39]当韦特莫尔前往加勒比海地区的波多黎各、海地、古巴、危地马拉和巴拿马的时候，他还依赖美国政府和军方的财政和基础设施支持。例如，在对巴拿马进行频繁的考察期间，美国陆军为韦特莫尔和他的长期助手沃森·佩里戈（Watson Perrygo）提供了一辆吉普车。第二次世界大战后，美国加勒比海空军司令部还为他免费提供了前往该国偏远地区的直升机和飞机运输服务。韦特莫尔写信给威利斯·黑尔少将（Willis Hale）解释说："这使研究包含的区域得到了极大拓展，而这一地区本来是不可能涵盖在内的，因此，这一举动大大增加了工作的成果。事实上，通过这种运输，所获数据的价值增加了一倍多。"[40] 然而，对军方的依赖似乎有附加条件。在与加勒比海空军司令部的通信中，韦特莫尔还提供了有价值的环境和地理知识。例如，在前往哥伦比亚和巴拿马边境地区达里昂（Darién）进行搜寻性旅行后，韦特莫尔给休伯特·R. 哈蒙中将（Hubert R. Harmon）写信。[41] 他首先感谢他的支持——"感谢你热心地为我们安排了 C-47 运输机，使我们很快就抵达了贾克（Jaque）"——接下来，韦特莫尔描述了他的旅程，并提供了先前未知的关于"印第安人经常使用的"穿越巴拿马 – 哥伦比亚边境的小径的信息。关于地图上未标注的当地地理和交通路线的细节，可能会被证明有助于监管经常不受法律约束的边境。

在多次访问地峡期间，韦特莫尔也更直接地为美国军方工作。20 世纪 40 年代初，军队需要一名生物学家对巴拿马湾圣何塞岛（San José）的动植物进行调查，然后测试光气、氯化氰、芥子气、沙林和其他可能致命的化学物质。韦特莫尔是对化学武器进行试验的首席生物学家，他授权进行试验，并向军方官员报告说："如果试验所覆盖的区域不超过该岛面积的三分之一，就可以在圣何塞进行，而不会对那里发现的动植物生命造成太大损害。"[42] 他补充道，应该允许训练有素的生物学家，包括他本人和他的一名助手，在进行致命的化学物质试验前，在该地区进行观察和收集。韦特莫尔向史密森博物馆报告说："我们趁这次试验，尽可能完整地收集资料，使其富有科学价值。"[43] 美国军事化学试验似乎为科学收集创造了机会。

科学逃脱不了国家权力的影响，当然也被权力所左右。科学家依托并支持帝国主义扩张和地缘政治利益来进行研究。19 世纪，欧洲科学家与国家建立了类似的伙伴关系。查尔斯·达尔文（Charles Darwin）是一个典型的例子。他乘坐英国海军军舰比格尔号（Beagle）前往加拉帕戈斯群岛，该舰奉命绘制南美海岸线地图。船长罗伯特·菲茨罗伊（Robert Fitzroy）在谈到这段旅程时写道："我相信，比格尔号执行了其原定任务，它适合提供这样的服务，它也对船员的健康有好处，使他们觉得很舒适，而其他任何离开英国的船只也无法与之相比。如果我们真的想携带任何东西，那是我们自己的错。我们从船坞管理部门、装载粮食部门、海军委员会或海军部要求的一切都得到了。"[44] 在这样的历史背景下，韦特莫尔与美国军方的密切关系是提前制定好的科学试验的一部分。

科学与帝国主义之间的密切联系影响了自然主义研究的方向和结果，同时它也影响了公众对旅行和探索的理解。早在 1919 年，人类学家弗朗兹·博阿斯（Franz Boas）就警告过将地缘政治与客观科学相结合的危险。在给《国家》（The Nation）杂志的一封信中，博阿斯抗议美国科学家从事军事活动，甚至间谍活动。他写道："我希望对一些以科学为职业的人进行有力的抗议，他们亵渎了科学，用科学作为他们间谍活动的掩护。"[45] 博阿斯声称拥有"无可辩驳的证据"，证明至少有四名美国科学机构代表参与了海外间谍活动。他没有点名，但强烈谴责了他们的行为。博阿斯认为，为真理服务应该是科学家生活的本质，然而，与国家进行秘密合作的关系正在威胁着他们的工作成果和国际友好合作的发展。[46] 他的信在美国科学界引起了激烈的争议。史密森博物馆的秘书查尔斯·沃尔科特曾试图让博阿斯从哥伦比亚大学的教学岗位上辞职。尽管博阿斯保住了自己的工作，但他失去了美国人类学协会理事会中的显赫职位，并被迫从国家研究委员会辞职。[47] 科学与美国外交政策之间的联系显然很难切割。

从另一位鸟类学家的故事中，也可以观察到科学和军事利益之间的关系。他的名字与小说中最著名的间谍联系在了一起。现实中的詹姆斯·邦德（James Bond）是一位 20 世纪上半叶在加勒比地区工作的鸟类学家。他是费城自然科学院的科学家，与史密森博物馆的科学家保持着密切联系。1936 年，邦德出版了一本很受欢迎的野外指南《西印度群岛的鸟类》（*Birds of the West Indies*）。[48] 第二次世界大战期间，作家伊恩·弗莱明（Ian Fleming）在英国情报部门服役结束后，移居牙买加，他是邦德作品的粉丝，并决定在他的著名间谍小说中采用这位鸟类学家的名字。真正的詹姆斯·邦德是鸟类学家，不是间谍。[49] 然而，这个名字和经历的同步性还是很有趣的，也许具有隐喻意义。詹姆斯·邦德和亚历山大·韦特莫尔也是同事和好朋友。在信中，邦德经常称韦特莫尔为“我的老朋友”。从 20 世纪 20 年代末到 20 世纪 70 年代初，这两个人一直在通信。邦德在 1941 年写信给韦特莫尔：“你忽南忽北，来回往返，要追上你有点困难。”[50] 后来，韦特莫尔还帮助史密森博物馆设立了詹姆斯·邦德基金，用于对安德列斯群岛、加勒比海其他岛屿和巴哈马群岛的本土鸟类的生活史进行研究。[51]

　　并非虚构，情报官员有时还冒充博物学家和科学家以便进入"敏感地区"。尽管这种做法招致了批评，但也有人表示钦佩。1950 年 8 月，《纽约客》（*New Yorker*）报道了史密森博物馆的鸟类学家 S. 狄龙·里普利（S. Dillon Ripley）的科研工作以及他在战略服务办公室（OSS，中央情报局的前身）的工作。该杂志发表了一篇长达 18 页的吹捧里普利的个人简介，将他描述为世界旅行家、探险家、鸟类学家和战争英雄。[52] 这篇文章详细描述了里普利在战略服务办公室训练和装备了那些印度尼西亚间谍人员方面的活动，这些间谍都在"二战"期间被杀害或失踪。里普利派遣特工前往缅甸、泰国和马来西亚，并与英国情报部门密切合作。战略服务办公室的负责人威廉·J. 多诺万少将（William J. Donovan）声称："里普利之前的人脉和经验，以及他的想象力、足智多谋的头脑、充沛的精力和坚韧不拔的性格，使他对我们非常有用。"[53] 尽管美国公众称赞里普利参与间谍活动，但这在国外引起了争议。历史学家迈克尔·刘易斯（Michael Lewis）表示："里普利一下子就疏远了印度新总理，并证实了那些怀疑美国在搞新帝国主义的印度人最担心的事情。"[54] 然而，狄龙在国内的声誉并未受损。1964 年，他被任命为史密森博物馆的第八任秘书长。他在这个职位上工作了 20 年，后来，罗纳德·里根总统（Ronald Reagan）给他颁发了总统自由勋章。

　　我将这些历史观察汇集在一起，目的不是加入阴谋论者团体，而是为了展示科学与帝国主义地缘政治之间非常真实的联系，这种联系融合并影响了"知识的增长和传播"的特征。人们必须认真思考，在正式和非正式军事行动的范围内，产生了什么样的研究和科学知识？在化学武器试验开始之前，客观的科学家乘坐军用直升机抵达偏远地区和环境，记录动植物，这意味着什么？在公众的心目中，这些关系证明了什么样的科学和探险？结论更具启发性，而非决定性，但许多探险游客会将帝国主义作为度假时的一种生活方式，这并不奇怪。为什么不呢？是谁在引导他们以不同的方式进入大自然？

博物学家探险的私人资本

韦特莫尔和里普利等科学家的旅行得到了美国军方和其他联邦机构的支持，而史密森博物馆的一些工作人员则专注于发展与私营部门的联系。博物学家寻求热带探险和研究的另一个选择是找到一个富有的赞助商。瓦尔多·施密特（Waldo Schmitt）是史密森博物馆研究海洋甲壳类动物的高效收藏家和分类动物学家，他通过和美国一些最富有的家庭交往，并和他们一起旅行，到加勒比海和太平洋进行了数十次研究旅行。在他职业生涯的早期，也就是 20 世纪前 20 年，施密特与农业部和渔业局密切合作。但在大萧条之后，施密特开始寻找其他资金来源。[55] 他所采用的探险模式在史密森博物馆的同事中很有名：找到一个富有的赞助人，他愿意在你想要收集的地区巡游，然后盖上史密森博物馆的印章，允许赞助人获得联邦政府报销的开支。这种模式被称为"布瑞丁模式"，以富有的慈善家、佛罗里达州房地产和酒店开发商约翰·布瑞丁（John Bredin）的名字命名。[56] 施密特结识布瑞丁，缘于在另一位慈善家、探险家亨廷顿·哈特福德（Huntington Hartford）赞助的史密森博物馆的加勒比地区探险活动。

1937 年，施密特与美国最富有的家族之一组织了一次被广为宣传的探险。素有年轻的"花花公子"之称的亨廷顿·哈特福德想要探索加勒比地区，并以写海盗故事和博物学家为职业。为了进行研究，哈特福德购买了一艘高 111 英尺、装备齐全的帆船，并以他最喜欢的作家约瑟夫·康拉德的名字将其重新命名。哈特福德解释说："多年来，我一直有个模模糊糊的幻想，我想驾驶一艘横帆船航行。我做梦都在想，要是能效仿摩根、红腿、黑胡子和丹皮尔这些神气活现的冒险家，在海上乘风破浪，那该有多好啊！"[57] 就这样，金钱和幻想融入了史密森博物馆的研究中。

哈特福德是家族财富的继承人，早在 6 岁时就获得了 150 万美元的年收入。他的祖父创立了大西洋与太平洋茶业公司（Great Atlantic & Pacific Tea Company），把热带地区的茶、咖啡和香料卖给消费者，最初是在纽约市销售，后来遍及美国各地。到 1930 年，该公司已经成为全美国最大的食品杂货连锁店。据《华尔街日报》报道，该公司在 20 世纪 30 年代拥有 1.6 万多家门店，收入超过 10 亿美元，是沃尔玛之前的沃尔玛。[58] 但据年轻的哈特福德自己说，他讨厌经营家族的杂货生意。他告诉自己的传记作者："我的年收入超过 100 万美元。你能想象我耐着性子听一群职员说话吗？"[59] 当他的父亲和叔叔经营家族企业时，哈特福德做了业余探险家、作家、艺术家以及科学发明的赞助人。

1937 年春，施密特从华盛顿特区前往佛罗里达州的棕榈滩，与哈特福德和约瑟夫·康拉德号的船员见面。佛罗里达州将是他们探险的出发点。施密特写信给负责监督合作的韦特莫尔："他们最近刚刚买下了一个极其漂亮的新家，作为哈特福德西印度群岛游轮的运营基地。"施密特补充道："我并不反对合理的宣传，如果报纸需要信息，就应该给它们一些东西。给《科学》（*Science*）杂志和《博物馆杂志》（*Museums Journal*）发些我们的探险经历不会出错的，我还想给探险者俱乐部寄一份，以便他们的小杂志也能报道。"[60]除了引起报纸的注意，哈特福德还在 1938 年 10 月为《时尚先生》（*Esquire*）杂志写了一篇关于这次旅行的文章，题为《无风而行》（*Gone without the Wind*）。[61]

在棕榈滩参加了一周的礼服晚宴后，探险队向南航行。施密特回忆说："我们（从港口）启航的时候，众目注视，许多小型摩托艇靠近我们，给我们拍照，其中一艘还上了电影。"[62]约瑟夫·康拉德号驶向加勒比海，用施密特的话来说，"停留在那些我们可能想到的岛屿上"。在三个月的时间里，考察队访问了巴哈马群岛、海地、波多黎各、美属和英属维尔京群岛、萨巴岛、圣尤斯特留斯岛、多米尼加、马提尼克岛、巴巴多斯岛、牙买加和古巴。施密特向华盛顿的韦特莫尔报告说："这次巡航极为成功，行程约 4 500 英里，中途停了 19 站。我们带回了一批数量不小的海洋无脊椎动物，一些藻类，两只成年鼠海豚和胚胎……还有一些杂七杂八的东西。"[63]在这次旅程中，施密特监督收集工作，而哈特福德则经常忙其他事情。在岸上，哈特福德与岛上其他富有的旅行者和白人殖民者交往。他在海上经常生病，哈特福德回忆道："每一波海浪，就像压路机，而且是蒸汽压路机一样碾过——我很遗憾地说，我的胃没有心情和你没完没了地辩论。"施密特在日记中写道："我确实为他感到遗憾，因为他是一个令人开心又勇敢的小伙子。"[64]

在这次探险中，哈特福德还寻找土地进行开发。在施密特的博物学家田野笔记中描述道："亨特想看看这个小岛，然后买下来。在托图加斯岛的这一边，有美丽的沙滩和最平坦的珊瑚礁，适合收集活动。"[65]多年后，哈特福德回到加勒比海，建造他梦想中的度假胜地。他花了1 100万美元，在巴哈马群岛买了一个小岛。又花了2 000万美元，仿造凡尔赛宫，建造了一个拥有52个房间的豪华酒店和一个宽敞的花园，他称之为"天堂岛"。[66]

事实证明，这些私人伙伴关系对史密森博物馆及其工作人员也很有用。施密特收集了大量的海洋无脊椎动物。一位同事回忆道："施密特是一个收藏家，也是个工头。他一进入这个领域，就完全变了个人。他是个高手。多亏了他，我们得到了很多材料。"[67]史密森博物馆的另一位同事回忆说："如果没有瓦尔多，我认为博物馆不会有现在的地位。"[68]1943年，施密特被任命为国家自然历史博物馆生物部门的总馆长。他相信，他的成功要归功于他的私人赞助人。在获得新任命后，施密特给兰乔·拉布雷亚石油公司（Rancho La Brea Oil Company）的老板乔治·艾伦·汉考克（George Allan Hancock）写了一封信，描述了"在我的内心深处，我知道我亏欠我的朋友们。你们给了我很多机会，使我有机会扩大我的动物学知识，拓展我在科学界的人脉，这在很大程度上是我这次好运的原因。我真的非常感激"。[69]施密特曾随汉考克到加勒比海和南美洲西海岸进行过多次探险，被称为"史密森 - 汉考克探险"（the Smithsonian-Hancock Expeditions）。

与哈特福德和布瑞丁的探险类似，汉考克的探险之所以获得科学上的信任，是因为船上有史密森博物馆的官方馆长。施密特在这个领域也发挥了作用。他对海洋无脊椎动物的了解可以帮助我们找到海底的自然资源。像汉考克这样的石油公司资助了客观的科学研究，希望无脊椎海洋生物的发现也能确定海底的石油储量。科学探索有望带来利润。在私人资助的海洋生物化石搜寻工作和哈特福德的热带度假胜地幻想之间，施密特也成为一个受人尊敬的科学家和冒险的典范。

探险旅游

当人们读到美国科学家和探险家在国外的历史时，人们可能会想到印第安纳·琼斯或西奥多·罗斯福那样的人：为了寻求真理和知识而在热带地区艰苦奋斗。然而，他们的故事并不是个人能力的壮举。相反，他们的海外冒险依赖于地缘政治利益，成为流行文化和旅游业的持续信念。人类学家罗伯特·戈登（Robert Gordon）和路易斯·维万科（Luis Vivanco）认为，"冒险曾经是精英的领地，现在在中产阶级中流行起来了，也是旅游业增长最快的部分之一"。[70] 特别是生态旅游的兴起，反映了博物学家追求的这种普及化。中产阶级游客现在可以像探险家一样，在海外寻找原始的自然和美丽。虽然从 20 世纪初的探险到现在的生态旅游不是呈线性发展的，但旧的思维和行动模式仍然存在。前往加勒比地区以及更广泛的热带地区的游客，都追随了早期探险家的文化和地理足迹。在前几节中，本章详尽而有层次地描述了博物学家的经历。虽然不是每个人都能为史密森博物馆工作或像罗斯福那样进行探索，但他们在度假时仍能短暂地感受到发现带来的兴奋和幻觉。[71]

　　旅游业利用并包装了这种接近、体验热带自然的欲望。从这个意义上说，在大自然中的冒险和探索是旅游业的核心。正如社会学家格奥尔格·齐美尔（Georg Simmel）提出的理论，冒险给参与者带来了"超越日常单调生活的体验"。[72] 现代旅游的形式、心理和环境价值都源自这种打破日常生活单调乏味的文化愿望。在 20 世纪，扮演探险家的孩子长大后开始重视假期幻想。瓦尔多·施密特也有一支以他家族的名字命名的童子军，他记得："年轻人经常来找我，更经常写信给史密森博物馆，询问他们如何才能踏上去遥远地方的旅程，如何为探索的生活做准备。"[73] 正如史密森博物馆和其他科学研究机构所传达的思想那样：冒险在 20 世纪的流行文化中无处不在。

　　然而，在这种模仿的探险文化中，还包含着对社会秩序及其与自然关系的假设。历史学家唐纳·哈拉韦解释说，博物学家的经验依赖于"社会领域中一个种族、性别和阶级紧密结合在一起的复杂社会制度"。[74] 位于巴拿马巴罗科罗拉多岛（Barro Colorado Island）的史密森热带研究所（Smithsonian Tropical Research Institute），为理解科学、劳动和旅游之间的交叉关系提供了一个有用的例子。如今，巴罗科罗拉多岛是热带地区最重要的研究站之一，也是一个受欢迎的生态旅游胜地，每年有五千多名游客前来参观。[75] 然而，研究站存在社会等级差异和不平等的现象。在岛上，从 20 世纪 20 年代初到 60 年代中期，有色人种工人被分配的任务是最严格的体力劳动，除了主要的卧室和餐厅外，他们被隔离在"黑人男仆房间"里。同时，有任何种族背景的妇女都被禁止在岛上过夜。电视台的管理人员认为，女性和有色人种没有研究能力，并且还会妨碍研究。在科学方面把关的通常是男性，这是一种令人沮丧的现象。科学家兼赞助人大卫·费尔查尔德（David Fairchild）在给他的科学家同事、巴罗科罗拉多岛的发现者托马斯·巴伯（Thomas Barbour）的信中写道："让我们保留一个地方，在那里，真正从事研究的人可以全神贯注、头脑灵敏，远离任何外界干扰。"[76] 从这个意义上说，白人男性科学家在岛上的静观，预示着特权游客的出逃式度假。

人们对逃离日常生活、在大自然中寻找孤独的迷恋，使人们相信热带地区在某种程度上隔绝了工业化和现代世界带来的糟心事——它是一个避难所，而不是现代化的结果。正如作家兼学者坎迪斯·斯莱特（Candace Slater）所指出的那样，西方对热带环境的想象创造了"一种扭曲的、基本静态的方法，以应对一个多层的、明显是流动的现实。问题不仅在于这种看法往往是错误的或夸大的，而且还在于它掩盖了真正存在于那里的人和地方"。[77] 博物学家的经验努力掩盖了历史，引导游客进入热带环境。

探险要靠别人的劳动。在巴罗科罗拉多岛，有色人种划船、建造房屋、修路、做饭、建造和修理机器，以便让科学家和游客能够参观这座岛屿，想象自己独自处于大自然中。劳动者显然是从一个截然不同的角度来看待"冒险"和"探索"的。20 世纪 40 年代和 50 年代，福斯托·博卡内格拉（Fausto Bocanegra）曾在巴罗科罗拉多岛工作，他解释说："当游客来到这里时，因为我对环境熟悉，我成为他们的老师。"博卡内格拉和他那些住在黑人男仆房间的所谓"不熟练"的同事们，甚至比这些研究者更了解热带环境。他记得有一次和一位来访的科学家一起收集标本："我曾在这里和一位猎人一起工作了将近一个月……（但）我才是猎人，他是我的帮手，因为我抓动物，他拿他想要的。"[78] 当地人组织起来，使科学家和游客能够亲近大自然。正如历史学家詹姆斯·克利福德（James Clifford）所描述的那样，"大量的仆人、帮手、同伴、向导和轿夫被排除在这个实际的旅行者角色之外，因为他们的种族和阶级。而且，相对于所谓的个人主义、资产阶级旅行者的独立性而言，他们似乎处于一种从属地位"。[79] 探险家的文化反映、加强并鼓吹这些偏见和不平等——甚至将它们变成一种理所当然的存在。在华盛顿的宇宙俱乐部（Cosmos Club）和纽约的探险家俱乐部（Explorers Club），亚历山大·韦特莫尔、瓦尔多·施密特和其他科学家聚集在一起社交，并计划他们的冒险活动，女性和有色人种被禁止参加冒险活动。如果一个女人走进那些著名俱乐部的大门，通常是作为一个仆人，就像作家佐拉·尼尔·赫斯顿（Zora Neale Hurston）在 20 世纪 20 年代为支付账单所做的那样。[80] 探险家俱乐部直到 1981 年才有女性会员，而宇宙俱乐部直到 1988 年才对女性开放。

过去的科学家当然为现代旅行者提供了思考和理解自然的重要工具。特别是，他们教授了对生物多样性和保护的认识。正如历史学家凯利·恩赖特（Kelly Enright）所记录的那样，对古老的"丛林"的危险认识已被 20 世纪雨林的各种奇观所取代。旅行者受到提醒，生物和生态系统依赖于相互关联的关系。然而，与此同时，博物学探索的文化遗产给旅行者留下的意识形态和与环境互动的旅行方式都不太理想。正如诗人和活动家亚历克西斯·波琳·格鲁姆斯（Alexis Pauline Grumbs）在寻找有用的科学研究时所发现的那样，"在'科学'描述中也出现了助长种族主义、性别二元对立和其他压迫形式的语言，（而且）这些描述大部分也是由西方白人男性所书写的"。[81]科学知识的生产来自内部，并依赖帝国主义和资本主义的扩张，在研究科学的进程里，促进了一种种族和性别等级的文化，以及对自然世界的占有和所有权的极为强大的文化。新兴的旅游业沿袭了这一西方传统。游客们，无论是否意识到这一点，都背负着殖民探险家文化中的特权和排外做法的历史包袱。

科学和自然旅行仍然经常被包装为高度性别化和种族化的在未驯服的自然中的冒险壮举，并将其进行推销。它们已经成为"西方身份形成的关键过程"。[82]现代旅游业模仿并包装了这种冒险，以供大众消费。游客们仍然被鼓励把自己想象成未被发现的或受到威胁的自然的探险家，而向导、修路工人、女仆、司机和一大群仆人则在看不见的地方干活，以制造一种他们不存在的感觉。我们仍然带着这种被删减的视觉效果生活和旅行，在那里，游客可以体验"原始的"雨林，而不必认识那些被驱逐出记忆的人和历史，从而使这种生态幻想成为可能。

旅游业可以模仿博物学家的探索，但也把旅行作为一种个人主义的方式，让自己从家里的苦差事中解脱出来。除了社会建构的对个人能力、科学发现和热带自然的认知，为大众消费而传播的旅行文化也呈现出更多的存在主义和享乐主义形式。我在下一章将探索现代旅游者身份的历史根源的另一个方面，考察文学旅游者的经历，他们也激发了旅游行为。通过文学作家的旅行故事，我们既可以看到离家的国内动机（推动力），也可以看到热带旅行的梦想（拉动力）是如何进入流行文化的。冒险使人从常规生活中解脱出来，在环加勒比海地区，有无数种方式可以体验这一点。

第五章

旅行作家：逃往热带的文学梦想

"你是在书上第一次看到船吗？"

"先生，是阅读让我去了海外。"

——威尔弗雷德·欧文（Wilfred Owen），《海军男孩》（*Navy Boy*）

1933 年春天，大卫·阿奇博尔德·斯马特（David A. Smart）、亨利·L. 杰克逊（Henry L. Jackson）和阿诺德·金里奇（Arnold Gingrich）创办了《时尚先生》杂志。他们解释说，他们的目标是出版一本杂志，"成为男性的共同兴趣，为大家做一切"。[1] 他们立即开始寻找代表这种特殊男性视角的作家。金里奇回忆道："我们带着支票簿在纽约四处走动，呼吁作家和艺术家们相信，我们将推出一本奢侈品杂志，专门介绍生活艺术和新的休闲方式。"[2]

当作家欧内斯特·海明威同意为新杂志撰稿时，纽约文学界和广告商开始"相信"《时尚先生》杂志会出版。用金里奇的话来说，海明威成了"这本杂志有史以来最好的朋友之一，他正好就出现在这本杂志最需要朋友的时候。可以说，在最早的时候，他就是杂志的主要资产"。海明威帮助创办了《时尚先生》。甚至，他在给"阿诺德·金里奇先生"写的一封信中，无意中创造了它的名字。[3] 在杂志发行的前七年，从 1933 年到 1939 年，海明威的投稿包括 26 篇文章、短篇小说和"书信"，这些都是旅游快报。他似乎是提高一本旨在创立"新式休闲"的男性杂志销量的理想作家。他的小说《太阳照常升起》（*The Sun Also Rises*，1926）和《永别了，武器！》（*A Farewell to Arms*，1929）出版后，海明威成了一位著名作家。根据文学学者凯文·迈尔（Kevin Maier）的说法，由于海明威的名字出现在封面上，《时尚先生》的发行量从 1933 年的 10 万册飙升至 1936 年的 55.5 万册。[4]

海明威，这位男性冒险小说家，同样因其非虚构作品而受到追捧。他的一些最受欢迎的游记，比如西班牙的斗牛，撒哈拉以南非洲的狩猎，以及加勒比海的近海捕鱼，最早都出现在《时尚先生》上。1933 年秋，在该杂志的创刊号上，海明威写了一篇关于在古巴捕获大型猎物的文章。那年夏天，他和乔·拉塞尔（Joe Russell）船长从基韦斯特前往哈瓦那。在《一封古巴来信》（*A Cuban Letter*）一文中，海明威描述了他在哈瓦那老城安博斯蒙多斯酒店（Hotel Ambos Mundos）的清晨生活，以及他在墨西哥湾流的钓鱼冒险。据说，他在那个季节捕获了 52 条马林鱼和 2 条旗鱼。在信中，他还提供了钓鱼技巧。他告诉读者，"最重要的是，当鱼儿开始跳跃逃跑时，要尽快撒开渔网"。[5] 在岛上的闲暇时光和垂钓已成为海明威新的写作素材。

到 20 世纪 30 年代末，《时尚先生》一直是美国最畅销的男性杂志。它的成功也对海明威在流行文化中的地位产生了深远的影响。当读者们从《时尚先生》中寻找时尚和冒险元素时，作者海明威成为美国人对国外旅行的想象的重要中间人。在他的工作和日常生活中，海明威培养了一种植根于美国白人男子气概的理想旅行者身份，然后他把这种身份写下来供大众消费。正如学者拉斯·波特尔（Russ Pottle）所描述的那样，旅行"对于维持海明威自成一派的作家生活方式至关重要"。[6]海明威几乎所有的作品都带有旅行的意味。他把自己的故事作为力量和独立的例子，同时那些例子也常常是迷人而悠闲的经历。许多读者，尤其是白人，都向往像海明威那样的生活和旅行方式，很多人现在仍在这样做。"他天生富有想象力，"《纽约书评》（*New York Review of Books*）评价道，"他让读者觉得这是发生在自己身上的事。"[7]喜剧演员、演员、旅行纪录片制作人迈克尔·佩林（Michael Palin）回忆说，海明威"把一些地方带入生活，那些充满异国情调的地方。我就是忘不了他。当我读他的书时，我只是一个青少年，我从未离开过我的家乡"。[8]另一位读者后来去了西班牙，还被公牛顶伤了，他回忆说："感觉就像他在直接和我说话。"[9]无论是到欧洲、加勒比海还是撒哈拉以南的非洲，一代又一代的读者追随着海明威的文学和文学足迹前行。

　　通过考察如海明威这样富有创造力的作家的旅行，我们可以发现，在20世纪，国外旅行如此吸引人，是"一系列的运动和事实造就了这种情感"。[10]在两次世界大战之间，新一代作家开始把休闲旅行作为"自由"的终极表达，并将其付诸实践。那个时代回荡着文学界要求出国的呼声。历史学家保罗·福塞尔（Paul Fussell）认为："'离散'似乎是文学现代主义的信号之一，因为我们可以从几乎没有现代作家停留在他应该'待'的地方来推断出这一点。"[11]显然，没有人愿意待在家里。各种各样有创造力的人，从作家到艺术家、音乐家，都接受了"变动的习惯"。[12]正如历史学家艾米丽·罗森伯格（Emily Rosenberg）所解释的那样，在两次世界大战之间的时期，"在人类历史上由来已久的对旅行和异域描述的迷恋达到了新的高度"。[13] 出国旅游成为人们普遍的愿望。

加勒比海地区及其新兴的旅游业从根本上与这个新的文学时代纠缠在一起。这一地区从美国南部海岸延伸到墨西哥、中美洲群岛和南美洲北部，是作家和游客梦想相遇的十字路口。然而，仰慕者和学者们经常把现代文学的伟大作品当作普遍的寓言，与作家们实际经历并交织在故事中的社会和环境地理、社会不平等和种族冲突脱离开来，似乎有意无意地要把 20 世纪的文学排除在跨国资本和帝国主义的历史之外。"文学和文化，"后殖民时期的文学学者爱德华·赛义德（Edward Said）说，"往往被认为在政治上，甚至在历史上是无辜的。我常常觉得不是这样……社会和文学文化只能被放在一起理解和研究。"[14] 艺术、写作和旅行是相互关联的，它们很少被封闭或受到地理限制，文化和其他地区也是不一致的。正如作家兼评论家托尼·莫里森（Toni Morrison）所言，从作者流动的经历中"去语境化"的写作，有可能使英美文学从其产生的流动且往往不公正的世界中分离。[15] 无论是好是坏，文学在创造和再现代社会流动的特权和不公正方面负有共同的责任。

研究欧洲殖民主义的历史学家更倾向于研究富有创造力的作家们的影响深远的文化旅程。正如学者玛丽·路易斯·普拉特（Mary Louise Pratt）所言，旅行写作是"帝国主义的意识形态工具之一"。[16] 在欧洲殖民探索的时代，作家们用生动的、往往是居高临下的语言向国内的读者描述风景、自然和人物。在他们的文学观点中，世界的其他地方已经做好准备扩张商业版图、获取新知识和实现幻想。旅行写作有助于证明欧洲帝国对遥远民族和地方的控制是合理的，它也极大地重塑了欧洲的社会和文化。然而，作家作为旅行者的影响并没有随着欧洲帝国主义的缓慢衰落而停止。正如普拉特解释的那样，旅行作家的愿景"被旅游业以前所未有的规模挪用和商品化了"。[17] 他们的遗产在新的时代得到了延续和发展。

然而，从 19 世纪到 20 世纪，旅游文化发生了明显的转变。文学学者海伦·卡尔（Helen Carr）解释说："早期的旅行写作往往出自工作原因，比如旅行者是军人、商人、科学家……或者是他们从事教育或卫生职业。但在 20 世纪，旅行的更大动机是专门写游记。"[18] 探险之后是旅行，再然后，发展为旅游业。[19] 是什么历史和文化进程改变了 20 世纪美国和欧洲作家的国际旅行动机呢？同样重要的是，是什么特征决定了他们的经历？在两次世界大战之间成长起来的那一代热爱旅行的作家，虽然只是巨大变革机器上的一个齿轮，却在这一转变中发挥了至关重要的作用，他们帮助表达、再现和传播了一种新的现代旅行风气：为旅行而旅行。

一群经过挑选的作家的旅程，揭示了与文学相交叉的政治和社会变化，反过来又塑造了对旅游的认知和实践。作家赋予了出国的社会性梦想以内涵和意义。但为了更好地理解这种影响，我们需要更仔细地研究作家们自己是如何以及为什么重视国外旅行的。正如托尼·莫里森所建议的那样，我们必须将批判的目光从"被描述和想象的对象"转移到"描述者和想象者"身上。[20] 因此，本章的目的不是分析修辞或文学风格，而是从霸权主义的视角研究"作家的生活方式"，并批判性地理解这种人格是如何塑造现代旅游体验的。

我们从研究作家的流动开始。作者的旅行经历让读者了解到加勒比海的旅游史，突出了许多鼓励游客离家度假的逃避主义动机。国外的文学经历也表明，热带目的地以及理解文化和地理差异的方式是如何进入主流思想的。在他们关于流动的共同传记中，我们可以看到（国内）推动和（国际）拉动力量共同创造了加勒比海旅游的文化路线。

作家们把他们远离故土的经历写成文学作品以供大众消费，激发了人们的旅游想象力。"现实主义小说的重要任务之一，"作家兼评论家大卫·福斯特·华莱士（David Foster Wallace）说，"曾经是提供跨越国界的地权，帮助读者跨越自我和地点的藩篱，向我们展示看不见的或想象不到的人、文化和生活方式。"[21] 作家四处旅行，写游记，然后鼓励其他人踏上旅行路途。用文学作品表达的国外经历已成为休闲旅游新文化的一部分。

海明威：混合体裁，混合文化

旅行作家不受文学体裁的限制。同一段经历，他们可以用来写游记，当然，也可以用来写小说。他们将民族志、自传和小说融合在一起，向读者介绍新的世界。小说和非小说通常来源一样，在影响方面是相辅相成的。[22] 这种"异花授粉"现象在海明威的职业生涯中表现得很明显。

从 20 世纪 20 年代初到 50 年代中期，海明威以小说、非小说类书籍，以及为杂志撰写的文章和短篇小说中讲述了他的旅行经历。除了《时尚先生》，还有《大都会》（*Cosmopolitan*）、《生活》（*Life*）、《斯克里布纳》（*Scribner's*）、《科利尔》（*Collier's*）和《假日》（*Holiday*）等杂志。[23] 他的工作和生活方式反映了一种社会愿望，即在出国旅行中寻找快乐和自我肯定。海明威明确表示，寻找真正冒险和真正体验的最好地方，存在于家庭的规则和界限之外。

在经历了第一次世界大战和在巴黎生活了七年之后，海明威在 20 世纪 20 年代后期搬到了加勒比地区，他先是去了基韦斯特，然后去了哈瓦那。他不想回到伊利诺伊州橡树公园的家，在那里，他感觉受到了社区"宽阔的草坪和狭隘的思想"的限制。[24] 相反，对他来说，这些岛屿成了娱乐和创作灵感的新来源。他解释说，在古巴附近的水域捕鱼给了他前所未有的快感，让他"有很多时间思考"。他经常以第二人称叙述他的故事，就好像是在邀请"你"，读者，加入他的冒险。1949 年，在《假日》杂志上，海明威回顾了他在古巴的岁月，解释道：

> 人们问你为什么住在古巴，你说是因为你喜欢那里。哈瓦那山上的清晨，即使是在夏季最热的日子，每天早晨都是凉爽清新的，这很难解释。没有必要告诉他们，你住在那里的一个原因是你可以饲养、训练斗鸡，让它们和劲敌争斗，这些都是合法的。[25]

他热爱古巴及其美丽的海洋，但让他觉得比自由更重要的是，它"完全合法"。在他心中，他已经摆脱了家庭的压迫。在这里，他可以喝酒、打架、钓鱼，过着他想要的生活。在国外，梦想可以实现。

旅行作家，无论是以小说还是非小说的形式来讲述他们的故事，都可以让冒险的幻想成为可能。你读了它，然后梦想着你自己的旅程。一位来自明尼苏达州农村的年轻人体会到了这种感觉。阿诺德·萨缪尔森（Arnold Samuelson）读到海明威的小说《一次横渡》（One Trip Across）时，他 22 岁，是个有抱负的作家。这是关于一位船长在哈瓦那和基韦斯特之间的墨西哥湾流捕鱼的故事。"哈里·摩根，这个中心人物，"托尼·莫里森这样描述，"似乎代表了典型的美国英雄：一个孤独的人与限制他自由和个性的政府做斗争。"[26] 萨缪尔森被这个故事迷住了，他决定搭便车从明尼苏达州到基韦斯特。"那个故事，"他后来解释说，"让我有了不远万里去见这位作家的冲动。"[27]

萨缪尔森无票偷乘佛罗里达东海岸的铁路火车，于 1934 年春抵达基韦斯特岛。他一下火车就去找海明威。"看来海明威很有可能会在基韦斯特的家中露面，"萨缪尔森回忆说，"他刚从非洲打猎回来。我在报纸上看到他乘船抵达纽约的照片。"[28] 那天下午，萨缪尔森去了海明威的家，敲了敲门。在那里，他与这位具有乡土气息的作家的接触出奇的顺利。老人匆匆列了一份读书单，借给他两本书：一本是斯蒂芬·克兰的短篇小说集，一本是《永别了，武器！》。第二天，海明威给萨缪尔森提供了一份在他的新渔船皮拉尔号（Pilar）上做守夜人的工作，这艘渔船是他最近用《时尚先生》杂志的预付款购买的。[29] 在杂志的文章中，海明威回忆起他们的关系："除了写作，这个年轻人还有一个愿望。

他一直想出海……为了实现他的愿望，我们答应带他去古巴。"[30]
在接下来的一年里，萨缪尔森和海明威在基韦斯特和哈瓦那之间
来回旅行。萨缪尔森住在船上，钓鱼、端酒，也在搜集写作素材。

　　到达哈瓦那后，萨缪尔森回忆说："我们走在狭窄的、阴凉的
街道上，街道两旁的建筑物用水泥固定在一起，正面靠在人行道
上，人行道的宽度刚好可以让我们排成一列纵队。海明威走在前
面，迈着大步，波琳（Pauline，海明威的第二任妻子）跟在他后
面，我迈着小步、高兴地走在最后面。我太激动了，这种感觉只
有在你第一次徒步到外国城市旅行时才会完全显现出来。"[31]

　　萨缪尔森实现了到海外旅行的梦想，并提高了自己的写作
技能。但不久之后，他不再旅行，也不再写游记以获得更稳定的
收入。最后，他在得克萨斯州的农村定居下来，做了一些小木材
生意来养家糊口。他去世后，他的女儿出版了他的回忆录。"我
想写作，但不知道还有成千上万的人也有同样的想法。"[32]海明
威的作品激励了无数的年轻作家。例如，萨缪尔森所喜爱的关
于船长的短篇故事，被改编成小说《富有与贫穷》（*To Have and
Have Not*，1937），后来，被好莱坞拍成电影，由亨弗莱·鲍嘉
（Humphrey Bogart）主演。作家们写的是在遥远地方的冒险，道
出了年轻人的愿望，他们梦想着旅行和从事文学事业。但是，相
对于职业写作的旅行者来说，有成百上千的人赚的钱并不多，作
为作家的知名度更低，萨缪尔森就是其中之一。海明威也是，尽
管他的文学知名度高，经济收入可观。其他人似乎都在读书，梦
想着出国旅行。

被遗忘的旅行者，被遗忘的地理

海明威的个人经历只是文学旅行欲望的社会冰山之一角。形形色色的作者去国外旅行，并为国内的读者赋予了国际旅行的意义。著名作家如约翰·斯坦贝克（John Steinbeck）、奥尔德斯·赫胥黎（Aldous Huxley）和格雷厄姆·格林（Graham Greene），以及鲜为人知的作家如理查德·哈里伯顿（Richard Halliburton）、哈里·弗兰克和哈里·福斯特（Harry Foster）也在旅行和写作，并塑造了满怀希望的旅行者的想象力。享有较少特权的有色人种作家，如兰斯顿·休斯、佐拉·尼尔·赫斯顿和克劳德·麦凯（Claude McKay），也是这个流动文学生产网络中的一员，尽管如本章后面所讨论的那样，他们经常受到高度歧视，被定型成"另一类人"。在 20 世纪上半叶，世界上的英语读者民族对阅读世界上其他地方的东西非常感兴趣。

随着国际旅行变得越来越容易，"本国"作家和文学作品开始出现向跨国趋势演变。[33] 甚至写国内传统的文学题材的作家也开始以国外生活为背景撰写故事。例如，约翰·斯坦贝克是一位以描写美国大萧条时期和北加利福尼亚州生活为题材的小说家，不过，他的职业生涯是从写巴拿马和加勒比海开始的。1929 年，也就是海明威出版了畅销书《永别了，武器！》的同一年，斯坦贝克出版了他的第一部小说《金杯》（*Cup of Gold*）。[34] 几年前，斯坦贝克从加利福尼亚州经巴拿马运河来到纽约，这是他的第一次海外旅行。受到这段旅程和他周围历史的启发，他写了一本关于亨利·摩根在 1671 年袭击西班牙殖民地巴拿马的传奇小说。

　　评论家认为，他对这位著名的英国海盗的描绘，与他自己对冒险的幻想是割裂的。斯坦贝克写道："他们（摩根和他的船员们）出发前往印度群岛，那是男孩们梦想中美好而遥远的印度群岛。"[35] 这本极具传奇色彩的书于 1929 年 8 月出版，销量很差。但当斯坦贝克的创作日臻成熟之时，他继续写他在加勒比海和拉丁美洲访问过的人和地方。他的中篇小说《珍珠》(The Pearl) 取材于他在旅行中听到的故事，讲述了墨西哥海岸的一个贫困家庭发现了一颗美丽但被诅咒的珍珠的故事。这本书现在仍然是学校的必读作品。[36] 他和他的朋友海洋生物学家埃德·里基特（Ed Rickett）一起去墨西哥旅行的第一手记录，也被他写成了一本书，名为《科尔特斯海航海日志》(Log from The Sea of Cortez, 1941)。这本书是一本杂乱的游记，一部分是冒险，一部分是博物学探索，一部分是哲学思考。斯坦贝克认为："如果生活在一种永远告别的状态中，既不离开也不逗留，而是沉醉在爱和渴望的幸福情感中，沐浴爱河，永不满足。"[37] 斯坦贝克是描写美国经验的典型作家，他的文学兴趣是跨越国界的。

　　20 世纪 20 年代初，当海明威和斯坦贝克名气还不大时，理查德·哈里伯顿等旅行作家已经把自己标榜为畅销书作家。哈里伯顿在他的《通往浪漫的皇家之路》(The Royal Road to Romance, 1925) 一书中解释了他对旅行的痴迷，宣称："让那些有愿望的人得到他们的尊敬。我想要自由，想要随心所欲的自由，想要到世界最遥远的角落去寻找美丽、欢乐和浪漫的自由。"[38] 20 世纪 20 年代和 30 年代，哈里伯顿回顾了尤利西斯在地中海的旅行，科尔特斯对墨西哥的征服，以及虚构的鲁滨逊·克鲁索（Robinson

Crusoe）在加勒比海多巴哥岛上的经历。他甚至叙述了自己的不寻常之旅——游泳渡过巴拿马运河，支付了运河历史上最低的通行费。《名利场》（*Vanity Fair*）对哈里伯顿的巨大成功感到不满，在 1930 年对他进行了简要介绍，称他的书"可读性惊人，显然是假的，但非常受欢迎"，批评这些书"使其作者成为百万富翁，因为该作者对自己的一贯形象定位（正在为之申请专利）是一个羞怯而浪漫的男孩，因为他是美国最受欢迎的女士俱乐部讲师，《名利场》对他的每一次抨击都是一种助推"。[39] 传奇化的旅行写作通常被视为一种不如小说的艺术创作，但也很赚钱。然而，在过去的几年里，正如《名利场》的编辑们所希望的那样，公众确实忘记了哈里伯顿。今天，导游们在巴拿马游客中心提起他的名字，当作一个奇特事件。但他是那个时代最受欢迎的作家之一。[40] 广播记者沃尔特·克朗凯特（Walter Cronkite）甚至将自己决定成为新闻记者归因于哈里伯顿。克朗凯特记得，哈里伯顿使旅行令人心驰神往。作家、哲学家和活动家苏珊·桑塔格（Susan Sontag）年轻时也读过哈里伯顿的书，回顾她的职业生涯，她声称他的书"无疑是我一生中最重要的书之一"。[41]

虽然哈里伯顿的足迹远远超出了传统意义上的文学圈子，但他并不是唯一。有许多美国和英国作家都很少在"祖国"居住，或者很少写"祖国"。例如，乔治·奥威尔（George Orwell）也把他的第一本书的背景设定在缅甸，一些评论家认为他最著名的作品《1984》和《动物庄园》（*Animal Farm*）实际上是基于他对东南亚殖民主义的观察。[42] 另一位 20 世纪的英国作家奥尔德斯·赫胥黎在国外待得更久，写了很多关于美洲的作品，从美国西南部

的墨西哥到中美洲，和写他的祖国英国的作品一样多。他还调侃
了上一代英国作家，特别提到了不愿离开家乡的诗人威廉·华兹
华斯（William Wordsworth）：

> 总而言之，他选择做一个哲学家，舒舒服服地生活在一
> 个人造的、因此是完全可以理解的体系中，而不愿做一个出
> 于冒险动机而在他直接的、没有扭曲的直觉所揭示的神秘世
> 界中冒险的诗人。遗憾的是，他从未走出欧洲的边界。也许
> 一趟热带旅行就能治好他那过于轻松自在的泛神论。[43]

赫胥黎像他那一代的许多作家一样，到热带地区写作。作
家格雷厄姆·格林还去过加勒比海和拉丁美洲，写过以古巴、墨
西哥和巴拿马为背景的书。他对读者说："最初是因为无聊才出
国。"[44]哈特·克兰（Hart Crane）是"迷惘的一代"中最受尊敬
的诗人之一，他们是一群在第一次世界大战期间成年的年轻人。
他也在墨西哥和古巴生活和写作，后来在墨西哥湾跳船自杀。哈
莱姆文艺复兴时期①（Harlem Renaissance）的作家，如兰斯顿·休
斯，虽然面临着种族主义和国家旅行限制措施，却也在古巴和加
勒比海找到了灵感。"我要去哈瓦那，"休斯写信给他的文学赞助
人，"为了休息，也为了新的力量和与歌曲的接触。"[45]后来，他

---

① 哈莱姆文艺复兴，又称黑人文艺复兴，20 世纪 20 年代到经济危机
　爆发这 10 年间，美国纽约黑人聚居区哈莱姆的黑人作家所发动的一
　场文学运动。——编者注

在回忆录《我徘徊，我彷徨》（*I Wonder as I Wander*）中补充道："我想慵懒地躺在海滩上，想躺多久就躺多久，想和谁说话就和谁说话。周日去看斗鸡，跟渔民出海，从不穿外套。"[46] 在旅行中，休斯也写出了流芳千古的诗歌。牙买加出生的作家克劳德·麦凯也写过在加勒比地区和美国的流动生活。"我渴望漂泊，满怀好奇之心，"他写道，"流浪者的灵魂，诗人的心魔，抓住了我。"[47] 非裔美国作家、人类学家佐拉·尼尔·赫斯顿也花了两年多的时间周游加勒比地区。她最受欢迎的书《凝望上帝》（*Their Eyes Were Watching God*，1937），是她住在海地时写的，讲述了佛罗里达州的一个非裔美国家庭的故事。

虽然文学作品在一些大城市中心的热捧中只停留在肤浅的表面，但是它们也具有深厚的跨国文化维度。20 世纪文学的根源远远超出了纽约、巴黎和伦敦。被认为是在欧洲或美国产生的文学作品，往往是在一个更全球化或更准确地说，是在跨国的背景下创作的。加勒比海是行程的一部分。

发展悖论中"迷惘的一代"

几个世纪以来，旅行写作一直把加勒比海，以及更广泛的热带描绘成一个神秘的、往往是神奇的地区，尽管对欧裔美国人和欧洲的读者来说，历史上这里是一个危险的地方。[48] 然而，在 20 世纪，这一殖民梦想发现自己处于迅速变化的背景下。逃往南方变得更加诱人，医学上安全，技术上可及。城市工业资本主义的兴起，交通和通信技术的发展，以及对文明衰落和世界大战的恐惧，使出国旅行成为那个时代最受欢迎的文学主题之一。无论一个人是愤世嫉俗者还是现代变革的信徒，旅行的故事都有吸引力。

为了理解推动出国欲望的社会背景，我们来看一位被遗忘的旅行作家的故事。哈里·福斯特，他的生活以及其他流动作家的生活，代表了 20 世纪出现的跨国流动的新时代。"迷惘的一代"中希望破灭的成员，成为不断扩张的、以享乐为基础的旅游行业的流浪领袖，他们帮助传播了这样一种信息：在其他任何事情似乎都没有价值的时候，出国旅行是有价值的。

1919 年，第一次世界大战结束，25 岁的哈里·福斯特以自由撰稿人和"热带流浪汉"的身份开始了他的旅行。然而，他并不是唯一一个在战后渴望出国的年轻人。一艘轮船的船长在巴拿马的码头上对他说："你不是第一个。每次我到港口时，都有十几个人想乘船去南美洲。这是战争造成的。那些没有从战争的创伤中恢复过来的人，觉得自己被骗走了一些东西，他们现在正在寻回它。"[49]福斯特承认他厌倦了传统和纪律，他对回到家里过一成不变的生活没有兴趣。战争期间，他曾在美国陆军第 78 步兵师服役。在法国的战壕里，他被提升为中尉。后来，他专门担任了现代战争的教员。福斯特也是普通士兵中被认为受过良好教育的人。1894 年，他出生在布鲁克林，曾先后就读于新泽西州的一所精英预科学校和宾夕法尼亚州的拉斐特学院（Lafayette College）。在那个时代，美国的大多数学生还没有完成中学学业。[50]所有的早期迹象都预示着福斯特将有一个成功而安逸的未来。然而，他在战争中的经历却改变了他的人生方向。

战争结束后，福斯特回到美国执行最后一次军事任务，这次是在墨西哥边境。几个月后，他光荣退伍，然后越境进入墨西哥，开始南下。他解释说："许多退伍军人都曾有过这种漫游癖，我也曾在墨西哥和中美洲漂泊。"他想要探索，想要自由，他希望以旅行作家的身份谋生。然后，他努力为他的故事找到了出版商。当他到达巴拿马时，很明显，仅靠写作无法支付他的花销。由于杂志拒绝发表他的作品，福斯特决定"对我这种特殊的杂志作家来说，首要条件是有一份稳定的工作"。在巴拿马，他申请了美国政府运河区军需署的工作，在那里他被聘为鞋类部门的负责人。但他很快就不满意了，"鞋类部门似乎不适合一个想成为传奇小说作家的人"。[51]

福斯特在码头上四处走动，想做不定期外出的轮船上的铲煤工，但没有找到工作机会。"你难道没听说过热带的流浪汉吗？"一个朋友问他，"很多人经常这样做，其中有大学毕业生、大人物、铁路主管、什么人都有——而且很多……他们就是控制不住自己的旅行癖。"社会上根本没有足够的工作来支持战后大量试图在热带地区旅行的退伍军人和年轻人。福斯特决定留在运河区的鞋店，为这次旅行攒钱。一个月后，他有了所需的钱。"然后我找到了一张南美洲地图，闭上眼睛，用别针戳了戳，大头针落在秘鲁。当我收到一个月的工资（减去扣除额后），我的钱刚好够我买一张轮船甲板票，搭乘一艘沿海岸航行的本地轮船前往秘鲁首都卡劳的海港。"[52]

福斯特在运河区当鞋店店员，十二年后因肺炎去世。这段时间里，他成为一位多产的作家。他写了七本书，讲述他在美洲、

亚洲和南太平洋热带地区的旅行经历。他死后，多德米德公司的
（Dodd, Mead & Company）编辑还分别于 1935 年和 1937 年以他的
名义出版了两本关于加勒比海的旅游指南。[53] 但与同时代一些更
著名、更不朽的作家不同，他从未从自己的作品中赚到足够的钱
去做一名作家。他总是没钱花。他经常在巴拿马、新加坡和其他
热带港口红灯区的潜水酒吧里弹奏拉格泰姆钢琴。为了支持自己
的旅行，他还做了导游。他的第四本书部分是旅游指南，部分是
愉快的旅行叙事，灵感来自他在旅游业中的其他职业。"每天都
是一次冒险，"他开玩笑说，"我没有烦恼、危险、担忧或不适。"[54]

　　福斯特从士兵到作家再到导游的故事，凸显了"一战"后大
规模的流动浪潮。福斯特显然不是唯一一个想成为旅行作家的老
兵、一个有故事要讲的热带流浪汉。战争催生了新一代心怀不满
的文学旅行者。在第一次世界大战之前，进步似乎是为了人类的
利益而征服时间、空间和自然。在新世纪的头几十年里，人们对
未来抱有极大的乐观情绪。医护人员战胜了一个又一个疾病，黄
热病和疟疾不再是热带地区的祸害。

　　现代科学技术带来了健康，使人们可以安全地探索更广阔的
世界。新型旅行和通信网络依赖于电力、钢铁和化石燃料，使世
界看起来距离更近、更容易接触。尽管有些人对这种高度合理化
和以人类为中心的观点持怀疑态度，但根据历史学家迈克尔·阿
达斯（Michael Adas）的说法，绝大多数人"坚持对进步的信念，
认为理性至高无上，相信科学探索和技术发明对人类进步的无限
潜力，这在整个 19 世纪一直占据主导地位"。[55] 直到第一次世界
大战之前，年轻人和老年人都相信进步的希望。

1914 年 8 月，掌握技术的双刃剑划破了欧洲和美洲大陆。在巴拿马地峡，安松号（Ancon）进行了第一次正式穿越巴拿马运河的航行。经过了十年的爆破和挖掘，这条连接加勒比海和太平洋的运河终于对外开放了。对美国来说，运河象征着人类对自然的征服和 20 世纪技术的无限可能，这条运河被誉为当时最伟大的工程之一。[56] 人们对自然力量的恐惧开始消退。然而，在那个充满信心的时刻，西欧和美国的领导人似乎也忽视了（也许是忘记了）人类用技术毁灭自己的能力。正当美国庆祝世界进步的象征——巴拿马运河的建成，欧洲卷入了一场战争，这场战争导致超过 1 600 万人丧生。

科技承诺了自由，也摧毁了自由。德国哲学家沃尔特·本雅明回忆道："成群的人类、气体、电力在一场混战中被释放出来……高频的震动撕裂了大地，天空中出现了新的星星，从高空和深海传来螺旋桨的轰鸣声，到处都是献祭的竖井。这场争夺宇宙的巨大斗争第一次在全球范围内展开，充满了科技的精神。"[57] 数百万士兵成为进步的力量，以及控制进步的国家领导人的牺牲品。科技可以丰富生活，也可以夺走生活。电报、报纸印刷、高度协调的邮件网络，甚至新技术的电影，也让待在家里的平民百姓目睹了恐怖场面。亲人们不再需要等待数月才能听到来自前线的悲惨消息，每个人都能感受到后果。历史学家斯蒂芬·克恩（Stephen Kern）解释说，被人类释放出来的技术力量使"这个世界时而不知所措，时而激动不已，时而惊恐万分，时而心醉神迷"。[58]

为了破坏性目的而控制技术和流动的第一次世界大战，也激发了一场反文化运动。美国有 400 万军事人员和更多的平民为战争机器服务。在欧洲，这个数字更大：6 000 万人被动员参战。国家领导人宣称进步战胜了过去，与此同时，也申明有必要维护传统秩序，这种令人痛苦的虚伪是显而易见的。社会对技术及其赞助人——民族国家——的崇敬开始破裂。人们希望自由生活和行动，而不是屈从于将军和老板的命令，这从小范围的批评发展成了一场大规模的运动。一名生活在巴拿马的退伍军人的感受，表达了这种反对当局的情绪。"我们这些在战争后期参战的平民，已经忘记了很多事情，"他写道，"但有些事情我们不应该忘记……那么，如果'士兵'这个词指的是能干、可靠的战士，那么，当将军经过时，你那套僵硬、木讷地站在那里的把戏，跟这件事完全没有关系……既然我们的军事专家们看不到这一点，拒绝抛弃所有这些过时的诡计，实际上这些诡计除了传统没有什么可取之处，那么他们的智力就该受到质疑。"[59]现代暴力的残忍和暴力掌控者传统上的冷漠，激发了一个愤世嫉俗的流动时代。

这场战争不仅在战场上利用了技术的破坏力，而且在国内巩固了国家对其公民日益增长的权力。"我确信这场大战不是为了民主或正义，"无国籍作家 B. 特拉文（B. Traven）批评说，"而是为了一个警察或移民官员可能有合法权利要求你出示你的水手证或其他什么东西，并因此获得丰厚报酬等行为。战前没人问你要护照。人们幸福吗？为自由而战最值得怀疑。"[60]战士们曾受命为自由和主权而战，却回到了一个高度管制的社会。就在年轻人带着全新的眼光和经验丰富的视角回家时，新的规则开始生效，以试图理解这种社会转变。

在美国，政治权威在战争后变得更加自信。当欧洲艰难地重建经济时，美国的许多工业都在蓬勃发展。伴随着这种经济增长的，是努力维护和传播进步的社会风尚和职业道德。为了保障家庭健康和工厂生产力，一个进步联盟推动立法规范公民道德。其中最具争议的法律之一，是禁止销售和消费酒类商品。就在战争结束之际，国会通过了《1919 年禁酒法案》（*Volstead Act of 1919*）。美国领导人所谓的理性和必要的立法，在许多人看来，像是一种政治和文化控制的努力。年轻人已经开始质疑把他们带进战争的长辈的权威，至此他们又有了一个反叛的理由。[61]

在这种从战争高潮向和平过渡的动荡背景下，出于个人爱好和好奇心的旅行越来越受欢迎。流动开始意味着拒绝承担责任和服从权威，提出自己的条件变成了一种反叛行为。"一种观念开始在作家中传播，"《迷惘的一代》（*Lost Generation*）的作者马尔科姆·考利（Malcolm Cowley）说，"他们是受压迫的少数群体，是自己国家的孤儿和陌生人，他们最好尽快离开这个国家。"[62] 于是出国旅游看起来越来越有吸引力了。

如海明威这些作家，成为战后社会不满情绪的代言人。他们认为自己和掌权者之间存在代沟。在《太阳照常升起》中，海明威普及了"迷失的一代"的概念，这是他从生活在巴黎的作家格特鲁德·斯坦因（Gertrude Stein）那里借鉴的。[63] 他描述的一群享有特权的外籍人士，他们每天在西班牙北部喝酒、旅游、钓鱼、观看激烈的体育比赛。他笔下的人物常常喝得酩酊大醉。文学学者杰弗里·施瓦茨（Jeffrey Schwartz）表示，"海明威把喝酒、醉酒视为一种成年仪式和冒险"，他的作品"既是对生活及其乐趣的集体享受，也是对禁酒令及其国家主义议程的反抗"。[64] 海明威的母亲写信给他，说他的小说是"年度最肮脏的书之一"，在此之前，她曾恳求他回国找一份体面的工作，而他宁愿继续过着放荡不羁的生活，旅行、喝酒和写作。[65]

"迷惘的一代"的另一个作者弗朗西斯·斯科特·菲茨杰拉德（Francis Scott Fitzgerald）也写出了他对痴迷于进步风尚和资本主义生产力的不满。他也有一种强烈的逃离欲望。菲茨杰拉德的第一部小说《人间天堂》（*This Side of Paradise*，1920），以高度自传体的风格记录了一个对现代社会感到失望的年轻人的不幸遭遇和他的渴望。"我焦躁不安。我们这一代人都是这样，"主人公艾莫里·布莱恩（Amory Blaine）告诉我们，"我厌倦了这样一个体制：最富有的人只要想要，就能得到最漂亮的女孩，而没有收入的艺术家不得不把自己的才华卖给纽扣制造商。"[66]尽管艾莫里是一个享有特权的美国白人、普林斯顿大学的毕业生、"一战"老兵，在精英圈子里活动，但他看到的只有肤浅的邪恶和虚假的权威。他觉得自己被规则制定者"痛打"了一顿，并对他们愤愤不平。他逐渐意识到，"进步是一座迷宫……人们盲目地冲进去，然后疯狂地跑回来，喊着他们已经找到了……看不见的王——生命的活力——进化的原理……著书、发动战争、创办学校"。艾莫里对这一切都感到厌烦。由于对周围的社交环境感到厌恶，艾莫里，也许还有菲茨杰拉德，"想从他的身体里爬出来，躲在他心灵深处某个看不见的地方"。或者，如果他不能隐藏自己，他就到国外去，在那里他可以尽情地随心所欲。

他有一种强烈的愿望，恨不得让自己见鬼去——不是暴躁地去，而是像一个绅士本应的那样安安稳稳地、带着美感沉下去，让人看不见。他想象着自己在墨西哥的一间土坯房里，半靠在铺着地毯的沙发上，用他那细长的、充满艺术气息的手指夹着一支香烟，当他听着吉他弹奏出一首卡斯蒂利亚古老挽歌的忧郁低音时，一个橄榄肤色、胭脂红唇的女孩抚摸着他的头发。在这里，他可能过着一种奇怪的生活，摆脱了是非，逃离了天堂的追捕，脱离了所有的神（除了那个充满异国情调的墨西哥神，他自己本就相当懒散，而且相当沉迷于东方香味）——从成功、希望和贫穷中解脱出来，进入那条长长的放纵的滑水道，而这滑水道终究只会通向死亡的人工湖。[67] 在他看来，家是极其疏远的。"国外"，无论是遥远的地方，还是在边境的另一边，都是一种异域风情的选择。

"迷惘的一代"的作者赋予他们的酒精、性和跨国自由浪漫色彩，以反对禁酒令和家庭规则。他们的书，即使是虚构的，也常常是某种传记。根据文学评论家兼作家柯克·科纳特（Kirk Curnutt）的说法，"他们倾向于写异化、不稳定的道德观念（喝酒）、离婚、性，以及各种不同的非传统身份"。[68] 那些在其作品中较少描写性和暴露癖的作家也表达了对禁酒令和日益增强的国家权力的不满。哈里·弗兰克写了 23 本关于他环球旅行的书，经常讲述侨民和外国人嘲笑禁酒令的故事。弗兰克在第二次世界大战中担任中尉，并在德国写了一篇关于战争后果的文章，之后他回到美洲，周游加勒比地区。在他的著作《漫游西印度群岛》（*Roaming through the West Indies*，1920）中，他描述了"厌恶禁令的北方游客"挤满了酒店，以及当地人批评美国缺乏自由。"在我们看来，"一位当地记者告诉弗兰克，"美国是世界上最大的专制国家！它没有真正的共和政体，没有真正的人民自由。"[69]福斯特记录了一些与对美国政治制度感到失望的旅行者的遭遇。在南美洲，他遇到了一个热带流浪汉，他曾在美国工作，直到禁酒令促使他开始自我放逐。在一家赌场里，他和新交的朋友一边喝着威士忌，一边唱歌，大声说："如果美国想让弗兰克·格拉姆回来，他们就得取消禁酒令。"[70]

"迷惘的一代"的作者为20世纪20年代出现的叛逆新时代发出了声音，这个时代的特征是充斥着不法之徒、地下酒吧和"自由"生活。根据马尔科姆·考利的说法，"新一代的代言人宣扬简单经历的价值，比如爱情、国外旅行、美食和醉酒"。[71]这些观点越来越受欢迎。"迷惘的一代"所信奉的同样的价值观也出现在加勒比旅游业的消费需求中，根植于赌博、酒吧和无限制的娱乐中。

然而，这个时代最大的悖论是，"迷惘的一代"所批评的变革，正是创造自我放逐机会的力量。技术进步、国家经济和政治实力给作家们提供了更快、更自由的流动途径。他们所批评的异化制度也为他们提供了资本和资源，让他们可以去遥远的地方回望和批评家乡。在他们看来，进步和技术是现代奴役、混乱、不平等和异化的根源。但与此同时，它们又成为逃避城市工业发展、战争和国家实力给国内带来的种种后果的手段。快速航行的蒸汽船、依赖石油的新航空技术，以及美国在战后获得的巨额财富，造就了一个社会和经济特权的新时代。有了国内经济实力的支撑，作家们可以舒适地旅行和生活，而他们所访问的当地居民往往生活得很艰难。这种进步的悖论，似乎仍然定义着我们当今的旅行时代。"不管我们个人对技术是爱、是恨、还是怕，还是三者兼而有之，"大卫·福斯特·华莱士反思道，"我们仍然要坚持不懈地依靠技术来解决似乎由技术引起的问题。"[72] 在两次世界大战之间的时代，现代化常常被作家们描述为"疏远的""资产阶级的""紧张的"或"乏味的"，但现代化却保证了他们在国外的舒适度。两次世界大战之间这一时期的流亡作家，就好比一条狗试图摆脱自己的尾巴。

作家充当媒介

"迷惘的一代"反文化运动的最显著特征之一便是它在主流社会中的受欢迎程度。似乎没有什么比想离开美国到其他地方寻找新机会更能代表现代"美国身份"的了。但到了20世纪中期，出国作为一种逃避的观点被去政治化，并被包装为大众消费。国际旅行成为"文化产业"的一部分。用批判理论家西奥多·阿多诺（Theodor Adorno）和马克斯·霍克海默（Max Horkheimer）的话说，它演变成了"选择一成不变事物的自由"。[73] 这波游客沿着旅行作家的文学路线而来，他们对自己的来源地几乎没有那么挑剔。然而，他们至少在一定程度上接受了文学旅行者的解放情怀。讽刺的是，像海明威这样的作家，对银行和大政府表达了近乎仇恨的情绪，却成了为这些机构工作的人心目中的英雄。一位银行行长在谈到他的假期时说："我想按这个顺序去研究古巴雪茄、古巴朗姆酒和海明威。"[74] 旅行作家寻求真实的体验和自由的快乐，而大众旅游往往是一遍又一遍地重现历史上的旅行体验，这两者看似矛盾，实际上却是相互支持的。作为一个社会群体，作家成为有追求的读者的文学渠道，尽管他们被束缚在严格的工作制度下，却渴望新的体验。

旅行作家既非自己祖国的组成部分，也不融入游客群体，他们游走于两个不同的世界之间，成为旅游目的地和游客之间的桥梁和媒介。用历史学家里卡多·塞尔瓦托（Ricardo Salvatore）的话来说，他们成为"代表性机器"[75]（representation machine）的组成部分。他们的作品和旅行故事融为一体，代表了从事旅游行为的一种实践，可以帮助游客决定什么时候去哪里、看什么，以及如何对待当地人。随着潜在游客数量的增加，作家们发现自己处于一种优势地位——他们可以成为大众的文学指南。

海明威是最具代表性的旅游媒介之一。他帮助推广了加勒比海地区（基韦斯特和哈瓦那）和欧洲（潘普洛纳和巴黎）一些最赚钱的旅游经济体。在朋友中，海明威经常说，如果他放弃这种"写作行当"，他会做一名海钓或狩猎向导，为富人游客服务。一位基韦斯特的捕鱼向导说："海明威做了租船生意，他让渔民也开始加入旅游业。"[76]通过他的作品还影响了潘普洛纳和哈瓦那的旅游业，他的铜像正是为了纪念他的职业生涯和他为这些城市吸引游客所发挥的显著作用。正如一位记者在奔牛节上报道的那样："海明威开创了潘普洛纳和奔牛节的现代理念，他的贺词将原本只是一个省级的聚会变成了一场全球的盛事。"[77]

海明威将霸权的旅游身份合法化并赋予其意义。我们可以分析他重视或者支持的任何行为，这些行为已经成为旅游业的一部分，比如酗酒、文化节、大型捕鱼和性剥削。但为了举例说明，让我们把注意力集中在一个关键问题上：种族和性别特权的问题出现在他的作品中，并为加勒比地区的旅游业着色。对种族差异和与他人互动的感知，寻找快乐的公认形式，以及异域风情的意义，都在他的文学作品中得到了体现。托妮·莫里森（Toni Morrison）在其《在黑暗中弹奏：白色与文学想象》（Playing in the Dark: Whiteness and the Literary Imagination）一书中，对海明威如何在他的故事中运用种族主义和种族特权进行了深刻的分析。莫里森认为，小说的中心人物哈利·摩根（Harry Morgan）的"权力"，是通过与非裔古巴人的关系表达出来的。[78]莫里森说，美国白人主角"阳刚、敢于冒险、热爱冒险，认为自己是正义的、无罪的，若有人质疑或挑战这种评价似乎就是羞辱他"。在哈瓦那，摩根和他的妻子享有美国白人游客的特权。"摩根和玛丽这对年轻夫妇非常相爱，显然他们有足够的金钱可以在古巴感受和拥有权力。"但是，莫里森告诉我们，"那个伊甸园里出现了违规越矩的黑人男性，他们说话很是粗鲁"。[79]摩根对这种看似种族主义的威胁做出了反应，他迅速证明了自己的优势地位。他打了那个人，把他的草帽撞掉了，扔到了街上，结果帽子被一辆出租车碾了过去。

海明威小说中更有权势、更重要的人物几乎都是白人男性。摩根是作者笔下的白人"爸爸"。这种文学形象也助长了人们对出国旅行的霸权期望，因为成为一名游客就是成为一个特别的人。与此同时，在海明威的作品中，以及在占主导地位的旅游业中，有色人种都被描绘成服务性的角色。莫里森对这种情感总结道："无论他们是乐于合作或是不乐意，都被看作呆傻的人，他们的角色是尽一切可能为'独行侠'（Lone Ranger）服务的，不能破坏后者觉得自己是独自一个人的幻觉。"[80] 美英文学一次又一次地为旅游业提供了一种基于白人男性特权的典型身份。种族主义一直是现代旅游体验的核心。在种族不平等中，也出现了对游客的个体性和个体显要性的态度。

作家们通常也认为自己在某种程度上比那些带着相机的游客更优越。尽管如此，双方还是建立了密切的关系。旅行作家除了表达特权身份之外，还提供了更直接的服务。他们有时会担任非正式和正式的导游。20 世纪 30 年代初，海明威和他的第二任妻子波琳·法伊弗（Pauline Pfeiffer）抱怨说，游客的到来正在毁坏基韦斯特。根据阿诺德·萨缪尔森（Arnold Samuelson）回忆："波琳担心公共事业振兴计划会把基韦斯特变成一个旅游小镇，因为这将影响他家维持雇佣仆人的成本。游客们会争相争抢仆人，从而抬高工资。"[81] 在基韦斯特的家中，海明威夫妇至少有五个仆人。作者还通过笔下的人物表达了自己对旅游的批判："他们想做的就是把你们'海贝'（指基韦斯特当地人）赶出这里，让你们饿死，这样他们就可以烧掉小屋，盖上公寓，把这里变成一个旅游小镇。"他们在酒吧喝酒时，叙述者对哈利·摩根说："我听说他们买了很多地方，等穷人饿得撑不住去了别的地方，饿死更多的人，他们就会搬进来，把这里变成一个旅游景点。"[82] 尽管有这些批评，海明威夫妇似乎仍很喜欢在基韦斯特和哈瓦那接待访客。海明威经常邀请朋友和作家来做客，比如约翰·多斯·帕索斯（John Dos Passos）。他给当时在墨西哥的帕索斯写信说，"快下来偷椰子吧"。他开玩笑说，他们俩要脱离联邦，在基韦斯特建立基韦斯特人共和国。他写道："我们将成为自由港，建设大酒仓，成为世界上最繁荣的岛屿，西南的巴黎。"[83]1936年，当一位同为作家的游客和她的家人来到基韦斯特过圣诞节时，海明威竟然坠入了情网。他与作家玛莎·盖尔霍恩（Martha Gelhorn）开始了一段混乱的关系，最终离开了他的第二任妻子波琳。旅游者和作家两种身份之间的界限常常是不存在的。

尽管海明威等作家清楚地说明了作为一个在国外的美国白人意味着什么，但他们不一定会与读者分享加勒比海地区的微妙做法。然而，读者和游客也很好奇，想了解他们希望参观的社区的信仰和文化。艺术家、作家以及越来越多的游客都被他们以为的"原始"文化所吸引。20世纪初，黑人音乐、舞蹈、艺术和宗教在美国和欧洲的知识界和艺术界成为一种时尚。随着加勒比海地区旅游业的发展，公众对该地区兴起的文化习俗和音乐流派，如爵士乐、卡里普索和桑巴也产生了兴趣。[84]一切"原始"的东西都在流行。

以"局内人"的身份玩游戏

伴随着旅游业的兴起，非裔加勒比海地区作家和非裔美国作家的作品也越来越受欢迎。关于非洲离散文化的读物在白人读者中特别流行，因为通过产生一种听到克里奥尔①（creole）的

———————

① 拉美印欧混血人。——译者注

语言或口头"民俗"文化暗示的错觉，它被想象为一种与他人密切接触的形式。[85] 不同背景的黑人作家和民俗作家都找到了热切的读者群。通过利用白人对他者的兴趣，像佐拉·尼尔·赫斯顿（Zora Neale Hurston）和兰斯顿·休斯（Langston Hughes）这样的作家为他们的文学作品和旅行找到了资源。

享有特权的欧洲人和欧裔美国人有一个悠久的传统，那就是他们会逃离自己国家的社会既定责任，即在工业化、等级制度和军事化方面的责任，去寻找一种据称更纯粹或更自由的生活方式。这是一个希望，一个梦想。非裔人也有同样的逃避现代社会负担的动机，尽管他们的原因往往与白人作家不同。研究非洲流散者的学者保罗·吉尔罗伊（Paul Gilroy）指出："无论他们的流亡经历是被迫的还是自愿的，是暂时的还是永久的，（黑人）知识分子和活动家、作家、演说家、诗人和艺术家都反复表达了一种渴望，希望摆脱种族和国家认同，有时甚至是摆脱种族本身的限制和束缚。"[86] 黑人作家和艺术家都想要逃离。例如，佐拉·尼尔·赫斯顿解释了她想出国的原因："我不希望通过生活在一个以种族和国家为界限的空间，剥夺自己探索个人能力和深度的机会。"[87]

然而，具有讽刺意味的是，恰恰是白人社会，即旅行中的有色人种作家试图摆脱的社会，出于对异域风情的兴趣，往往为有色人种作家提供了出国旅行的物质手段。赫斯顿解释说："在我从巴纳德学院毕业前两周，弗朗茨·博阿斯（Franz Boas）博士派人来找我，告诉我他为我安排了一份奖学金。我要到南方去收集黑人的民间传说。"几年后，赫斯顿将前往更远的南方进行民族志田野调查，记录加勒比地区的"民间"音乐和宗教习俗。这次旅行也让赫斯顿有机会逃离一段痛苦的爱情。在失恋期间，赫斯顿获得了古根海姆（Guggenheim）奖学金，前往海地和牙买加研究巫毒教（voodoo）和欧拜教（obeah）的文化和宗教。她回忆说："这是我放下他，摆脱自己执念的机会，所以我坐船去了牙买加。"[88] 她根据这些旅行写成的书《告诉我的马》（*Tell My Horse*）是一段旅行见闻，提供了关于加勒比非裔人仪式和习俗的第一手记录。赫斯顿在她的人类学描述中有时相当夸张："音乐和野蛮的仪式，让我对这个地方产生了兴趣，并开始接受这里。"在其他时候，她能够共情她的研究对象："他们浑身洋溢着善良，散发着魅力。"[89] 根据文学学者伊菲玛·基德多·恩万克沃（Ifeoma Kiddoe Nwankwo）的说法，赫斯顿的书"是一部由兼具多个视角的人写出的文本，作者是发起调查的圈内人士、观察力敏锐的人类学家、所调查国家的外人和属于该种族的圈内人"。[90] 尽管《纽约时报》（*New York Times*）、《周六评论》（*Saturday Review*）和《纽约客》（*New Yorker*）对这本书的评价褒贬不一，但它还是为旅行者和游客提供了一种参考指南。赫斯顿有时甚至会做兼职导游。在她的旅行中，她经常为来自美国政府和泛美航空等美国大公司的精英访客安排音乐表演，因为他们想听非洲裔人的离散音乐。[91]

赫斯顿在好奇的白人读者和游客与她访问和观察的黑人社区之间，扮演了中介角色。她兼具人类学家（文化局外人）和黑人女性（局内人）的双重身份，获得了白人读者无法获得的信息。在她的整个职业生涯中，赫斯顿作为一名研究人种志的专家、富有创造性的作家和黑人文化的解释者四处旅行，在美国学习并培养其他研究人员和公众。[92] 例如，为国会图书馆收藏民间音乐的著名收藏家艾伦·洛马克斯（Alan Lomax），在赫斯顿的建议下第一次访问了加勒比海地区，并在旅行中处处依赖于她的人脉。1936 年，她邀请洛马克斯和她一起去牙买加和海地做研究。她热情地写信给他："孩子，这里有很多东西可以看、可以听！从昨天收到你的信起，我已经在这里为你留下了一席之地。"[93] 这两位收藏家最终达成一致，一起去佛罗里达州和乔治亚州的沿海地区旅行。但不久之后，洛马克斯在赫斯顿的坚持下，利用她的联系人名单，去了南方更远的地方。洛马克斯回忆说，赫斯顿是一位宝贵的向导。

赫斯顿花了几年时间在环加勒比海地区旅行、收集和写作。回到纽约和佛罗里达州后，她还把自己的研究转化为流行表演。她解释说："我介绍的西印度群岛的歌曲和舞蹈，它们已经在美国占据了重要地位，并且引起了人们对原始黑人舞蹈的极大兴趣。"[94] 在 20 世纪 20 年代和 30 年代，赫斯顿和其他与哈莱姆文艺复兴有关的有色人种旅行作家，如克劳德·麦凯（Claude McKay）、埃里克·瓦尔隆德（Eric Walrond）和兰斯顿·休斯，影响了美国对加勒比海地区"本土"文化的理解。

如果说人们对有色人种作家对加勒比海地区旅游业的影响有任何怀疑的话，那么对威廉·爱德华·伯格哈特·杜·波依斯（W. E. B. Du Bois）等著名非裔美国领袖的批评，似乎肯定了他们受到拥戴的争议性含义。杜·波依斯声称麦凯的作品迎合了白人读者的"色情需求"。[95] 一位非裔美国人报纸《匹兹堡信使报》

（*Pittsburgh Courier*）的评论员同样声称，沃隆德的作品为白人读者呈现了"黑人"生活中奇异、性感、歌舞表演的一面。[96]杜·波依斯和他的同僚们为非裔美国人和非裔加勒比人树立了一个相当体面的标准。然而，他们的评论突出了白人和黑人读者对黑人文学作品的富有想象力的解读方式。有色人种旅行作家提供了一种被认为是局内人的、有时令人不适的"异域风情"视角。

　　然而，有色人种作家在经济和文学上的回报，却比不上白人男性旅行作家在旅游方面收获的影响力和经济上的成功。例如，在赫斯顿的一生中，没有一本书的收入超过900美元。她生前在佛罗里达州南部为白人家庭做女佣，去世时身无分文。而海明威给《时尚·先生》（*Esquire*）写的每封一千字的旅行"信"能赚500到1000美元。游客、杂志编辑和广告商更愿意支持旅行作家的故事，因为这些作家肯定了他们的社会、种族和性别特权。[97]

　　早期的加勒比海地区旅游业似乎是白人的幻想，它为体现这种理想的白人作家提供报酬。在西方扩张和殖民主义的历史中，作家充当向大众介绍异域风土人情的角色是一个悠久的传统。在19世纪，在西部边境封锁之前，作家们带回了关于土著社区、山野河流的故事。随着这些领土被征服，作家们开始去更远的地方冒险。马克·吐温（Mark Twain）是密西西比河上的故事的代表性讲述者，他头一次引起公众的注意时，还是三明治群岛 ①（Sandwich Islands）的作家和讲师。根据美国研究学者艾米·卡普

---

① 夏威夷群岛的旧称。——译者注

兰（Amy Kaplan）的说法：“马克·吐温的职业生涯、写作以及成为闻名全国的作家，都受到了超越国界的第三个领域的影响，即跨国旅行的路线，随着不断变化的国界使之成为可能。”[98]20世纪的旅行作家显然没有通过关注国外旅行经历而创造出一种新的文学传统。不过，他们带给读者的是一套最新的出国理由。过去，对那些寻找上帝、荣耀或黄金的人来说，出国旅行被看作是一种冒险的尝试，也就是说，出国是为了去拯救灵魂、成为英雄、发财致富和探索未知的土地。在两次世界大战之间成长起来的“迷惘的一代”旅行作家却抛弃了这些传统的写作动机。

在20世纪，快乐本身就成了热带旅行的引导力量。此后，美国的几代旅行作家和游客都以此为理由迁移到了这里。在“迷惘的一代”之后，20世纪五六十年代“垮掉的一代”（Beat Generation）在美国四处游荡后，也开始出国寻找快乐，用他们的话说，是去寻找精神上的成长。杰克·凯鲁亚克（Jack Kerouac）和他的朋友们在穿越墨西哥的路上寻找放荡不羁的休闲时刻和自我发现。凯鲁亚克声称，他在墨西哥的时光“是我一生中最神秘的飘荡时刻之一”。[99]他的作品使其他许多年轻人相信，国外旅行也能给他们带来同样的自由，让他们尽情狂欢，心灵开悟。他告诉读者：“进入极乐世界的感觉很棒，你可以找到这种感觉，这种对生活的‘法拉欣式’①（fellaheen）感觉，拥有那种不卷入重大文化和文明问题的人们的永恒欢乐。你几乎可以在任何地方找到

---

① 指拥有古埃及种族基因的佃农。——译者注

它，在摩洛哥，在达喀尔（Dakar），在库尔德（Kurd）人的土地上，在整个拉丁美洲。"[100] "迷惘的一代"为"垮掉的一代"及其读者提供了灵感的火花。数百万游客也会被他们的漫游癖好和千篇一律的幻想故事所鼓舞。包装版的享乐主义追求已经成为一种标准的加勒比海和热带度假体验，从寻找真实的背包客，到寻找麻烦的春假游客，再到需要暂时休息的中产阶级游客，以及将压抑已久的梦想付诸行动的退休人员，所有人都对此趋之若鹜。

然而，到了20世纪中叶，帝国路线和霸权旅游身份的融合开始失控。美国的帝国主义在加勒比海地区地位的巩固，以及该地区的精英们围绕外国欲望建设本国经济的意愿，为成千上万寻求实现冒险梦想的游客打开了大门。这些人中有在热带自然环境中探险的旅行家，也有在黑暗的小巷和街道上冒险享乐的瘾君子。但是旅行者和游客原以为这里的酒店、酒吧和夜总会是他们逃遁的目的地，然而，这些地方很快将会变成激烈的抗议、巷战和反对"外国佬"的革命场所。20世纪上半叶形成的旅游特权文化，在20世纪60年代及以后的时间里，成为当地人民反对帝国主义和种族主义的中心目标。

第六章

烈火烹油的特权：去殖民化时代的奢侈

一天，出乎所有人的意料，有人在火药桶里扔了一根火柴，到处血肉横飞。在尘埃落定、鲜血凝固之前，社论、演讲和民权委员会在这片土地上大声疾呼，要求知道发生了什么。

——詹姆斯·鲍德温（James Baldwin），《北方新教徒》

（*The Northern Protestant*）

1964 年 1 月 11 日，两名巴拿马青年袭击了蒂沃利酒店，这是一家可以俯瞰巴拿马运河的美国酒店。当晚，劳尔·查恩（Raúl Chan）和曼努埃尔·阿隆卡（Manuel Allonca）潜入巴拿马城的帕蒂拉机场（Patilla Airport），偷走了一架小型商用飞机（机上没有乘客）。他们的律师后来解释说，查恩和阿隆卡"试图在黑暗的掩护下驾驶飞机，向酒店投掷自制炸弹"。[1] 然而，在空中，他们的计划出了差错。起飞三分钟后，飞机反常地坠入巴拿马湾。这两名年轻人在众目睽睽之下，从水上失事中活了下来，但很快就被巴拿马国民警卫队逮捕。从巴拿马政府官员及其美国盟友的角度来看，这起空难是一次失败的恐怖主义袭击。然而，聚集在街头的抗议者则称这两人是"爱国者"。[2]

如果你翻开一本更经典的美国–拉美关系史书籍，你会发现几乎没有证据表明，这样一家酒店具有生死攸关的重要性。历史学家偶尔可能会引用在酒店阳台上发表的著名演讲，记录住在那里的著名政要或名人的访问，或者讨论外面附近街道上发生的当地人之间的骚乱，这些似乎与酒店内部的日常活动无关。历史学家丹尼尔·莱文森·威尔克（Daniel Levinson Wilk）总结道，"除了古文物研究家的工作外，人们对酒店这个话题没什么关注度"。[3]在美国的对外关系史上，酒店及其宾客大多是作为宏大历史事件的多余背景出现的。历史学家丹尼斯·梅里尔（Dennis Merrill）解释说："长期以来，怀疑论者对旅游体验的知识和文化深度不以为然，这种批评含蓄地否定了游客对国际关系的重要性。"然而，在梅里尔和克里斯托弗·恩迪（Christopher Endy）等历史学家之后，这种国际关系的视角正在慢慢改变。[4]

随着越来越多的学者编撰旅游历史，酒店的作用也被重新审视。事实证明，相比休闲玩乐，在豪华场所发生的事情更多。对于扎根某一特定学科或地理区域的历史学家来说，研究这段严肃的历史，需要跨学科和跨界的思考。从某种意义上说，历史学家也必须进行田野考察。例如，丽莎·斯米尔（Lisa Smirl）和肯尼思·莫里森（Kenneth Morrison）等国际关系学者进行了创新性研究，他们分别分析了"假日酒店"（Holiday Inn）在 20 世纪 90 年代初波斯尼亚战争（Bosnian War）期间作为地缘政治中心的作用。这家酒店位于萨拉热窝（Sarajevo）的"狙击巷子"（Sniper Alley），是那场可怕战争和报道那场战争的记者的"归零地"，因此具有文化和政治意义。[5]城市研究学者萨拉·弗雷戈内塞（Sarah Fregonese）和阿达姆·拉马丹（Adam Ramadan）也概述了新的研究可能性，他们的观点超越了"酒店作为中立场所"的范畴，而是认为"酒店空间……都与更广泛的安全与不安全、战争与缔造和平的架构有关"。[6] 虽然这些多学科的学者不常有，是特例，但他们提醒我们，与酒店相关的历史纠葛有很多，需要进一步研究。在酒店的大门内外，跨国社会特权的界限已经固化，有时还要面临挑衅。

正如本章所述，导致 1964 年蒂沃利酒店遇袭的事件，在很大程度上揭示了旅游业、社会不平等和反殖民主义之间有争议的关系。像蒂沃利这样的酒店既是奢侈和逃避的场所，也是反抗的空间。从 1906 年开始，蒂沃利为渴望体验中美洲和加勒比海热带地区的美国和欧洲的特权旅行者们提供服务。导游们声称，如果不入住或参观这家酒店，巴拿马之旅就不算完整。游客可以在酒店的高档餐厅吃新鲜的龙虾或当地的金枪鱼，或在罗斯福酒吧（Roosevelt Bar）消费，该酒吧就位于"帝国酒廊"（Empire Lounge）。[7]《纽约时报》在 20 世纪 50 年代曾报道，"这家酒店的登记簿读起来就像《世界地图集》（*World Atlas*）或过去半个世纪的《名人录》（*who's who*）索引"。它的客人从国王、总统、科学家，到艺术家和士兵，更不用说还有成千上万的中产阶级和上流社会游客了。[8] 在 20 世纪上半叶，在拉丁美洲和加勒比地区，很少有酒店如此广为人知。正如《星期六晚报》（*Saturday Evening Post*）所言，蒂沃利具有非同寻常的吸引力。[9]

然而，1964 年 1 月标志着酒店辉煌时代的结束。在查恩和阿隆卡进行的这场堂吉诃德式的空袭中，企图摧毁蒂沃利的人并非仅仅只有他们俩。实际上，两天前，数千名抗议者已经开始聚集在酒店外。在前几年里，实际上是前几十年里，巴拿马的政客们也曾试图关停这家酒店。本章描述了这种多方面的对抗，还将这段历史置于更广泛的国际背景中，将旅游业和反抗殖民化联系起来。例如，在埃及和古巴反抗外国统治的斗争中，也发生了类似的袭击。[10] 这些发生在 20 世纪中期的酒店遇袭事件是如何发生的，为什么发生的，不仅与过去有关，也与当代的问题有关。在当代，抗议者和恐怖分子仍然以休闲场所为目标。人们意识到，在具有历史意义的旅游消费空间里，任何事情都与政治息息相关，在其周围发动的反抗并非偶然。旅游业的历史与现代一些最重大的政治斗争密不可分。

20 世纪 50 年代和 60 年代，用历史学家罗宾·凯利（Robin Kelley）的话来说，"空气中弥漫着反抗的气息"。[11] 著名的旅游酒店也被卷入了这场大旋涡。这是 20 世纪历史的一个方面，历史学家们并不经常认识到这一点，但这对于理解反抗殖民化核心的跨文化冲突至关重要。委婉地说，20 世纪中期的反殖民主义更多的是个人恩怨，而不是外交或地缘政治分歧。当地人目睹一群外国游客在自己的街道上寻欢作乐，可能与遭受不公平贸易协定的痛苦一样，具有革命性的动员作用。旅游业使不同阶层、种族和民族的人有了密切接触。在很多方面，它构成了发展中国家居民与大都市居民（无论是美国人还是欧洲人）之间日常的、往往是剥削性的相遇。豪华酒店及其周围的酒吧、餐厅和街道是重要的互动区域。它们是连接的节点，更准确地说是"接触区"。[12] 然而，这些地区是围绕种族和国家不平等而组织起来的，也很容易成为"冲突区"。到 20 世纪中叶，美国势力的扩张与拉丁美洲及加勒比海地区旅游业的发展，激发了一股强大的反美浪潮。观点偏激的记者亨特·S. 汤普森（Hunter S. Thompson）1963 年从哥伦比亚报道说，"北美国家的存在是这片大陆上最具煽动情绪的政治问题之一"。[13] 这种"存在"当然包括军人和政府官员，但也包括平民游客，有喝酒的、打高尔夫球的、钓鱼的、在豪华泳池游泳的、参观卡巴雷夜总会①（cabarets）的，还有住在豪华的住所的那些游客，这一切都是在拉丁美洲和加勒比海欠发达地区的贫困和不稳定的状况下发生的。

现代的权力凝固在旅行的方式，以及住宿的接待或拒绝上。人类学家克劳德·列维·施特劳斯在自己的旅行中观察到了这种动态，他认为流动性及其基础设施是 20 世纪现代性问题的早期迹象。20 世纪 30 年代，列维·施特劳斯抵达巴西的戈亚尼亚（Goiania），参观了该镇最大的建筑，即主酒店。他写到，酒店看起来像"文明的堡垒"。但在他看来，它是一个"笨拙而不可爱"的建筑，因为它是"一个过境的而非居住的地方"。[14] 能够以游客身份旅行，入住世界各地的豪华酒店，意味着一个人的社会地位，甚至是国际地位——某国国民个人的财富、舒适和自由。根据社会学家约翰·厄里的记载，至少从 19 世纪以来，酒店"在很大程度上是向所有有钱人开放的公共场所，供有钱的男人和女人进入参观"。[15] 谁能进，谁不能进，就代表了社会秩序。通过这种方式，旅游酒店有助于定义受欢迎的"圈内人"和不受欢迎"圈外人"，即富人和穷人。

---

①　常指比较低端的娱乐场所。——译者注

　　酒店是交通网络中的关键节点。它们成为社会巨大变化趋势的缩影。历史学家毛里齐奥·佩莱吉（Maurizio Peleggi）说，在整个殖民世界和反殖民化世界，酒店"为殖民环境中的现代性本土化创造了空间"。[16] 在酒店内，客人们吃喝玩乐，享受现代生活的舒适，而穿着考究制服、皮肤黝黑的当地人则迎合了他们的旅行欲望。从外部看，这种排他性的制度是殖民世界的一个标志问题。作为特权的堡垒，酒店依赖于被种族化和受剥削的劳动力，演变成了殖民历史和未定未来之间的战场。用学者詹姆斯·克利福德的话来说，酒店是"未竟的现代化的关键地点"。[17]这似乎就是蒂沃利酒店在反抗殖民化扩张时代的意义，它不仅是一个奢华之地，也是抗议和斗争之地。

图 6-1　建于运河建设时期的蒂沃利酒店，在 20 世纪 60 年代成为巴拿马抗议活动的目标。道格·艾伦明信片收藏。

暴乱中的蒂沃利酒店

1月9日，抗议者首先开始向蒂沃利酒店投掷石块。紧张局势迅速升级。住在酒店的目击者称，"暴徒想把酒店大楼烧了"。[18]客人们还可以看到翻倒的汽车在"7月4日大道"（Fourth of July Avenue）上"熊熊燃烧"，这条大道是经过酒店的主干道，也是巴拿马共和国与美国控制的运河区实际上的分界线。蒂沃利酒店和它的客人正处于反对美国在地峡存在的巴拿马民粹主义起义（Populist Uprising Against the US）之中。街道的南边是巴拿马城，那里聚集了越来越多的抗议者，北面则是蒂沃利酒店和运河区。7月4日大道，这条为纪念美国独立而命名的街道，讽刺地成为巴拿马独立战士与运河区警察和美国武装部队之间的战场。[19]

在酒店前，运河区警察试图用催泪瓦斯和枪声击退抗议者。巴拿马媒体称，警察直接向人群开枪，打死了一些平民。然而美国当局否认了这一指控，称警察只是在抗议者头顶上方鸣枪示警。运河地区的法官格思里·克罗（Guthrie Crowe）告诉媒体："我从来没有见过有人表现得如此克制和镇定。"[20]尽管有这些相互矛盾的说法，但很明显，警方和后来美国军方控制抗议活动的努力实际上是弄巧成拙。巴拿马民族主义者（Panamanian Nationalists）辩称，美国官员的"犯罪行为……只会加重危险局势"。[21]酒店外聚集的人越来越多，1月9日晚上19点到20点之间，人数增加了一倍以上。

运河区代理区长戴维·斯图尔特·帕克（David Stuart Parker）

赶到现场调查，他马上就遇到了麻烦。"我的车在蒂沃利酒店附近被扔了两次石头，"他说，"截至当时，估计有 5 000 到 6 000 人聚集在 7 月 4 日大道。"他断定，运河区的警察将无法阻止"暴徒"，抗议者将在几分钟内占领蒂沃利酒店。帕克解释说："因此，我亲自向安德鲁·皮克·奥米拉（Andrew Pick O'Meara）将军报告，作为代理区长，我无法维护法律和社会秩序……故此，我请求奥米拉将军接管运河区，并封锁运河区边界。"作为美国南方司令部的总司令，奥米拉将军宣布了戒严令，并命令坦克和装甲车部队进入该地区。[22] 士兵们接管了酒店的保卫工作。据目击者称："数百个沙袋被抬到了三楼，用来加固（酒店的）木质结构。"[23]

蒂沃利酒店的管理层和员工最初打算无视抗议行动，照常营业。他们 1 月 9 日和 10 日（周四和周五）为客人提供了全套餐点。不过，他们还是采取了一些预防措施。"卢浮宫① 所有的门都关着，凉亭酒吧（Pergola Bar）的灯光调得很暗，这是酒店公共区域内唯一被保护起来的地方。"然而，狙击手从巴拿马 7 月 4 日大道的一侧向酒店的窗户和开放的走廊开枪。军区官员报告说："大部分狙击行动都针对大楼的南端，但在晚餐时间的攻击并不猛烈。"然而，晚餐过后，枪战加剧了。"在狙击手的枪林弹雨中，平民和士兵迅速找空隙跑开。"一名男子在大厅中枪，另有数十人受伤。此时，酒店经理宣布疏散酒店人员。据报道，"有人

---

① 指酒店内部的一个营业场所。——译者注

带着客人们穿过理发店，从后门出去"。[24]

在三天的时间里，暴乱者向酒店开枪，并试图焚烧和空袭酒店。后来人们在蒂沃利酒店的建筑中发现了两千多个弹孔。[25] 这家酒店引来了第一批也是最多的抗议者，但它不是唯一的目标。据国务院（State Department）称，"暴乱分子"正在"攻击美国的象征"。[26] 在巴拿马城，美国新闻处（USIA）和美国大使馆的办公室，以及固特异轮胎橡胶公司（Goodyear）、凡士通轮胎公司（Firestone）、泛美世界航空公司和布兰夫国际航空公司（Braniff International Airlines）等美国公司的办公室，随后都遭到袭击。示威者还向大通曼哈顿银行（Chase Manhattan Bank）和国家城市银行投掷石块。美国航空公司和泛美航空公司的办公室发生了由燃烧弹引起的毁灭性火灾。暴乱者还试图冲击美国大使馆。"他们打碎了我们所有的窗户，"官员们说，"有时还把我们包围起来。"[27] 大使馆工作人员销毁了重要文件，然后撤离了大楼。在当时的背景下，蒂沃利酒店是巴拿马地峡反殖民主义环境的一部分，也是反对和不公正的象征的一部分。

在巴拿马城的其他地方，暴徒袭击了美国拥有的热带电台办公室和全美电缆办公室。被怀疑载有美国公民的汽车也被投掷石块并被点燃。"我的车，烧的烧，砸的砸，到处都是残渣。"一位赫兹租车代理商告诉记者。暴民们把任何"看起来像美国人"的人赶出街道。为《生活》（*Life*）杂志报道抗议/骚乱的记者汉克·苏达姆（Hank Suydam）声称："有必要为我们的汽车临时制作官方贴纸，为我们自己伪造记者证——制作任何可以证明我们是非美国国籍记者的东西。"[28] 在那一刻，被怀疑是来自美国的官员、平民居民或访客已经成为一种危险的身份标志。

抗议活动同时发生在巴拿马运河的加勒比码头。在科隆，财产损失比巴拿马城更严重。西尔斯百货（Sears）、大通曼哈顿银行（the Chase Manhattan Bank）和基督教青年会（the YMCA）被洗劫一空。美国政府的物资供应站，也就是那些杂货商店，被烧为平地。科隆最持久的攻击集中在共济会的旅居者会所，这是美国白人男性的专属俱乐部。美国陆军保卫了这座建筑。一名记者在现场报道说："我们偶尔能听到狙击手微弱的开枪声，然后是M-1型步枪发射的瓦斯手榴弹的巨响。"[29] 靠近哥斯达黎加边境的巴拿马奇里基省（Chiriqui）也爆发了骚乱。联合果品公司的子公司奇里基土地公司的一名发言人形容，抗议者包围了美国员工的家，"使用暴力威胁，高呼反美口号，试图烧毁汽车，用油漆涂抹汽车和建筑"。[30] 巴拿马全国各地的暴力活动持续了几天。"烧吧，你们这些软弱的人，烧吧！"这句流行的短语在第二年夏天成为美国主要城市的圣歌，它似乎有一个南方的表亲①。[31] 美国白人在国内外的特权受到了围攻。

像 20 世纪 60 年代世界各地的许多社会运动一样，点燃火药桶的火柴来自学生。1 月 9 日 16 点 30 分左右，巴拿马最负盛名的公立学校国家学院（National Institute）的 200 名学生举着巴拿马国旗进入运河区游行。一路上，他们唱着共和国的国歌，断断

---

① 这个标语似乎与南部加勒比地区的口号颇有渊源。译者认为这里应该是想表达美国城市的口号受到了加勒比地区的影响，加勒比地区也正好在美国南部。——译者注

续续地喊着"美国佬，滚回去！"一些学生还举着横幅，上面写着"巴拿马拥有运河区的主权"。抗议者试图执行 1963 年由约翰·菲茨杰拉德·肯尼迪（John Fitzgerald Kennedy）总统和巴拿马总统罗伯托·恰里（Roberto Chiari）签署的外交协议。协议规定，"在运河区的民用土地上，凡是政府部门悬挂美国国旗的地方，巴拿马国旗将与美国国旗一起悬挂"。[32] 然而，从 1 月 7 日开始，运河区的一群学生和他们的家长决定无视这一指令，在巴尔博亚高中（Balboa High School）悬挂美国国旗，但没有挂巴拿马国旗。巴尔博亚高中的学生主要是巴拿马运河区的美国公民，他们的父母在美国运河区工作。三天来，这些学生们守夜，唱着美国歌曲，守护着美国国旗。"我们这些学生，"巴尔博亚的一位校友回忆道，"只是为了正确的事情挺身而出，得到了认可。我认为当时没有人意识到，我们实际上给了美国的敌人一个他们正在寻找的给美国制造麻烦的理由。"[33] 关于国旗的争议成为巴拿马共和国的头版新闻，这激起了一些关于需要采取行动的呼声。

抗议活动在酒店达到高潮，这被称为"国旗骚乱"，导致 3 名美国士兵和 23 名巴拿马抗议者死亡，500 多名平民受伤。[34] 暴力还演变成了一场经济危机。自 1904 年以来，巴拿马一直是美国在拉丁美洲和加勒比地区政治和经济利益的中心，然而骚乱破坏了这种稳定，商业和外国投资放缓到停滞状态。据观察员说，"受经济影响最直接的领域"是"旅游业"。[35] 从美国到巴拿马的商业航班被暂停。9 艘载有大约 5 000 名游客的游轮取消了 1 月份的旅游计划。[36] 酒店空无一人。出租车司机几乎没有外国顾客。

《迈阿密先驱报》（*Miami Herald*）报道称："曾经欣欣向荣的旅游业，如今已不复存在。这对商人和政府财政部都是一个打击。"[37]占巴拿马国民生产总值近三分之一的旅游业和出入境服务经济几乎在一夜之间消失了。在骚乱之后的几个月里，巴拿马城和科隆就像被烧毁的城市战区。1964年6月，一名当地记者报道说，在骚乱发生近6个月后，巴拿马的两个主要城市看起来仍然像"介于丛林和粪坑之间的东西，到处都是垃圾"。[38]建筑物被夷为平地，国际游客也不再前来。然而，旅游经济与这种暴力的纠缠并不仅仅是街头混乱的副作用。相反，它和其他"美国的象征"一起成为当地人民愤怒的中心。蒂沃利酒店的情况绝不是一家酒店在革命时刻陷入困境的孤立事件。几十年来，紧张的局势一直在积聚。

从蒂沃利酒店看美国 – 巴拿马关系史

蒂沃利酒店的历史轨迹与美国在巴拿马乃至更广泛的环加勒比海地区影响力的兴起和消亡是一致的。负责监督该运河建设项目的"地峡运河委员会"于1905年开始建造这座酒店，以接待预计将会参观这条崭新的"海洋之间的道路"①的大量游客。[39]蒂沃利酒店的首位官方客人是1906年的西奥多·罗斯福总统。在被大肆宣传的总统旅游行程之后，这家酒店越来越受

① 指巴拿马地峡。——译者注

欢迎。[40]

美国的大力支持，加上热带医学的进步，使旅游业成为巴拿马地峡和加勒比地区利润丰厚的产业。在运河工程期间，美国政府开展了抗击疟疾和黄热病的健康运动，鼓励游客们对热带地区重拾幻想——从遍布病虫害和危险景观的热带边疆到安全舒适的度假理想之地。随着运河建设的结束，每年到巴拿马旅游的国际游客增加到大约 2 万人，这个数字相当可观——因为巴拿马城在同一时期估计只有 2.5 万常住居民。[41]

20 世纪 20 年代，巴拿马国际旅游业的经济重要性已可与古巴甚至佛罗里达州南部的旅游业相媲美。1926 年，英文报纸《巴拿马时报》宣称：

> 巴拿马城和科隆的第二大资源是无处不在的游客，每年约有 7 万名游客穿过我们狭窄的街道，热切地观看我们别具一格的商店门廊。在这里，游客们每年都要兑换很多美元去买巴拿马帽、朗姆酒和长途汽车票，每个骗子、长途汽车司机和朗姆酒贩子都知道，一船游客一走，另一船又会来。他们一向如此，将来也会如此。[42]

蒂沃利酒店是这个蓬勃发展的旅游经济皇冠上的明珠。正如旅行作家哈里·福斯特在 20 世纪 20 年代中期回到巴拿马地峡时观察到的那样，"每个游客在蒂沃利停留至少是为了吃晚餐。晚餐通常包括大约 12 道菜，擦得锃亮的瓷器和餐具盛满食物，由 20 个黑人服务员很有仪式地端上来"。[43] 这家酒店的白人客人和黑人员工，输出了一种类似于美国南方的吉姆·克劳法①(Jim Crow)的种族阶级特权体系。尽管对大多数客人来说，这似乎没有什么问题。⁴⁴

从位于安孔山的酒店大阳台上望去，游客的目光可以越过 7 月 4 日大道俯瞰下方的巴拿马城。这成为一种"通行权"，游客可以在蒂沃利酒店停留和用餐，并在晚上越过边境，进入巴拿马城开始夜生活。酒吧和妓院的红灯区距离旅馆和运河区边界只有几个街区远的距离。⁴⁵ 福斯特指出："巴拿马城的游客，受到的最大困扰恐怕就是混乱的方向感。他从来不确定自己是在运河区还是在巴拿马城，也不能决定自己是应该反对这些活动还是应该玩得开心。"⁴⁶ 因此，客人可以步行或乘坐出租车从运河区到巴拿马城。早在 1913 年，威利斯·阿伯特（Willis Abbot）就曾报道说："住在极具现代气息、纯粹美国风格的蒂沃利酒店里的游客，只要给一个巴拿马出租车司机一毛钱，就能被带到一种异国情调中，仿佛突然来到了马德里（Madrid）。"⁴⁷ 蒂沃利是寻求旅游幻想的游客的舒适居所。它标志着一条介于美国式的舒适和异域的

---

① 吉姆·克劳法（Jim Crow laws）泛指 1876 年至 1965 年间在美国南部各州以及边境各州对有色人种（主要针对非洲裔美国人，但同时也包含其他族群）实行种族隔离制度的法律。这些法律上的种族隔离制度强制公共设施必须依照种族的不同而隔离使用，且在隔离但平等的原则下，种族隔离被解释为不违反宪法保障的同等保护权，因此得以持续存在。但事实上黑人所能享有的部分与白人相较往往是较差的，而这样的差别待遇也造成了黑人长久以来处于经济、教育及社会上较为弱势的地位。——编者注

刺激之间的界限，即边境线。这家酒店就是 20 世纪上半叶不断增长的旅游住宿网络的一部分，它将游客与热带地区联系起来。正如历史学家丹尼斯·梅里尔所说，这些"昂贵的北美式酒店相当于游客的前沿军事基地，是舒适和安全的堡垒，在一天结束时，探索帝国主义的外国佬们可以轻松地休息"。[48]

　　然而，对于在路的另一边挣扎求生的巴拿马人来说，这家酒店则代表着被种族主义和不公正所挫败的繁荣和舒适的梦想。巴拿马小说家兼记者华金·贝莱尼奥（Joaquín Beleño）写道："马路对面是美国梦，尽管这个区代表着仇恨、黑人和白人、侮辱和罪恶的土地，但这个梦想仍然没有改变。"[49]巴拿马人，尤其是有色人种的巴拿马人，带着嫉妒和越来越多的仇恨，望着街对面和那里的酒店。他们可以在酒店里当行李员、调酒师或艺人，但却被禁止成为消费的客人，因为蒂沃利酒店一直是白人的专属场所。根据巴拿马历史学家帕特里夏·皮祖诺（Patricia Pizzurno）的说法，"美国人坚持执行种族主义和种族隔离的政策，为巴拿马人的痛苦搭建了温床，随着时间的推移，这种情况只会加剧"。[50]在酒店和整个运河区，种族主义是日常生活的一部分。正如乔治·韦斯特曼等非裔巴拿马活动人士所哀叹的那样，"巴拿马地峡上的有色人种发现自己在运河区受到了种族偏执者的限制，这些人操纵着高速运转的歧视和隔离机器"。[51]美国白人在运河区的公共设施——饮水机、游泳池、社区、商店、住宅、俱乐部等，和有色人种使用的是隔离开的。美国政府称这些差别是黄金和白银的差别。但实际上，它与吉姆·克劳法的种族隔离并无不同，这种状况一直持续到 1964 年。[52]

与美国白人有着更紧密的种族和经济联系的巴拿马精英团体，也开始对酒店的存在感到不满。蒂沃利酒店，这家美资酒店"窃取"了游客的钱，是不受欢迎的经济竞争公司。从20世纪初到40年代末，从海路来的国际游客在冒险进入巴拿马控制的领土之前必须经过运河区。美国政府已经统治了巴拿马中部500多平方英里的土地（如运河区），也控制着客运轮船停靠的主要港口。因此，运河区成为共和国旅游业的主要竞争对手。由美国政府管辖的运河区小卖部和酒店，把游客从运河区边界另一边的巴拿马人私人企业中吸引了过来。巴拿马总统里卡多·阿尔法罗（Ricardo Alfaro）写到，早期精英阶层希望与美国进行经济合作，这似乎是"一个幻影"。[53]

旅游业成为外交争论的焦点。在1936年签署的《赫尔－阿尔法罗条约》（Hull–Alfaro Treaty），也就是广为人知的"啤酒和肉类条约"（Beer and Meat Treaty）中，巴拿马政府抵制了来自运河区的经济竞争。正如该条约的非正式名称所暗示的那样，巴拿马商人希望在该区域销售基本的商品，如啤酒和肉类。谈判的一部分还包括位于运河科隆市一侧的蒂沃利酒店和华盛顿酒店的运营。尽管美国政府早期承诺不会在运河区经营营利性企业，但蒂沃利和华盛顿两家酒店仍继续为游客服务，并获得利润。然而，该条约并没有解决根本问题。"如果美利坚合众国只是在运河区开设一条赛马场、一家彩票店和几家酒吧，"一位巴拿马政客声称，"他们就能让巴拿马彻底破产！"[54]20世纪50年代早期，巴拿马官员再次就旅游业相关问题与美国进行谈判，迫使美国当局将蒂沃利的官方名称从"蒂沃利酒店"改为"蒂沃利招待所"

（Tivoli Guest House）。巴拿马政府希望游客能住进新的豪华酒店——巴拿马酒店（the Hotel Panama），巴拿马酒店是由政府和希尔顿酒店合作建造的。[55] 然而，酒店的更名和希尔顿酒店的开业并没有平息巴拿马街头民众的不满。

在运河区生活和工作的美国公民似乎对巴拿马人的失望情绪感到困惑。"我在这里已经24年了，"一名女性美国公民在1964年事件发生后对媒体说，"这是发生过的最糟糕的事情。我刚刚和我们的女佣因为这件事发生了争执。我们是如此的宽厚——我们对女佣的孩子和对我们的孩子一样。我不明白我们这么慷慨，怎么能激起这个国家的仇恨？毕竟，我们已经付过房租了。"[56] 但是，在巴拿马地峡上还是有一些美国居民明白事件的原因。费尔查尔德太太（Mrs. Fairchild）在给她远在美国的朋友韦特莫太太（Mrs. Wetmore）的信中写道："真的，如果我是一个受过良好教育、皮肤略黑的巴拿马人，或者甚至是白色皮肤……我会憎恨美国人。"费尔查尔德太太正在考虑出售她在巴拿马的房子，她补充说："巴拿马一直有一种对美国人的嫉妒和厌恶之情。"[57]

当美国白人在地峡上舒适地生活时，大多数巴拿马人却难以获得基本服务。1964年，巴拿马人的平均年收入不到500美元，几乎是当时美国平均工资的十分之一。大多数居民也无法获得医疗服务和高中阶段的公共教育。据报道，由于床位不足，巴拿马城的主要医院每天都有数十名病人被拒之门外。[58] 而"外国佬"（Gringos）则过着乡村俱乐部、度假的生活。工会领袖约瑟夫·柯伦（Joseph Curran）说，运河区的"美国人"生活得很像英国人掌权时在印度和其他殖民地的生活。"他们建起了一种用篱笆围起来的大院，他们住在里面，过着豪华的生活，而当地人则住在肮脏不堪的外面。即使没有栅栏来划分区域，效果也是一样的。美国人享受着最好的条件——游泳池、网球场、花园。而就在街对面的巴拿马共和国，人们却住在破旧的棚屋里。"[59]运河区代表着专属的休闲区域。然而，这一现象反映了美国白人是如何跨越拉丁美洲和加勒比海地区，在事实上的殖民地和飞地进行旅行和生活的，他们在军队服役、在私企工作或是来度假。[60]

运河区美国人的生活方式并不独特。与运河区生活相关的优越感和物质特权也适用于每年到加勒比海和巴拿马地峡旅游的成千上万的游客——如士兵、官员和平民游客。威廉·朱利叶斯·莱德勒（William Julius Lederer）和尤金·布尔迪克（Eugene Burdick）在1958年的畅销小说中，虚构了"丑陋的美国人"（The ugly American），对许多巴拿马人和拉美民族主义者来说，它在现实生活中有着类似的意义。用莱德勒和布尔迪克的话说，"对大多数美国人来说，当他们出国时，会发生一些事情"。[61]他们失去了克制和礼貌。从巴拿马的角度来看，士兵、巴拿马运河区的美国公民和其他访问地峡的美国居民并不是独立的社会群体。"他们是来此30年的游客，"一位巴拿马人这样描述该区居民，"大多数人都是来旅游两周的游客。他们访问一个国家，他们买帽子和T恤，拍照。然后他们回到了那艘游轮，一切都结束了。但一个'运河区美国人'（Zonian）在这里工作了30年，直到他拿到了养老金。然而，他们在巴拿马仍然只是游客。"[62]美国人一年四季在巴拿马地峡享受的殖民特权文化与那些短期停留的游客所创造的文化是一样的。典型的美国人生活方式就是——用历史学家迈克尔·多诺霍（Michael Donoghue）的话说——"打猎、喝酒和嫖娼"——与美国白人的热带度假梦诡异的类似。[63] 在巴拿马人的日常生活中，那些"外国佬"看起来都一样，他们都是游客。

美国政治领导人似乎不愿意承认美国在制造巴拿马人的不满中所扮演的角色。这件事一定要有替罪羊。问题在于共产党，尤其是菲德尔·卡斯特罗。按照逻辑，巴拿马人不可能真的恨美国人。毕竟，美国修了运河，铺了街道，治愈了疟疾和黄热病，给地峡带来了新的经济机会。前中央情报局局长艾伦·杜勒斯声称"卡斯特罗症"（Castro-itis）正在整个加勒比地区蔓延。[64] 据一位来自西弗吉尼亚州的美国代表称，巴拿马的骚乱实际上是"共产主义对美帝国主义的一次精心策划的行动"。[65] 美国必须强硬起来，坚持下去。副国务卿乔治·怀尔德曼·鲍尔（George Wildman Ball）对媒体说，共产党人"正在利用局势，对此我毫不怀疑"。[66] 从20世纪60年代中期到80年代的罗纳德·里根时期，这场争论演变成了一场激烈而持久的政治辩论。

少数美国领导人注意到了这一警告，努力唤醒公众，但很少有人听进去。参议员詹姆斯·威廉·富布赖特（James William Fulbright）在1964年3月的演讲中说："现实的世界和人们感知的世界之间存在着不可避免的分歧……当我们的认知跟不上事件的发展，当我们拒绝相信某件事，因为它让我们不快或害怕，或仅仅因为它令人感到非常陌生，那么事实和认知之间的差距就会变成一条鸿沟，行动就会变得无关紧要和不理性。"富布赖特警告说，美国人民"在新的现实面前固守旧的神话"。[67] 美国在海外的文化有许多神话，但其中最伟大、最广为流传的神话之一是，加勒比地区可以以同样的方式继续充当去殖民化时代美国白人度假幻想的游乐场。

国际革命浪潮

20世纪60年代的巴拿马是席卷发展中国家的革命浪潮的一部分。在20世纪初，美国和欧洲列强统治着亚洲、非洲、中东和美洲的人民和领土。从本质上讲，这是白人对世界其他地区的统治。然而，在第二次世界大战后，这种殖民主义和种族主义制度的矛盾日益明显。第三世界的民族主义者和反种族主义活动人士开始把西方的进步解释为类似于催生了法西斯主义和纳粹主义的文化。W. E. B. 杜·波依斯（W. E. B. Du Bois）写道："我知道希特勒和墨索里尼在与共产主义做斗争，他们利用种族偏见让一些白人富有，让所有的有色人种贫穷。但后来我才意识到，英法两国的殖民主义与法西斯主义有着完全相同的目的和方法。"[68] 争取自由的斗争并没有随着希特勒和纳粹的垮台而结束。1945年后，叛乱蔓延开来。这种不断扩大的对自由和正义的革命性承诺，让美国及其在拉丁美洲和加勒比海地区的属地也未能幸免。乔治·韦斯特曼解释说："席卷世界其他地区非自治领土的变革之风，正往欧洲大陆刮去。"[69] 巴拿马人加入了反殖民运动。根据1960年为《国家》杂志撰稿的记者们的说法，地峡具备"一场民族主义革命发生所需要的所有条件，这场民族主义革命将与古巴和埃及最近的动荡相匹敌"。[70]

国际旅游业及其酒店发现自己正处于这场跨国斗争的中心。

例如，1952 年 1 月在埃及发生了一起先兆事件。和巴拿马及其运河对美国的意义一样，埃及和苏伊士运河对大英帝国具有同样的地缘政治和商业价值。[71] 在巴拿马骚乱发生的十二年前，埃及人走上街头反抗英国的殖民统治，抗议变成了骚乱。这些抗议者的主要目标之一是著名的谢菲尔德酒店（Shepheard's Hotel），自 19 世纪中期以来，它是大都市游客最喜欢的目的地。在被统称为"开罗大火"（Cairo fire）的暴乱结束时，谢菲尔德被洗劫一空，彻底摧毁。虽然酒店五年后在开罗市中心以外重建，但它的殖民声望已经不复存在。伴随着埃及革命的胜利和苏伊士运河的国有化，历史悠久的谢菲尔德酒店的摧毁代表着英国在埃及摇摇欲坠的统治的终结。[72]

　　六年后，在大西洋彼岸，另一场革命即将取得胜利并将重塑地缘政治格局。旅游业又一次走在了大事件的最前沿。在古巴，旅游业已成为最赚钱的行业之一，同时也是最具争议的行业之一。1958 年，也就是古巴革命的前一年，有 20 多万游客来古巴旅游，其中大多数人来自美国。[73] 在独裁者富尔亨西奥·巴蒂斯塔（Fulgencio Batista）的领导下，古巴的政治家精英及商人与黑手党和美国公司结盟，将哈瓦那变成了拥有酒店、赌场和歌舞厅的旅游天堂。这座城市肮脏腐败的旅游经济的发展，反过来助长了反对寡头统治的革命情绪。正如梅里尔所指出的那样："现代旅游业严重歪曲了古巴文化，淡化了当地的身份认同，从而破坏了该国的社会秩序，并促成了菲德尔·卡斯特罗共产主义政权的崛起。"[74] 长期以来，古巴岛上的革命者一直批评国内和整个加勒比地区的旅游恶习。据卡斯特罗的一位革命同胞说，早在 1948 年，青年菲德尔·卡斯特罗访问了巴拿马，目睹了"令人沮丧而难忘的景象"——"层出不穷的妓院、夜总会和其他耸人听闻的娱乐场所"。同样类型的活动也发生在他的祖国古巴，卡斯特罗总结道，"这是古巴在国外如此受欢迎和知名的唯一原因"。[75] 引人注目的是，1959 年 1 月 8 日，当蓄着大胡子的革命者们进入哈瓦那时，他们占领了"哈瓦那希尔顿酒店"（Havana Hilton Hotel）。卡斯特罗把这家酒店作为他的总部，在新政权成立的头三个月里，他住在 2324 号房的"大陆套房"（Continental Suite）。卡斯特罗认为，帝国主义时代的旅游业将随着革命的胜利而结束。酒店赌场被关闭，美国游客也不再来岛上旅游（因为卡斯特罗的反帝国主义政策和美国的禁运）。[76]

再往南 90 英里，在牙买加岛上，旅游业的未来在 20 世纪 60 年代也受到严重质疑。对牙买加的民族主义者来说，旅游业是白人殖民统治的支柱，但全国人民对该行业的未来存在分歧。1963 年，广受欢迎的广播记者彼得·亚伯拉罕斯（Peter Abrahams）讨论了"我们所有人对旅游业的看法是多么矛盾"。他说："一位听众想知道我们为什么要对这些北美人友好。另一位听众认为，尽管旅游业能赚很多钱，但它是一种腐败的东西，我们越早将其打包扔掉越好。还有一位听众认为，除非我们把旅游业视为一门简单的生意，否则我们将一事无成。在商界，顾客永远是对的。"亚伯拉罕斯解释说，问题在于大多数来该岛的游客都是白人，"由于美国的种族歧视，有许多牙买加人不愿意对（白人）美国人友好，这是显而易见的事实"。[77]1962 年 8 月牙买加独立后，像"享乐主义度假村"（Hedonism Resort）的老板安倍·伊萨（Abe Issa）

这样的旅游经营者声称，牙买加人对游客采取"反社会行为"，因此损害了生意。伊萨担心牙买加旅游区的犯罪、无礼和卖淫行为会增加。对殖民者的崇敬情感已经消失，尽管牙买加人从未像古巴和巴拿马的抗议者和革命者那样，对旅游业进行直接和有组织的攻击，但牙买加人还是将该岛的旅游业作为一种手段，来表达对种族主义、社会特权和不平等的愤怒和失望。牙买加的旅游业在后殖民时代继续发展，但许多观察人士认为，设施完备的度假胜地的兴起和中止，是牙买加人态度变化的直接反映。[78]

　　然而，参与抵制旅游业的社会不平等现象的活动不只发生在第三世界，旅游业也与美国的民权运动纠缠在一起。当时旅游业的不平等现象既与国家和阶级特权有关，也与种族有关。非裔美国活动人士在努力挑战白人特权制度的过程中，也把他们的集体力量集中在旅游业上。[79] 例如，1964 年 6 月，马丁·路德·金博士（Dr. Martin Luther King Jr.）和数千名抗议者聚集在佛罗里达州的旅游小镇圣奥古斯丁（St. Augustine）。在美国最古老的城镇"纯种白人的豪华汽车旅馆"（big posh lily-white motels）外，抗议者进行游行，高唱自由之歌。作为一种非暴力反抗行为，金博士和他的首席助手拉尔夫·D. 阿伯纳西（Ralph D. Abernathy）在蒙森汽车旅馆（Monson Motor Lodge）前被捕。金和阿伯纳西曾试图在这家酒店用餐，于是他们被指控违反了"佛罗里达州不受欢迎客人法"（Florida's unwanted guest law）。这位总经理也是佛罗里达州酒店和汽车旅馆协会（Florida Hotel and Motel Association）的成员，他对金和他的支持者说："你们知道，在这里为你们服务会对我的生意不利。"据报道，这位经理随后转向记录现场的电视摄像机，说："我想邀请我全国各地的许多朋友来蒙森旅馆，但我们希望继续保持种族隔离。"[80] 然而，民权抗议者给圣奥古斯丁带来的关注让游客望而却步。一位在现场的记者说："旅游业贸易已经下降了至少 50%。许多汽车旅馆老板面临破产和丧失抵押品赎回权的威胁。"[81]

金博士在佛罗里达州被捕，三周后，他前往华盛顿特区，见证了 1964 年《民权法案》（*Civil Rights Act of 1964*）的签署。该法案正式禁止基于种族、肤色、宗教、性别或国籍的歧视。金博士的梦想，正如他一年前在华盛顿大游行中所表达的那样，正在实现。他专门针对旅行的问题发表了演讲：

> 只要我们因旅行而疲惫不堪的身体不能在公路旁的汽车旅馆和城市里的旅馆中找到住宿之处，我们就决不会满意。只要黑人的基本活动范围还停留在从小的贫民窟到大的贫民窟，我们就不能满足。只要我们的孩子被标语"仅限白人"剥夺了自我和尊严，我们就决不会满意。[82]

民权领袖们认识到，流动的不公正不仅是全国性的，也是跨国的。早在 1941 年，美国全国有色人种协会主席阿瑟·斯宾加恩（Arthur B. Spingarn）就曾访问巴拿马，评估地峡上的种族状况。他后来写信给富兰克林·罗斯福总统说："我对那里实行的种族隔离制度感到极为震惊，在我看来，那里的种族隔离程度与美国南部各州的基本相同。"[83] 战后，协会的官方刊物《危机》杂志（*Crisis Magazine*）也报道了巴拿马和加勒比海地区的种族问题。

乔治·韦斯特曼在巴拿马进行了报道，在 1951 年和 1953 年分别为该杂志发表了一篇批判性的评论。他的文章《美国 – 巴拿马关系》(*America–Panamanian Relations*)，与广受好评的小说《隐形人》(*the Invisible Man*, 1952) 的作者拉尔夫·埃里森 (Ralph Ellison) 的文章刊登在一起，韦斯特曼解释道：

> 分析得出，运河区是北美人和经过挑选的少数巴拿马人的天堂，而大多数巴拿马人和西印度群岛黑人（后者是成千上万由美国政府带到地峡上的人，他们献出了自己的鲜血和体力来帮助修建运河）被认为在资质、能力和主动性方面不如美国白人公民，而且与普通白人劳工相比，他们无知、低效、懒惰。
>
> 这种几乎处于西半球中心的"洋基优越"[①] (Yankee) 状况，使许多拉丁美洲外交官对华盛顿在全世界倡导的民主和平等持怀疑态度。
>
> 过去几年，巴拿马出现了强烈的反美情绪。这是一场在巴拿马青年一代，特别是在中下层阶级的年轻人中开展的运动，其基础是一种强烈的、有时是正当的民族主义，这种民族主义的力量在该国政治中日益增强。[84]

对美国白人文化和种族态度的不满，在 1947 年演变为声势

[①]　指"美国佬"。——译者注

浩大的示威活动，在 1958 年和 1959 年又升级为大规模罢工。在巴拿马内陆，甚至发生了一场小规模的武装叛乱，类似于马埃斯特拉山（Sierra Maestra）的古巴革命（很快被镇压）。所有这些非暴力和暴力的行动，引发了 1964 年更广泛的抗议活动。[85]

巴拿马民族主义者认为，他们的斗争不仅与美国的黑人运动人士结盟，而且与整个殖民世界的抗议者和革命者结盟。非洲、亚洲和中东的反殖民和反种族主义运动使巴拿马人意识到，帝国主义正在全球扩张。例如，巴拿马媒体大量报道了埃及革命及其争夺苏伊士运河主权的战斗，激起了对巴拿马地峡采取类似行动的呼吁。韦斯特曼等记者记录了这股高涨的反殖民情绪。韦斯特曼在一篇著名的文章中向巴拿马读者描述，1945 年时非洲只有 4 个独立国家，但到 1962 年已经有 32 个。他的结论是：

> 这些事件同世界上最近发生的许多其他事件一样，反映了我们这个时代的深刻变化：旧的殖民制度解体，新的民族身份形成。这是各国人民有权为建设性成就服务的时代，在这个时代中，前殖民地和附属领土正以大约十年前没有人认为可能的速度朝着自由和独立前进。[86]

在全球反抗的时代，种族化的殖民特权显然受到了挑战。无论殖民当局或宗主国公众是否承认，旅游业的网络和奢侈都被理解为这种不公正制度的一部分，因而也是反抗的目标。

从反殖民主义到国际化发展

在 20 世纪 60 年代和 70 年代反殖民主义的余波中，加勒比海地区国际旅游业的前景起初并不明朗。暴力和抗议平息后，外国游客和他们的美元还会回到他们曾经喜爱的旅游地吗？

除了处于革命时期的古巴，加勒比海其他地区的旅游业恢复得非常快。对政治自治和经济资源的追求将促使政治领袖推行激进分子此前反对的东西：依赖于特权和奢侈消费的跨国经济。历史学家爱德华·帕尔默·汤普森（E. P. Thompson）建议，要搞清楚起义后发生了什么，我们必须"尽力去理解两个事实：持续的传统和已经改变的背景"。[87]

在后殖民时代，政策制定者、政府规划者以及世界银行（World Bank）和国际货币基金组织（the International Monetary Fund）等发展组织推动旅游业"成为'发展中'国家所面临问题的最佳解决方案之一"。[88] 后殖民时期旅游业的发展更普遍地遵循了后殖民时期的发展模式。旅游业在政治上的去殖民化中幸存了下来，但帝国权力或白人商人不再完全控制这个行业。发展问题研究专家沃尔夫冈·萨克斯（Wolfgang Sachs）解释说："曾经被视为弱者的殖民地国家，现在可以与他们的主人平起平坐，有色人种取代了白人。"[89] 国际旅游业的所有者和推动者，以及从中获利的政治家和商人，在种族和国家上变得更加多元化。

乔治·韦斯特曼的后殖民生涯就是这种权力过渡的例证。从20 世纪 20 年代末到 70 年代，近 40 年来，韦斯特曼一直是位坚定的反殖民和反种族歧视活动家。他公开反对环加勒比海地区、美国以及非洲大陆的种族主义和不平等现象。韦斯特曼倡导解放被殖民统治的人民，他被公认为巴拿马的民族英雄，并被授予了声望很高的外交职位。[90] 他的同事们回忆，"只要有机会，韦斯特曼就会不断发出支持西印度群岛意愿的强音。他敏锐的观察力引起了相关列强的极大关注"。[91]

除了作为记者、活动家和外交官的职业生涯，韦斯特曼还是一个有抱负的商人。他相信自己的洞察力和他的政治关系也可以带来经济上的利益。在 20 世纪 60 年代和 70 年代，他与来自美国和加拿大的开发商合作。韦斯特曼作为加拿大建筑公司达利特公司（Dalite Corporation）加勒比海地区代表前往那里。他代表达利特公司在巴拿马、巴巴多斯、巴哈马群岛、美属维尔京群岛（the US Virgin Islands）以及其他国家和岛屿领土上就建设协议进行谈判，建造酒店、旅游基础设施和房产开发项目。在特立尼达，韦斯特曼为埃里克·威廉姆斯（Eric Williams）总理领导的政府建造了一个新的国际机场。他的商业计划不胜枚举。[92]

在从事跨国业务的同时，韦斯特曼也继续扮演着外交官和社会正义倡导者的角色。在视察了达利特公司位于巴哈马群岛的"时尚的卢卡扬海滩酒店"（Lucayan Beach Hotel）后，他直接前往费城，在那里向"美国朋友服务委员会"（American Friends Service Committee）发表了有关国家主权的演讲。在与一位商业伙伴讨论这次旅行时，他写道："他们很喜欢我关于美国与巴拿马问题的演讲，想让我在加利福尼亚州为他们做一次巡回演讲。"[93] 韦斯特曼是反殖民事业的主要代言人，同时也代表了环加勒比海地区发展的新时代。他是后殖民时代新与旧的结合体。他期望他的商业关系能给他带来经济上的成功和财富，而作为一个受压迫的种族群体中的一员，他注定无法成功。他希望利用外国资本来促进加勒比海地区有色人种政治领导人所决定的区域发展。

根据韦斯特曼的经历，在后殖民时代，旅游业和外国投资仍然是吸引资本的主要手段。从巴拿马到墨西哥、哥伦比亚、巴哈马群岛以及整个环加勒比海地区和拉丁美洲的开发工作继续刺激着国际旅游业的发展。传统上与公共事业私有化、大规模基础设施项目的推进和体制现代化相关的发展战略也与旅游发展相结合。白人与世界上受压迫的人民相对立，这个二元理论和革命性观点，以历史的后见之明来评判，似乎是将复杂的社会和经济关系简化了。虽然在领土和行政上实现了去殖民化，但在20世纪60年代的暴乱之后，经济和发展价值都远远没有实现去殖民化。理论上，在这个去殖民化的新环境中，任何人都可以抱有成为一名游客或旅游开发商的幻想。加勒比海地区的酒店、船只和景点将向各种背景的旅行者和消费者开放。20世纪60年代的抗议为旅游发展铺平了道路，然而，这对缓解大多数人所面临的经济和社会压力来讲几乎没有任何作用。问题仍然存在，如果一个人没有足够的金钱或权力来享受它，"交流"有什么好处？不平等的界限从法律上的种族隔离和国家限制转变为更加非正式的、经济形式的不平等。当韦斯特曼力求承担跨国商人和旅游开发商的新角色时，他意识到："除非一个人有很多钱可以到处旅行，否则他不会给人留下好印象。我发现，北美的企业经营者喜欢这样的感觉——如果顾客不是白人，而且是一个'附庸'国的人，那么他就会觉得自己接待的是某个有地位或有影响力的人。既然如此，我就不得不对我的行动进行相应的调整。"[94] 完全基于种族、阶级和国籍的旅游特权已经被跨国权力和财富的新格局所取代。从这个意义上讲，我们可以开始理解旅游业是如何在 20 世纪 60 年代的反殖民运动中幸存下来，并在 20 世纪下半叶的民族主义政府下获得新生的。作家格雷厄姆·格林在拜访革命领袖奥马尔·托里霍斯（Omar Torrijos）时声称："总统唯一的特权，就是在巴拿马酒店为他的汽车预留了一个停车位。"[95]

结论
冒险前行

有一种方法：听故事，讲故事。

——罗安清（Anna Lowenhaupt Tsing），
《末日松茸：资本主义废墟上的生活可能》
（*The Mushroom at the End of the World*）

1995 年 3 月，作家大卫·福斯特·华莱士开始了为期 7 晚的加勒比海游轮之旅。在为《哈珀杂志》（*Harper's Magazine*）的一篇文章中，华莱士描述了他假期经历的快乐与不适。他的文章题为《远航：享受豪华游轮的无尽舒适》[*Shipping Out: On the（Nearly Lethal）Comforts of a Luxury Cruise*]，开篇是一组古怪的观察：

> 我现在看到的是含蔗糖的海滩和澄亮的蓝色海水。我见过一套喇叭式翻领红色休闲套装。我闻到了 2100 磅热烘烘的身体上的防晒霜气味。我在三个不同的国家被称为"Mon"。我见过 500 个美国上流社会的人跳滑步舞（Electric Slide）。我看到过日落，就像是用电脑修图后的效果。我有一会儿加入了康加舞的队列。[1]

华莱士在《哈珀杂志》的编辑称，他的作品读起来让人上瘾，就像我们手上的纯可卡因。作家兼传记作家大卫·利普斯基（David Lipsky）说，"好像大家都在谈论这件事"。[2] 可卡因的类比虽然相当粗糙，但却抓住了华莱士散文的力量。它还捕捉到了加勒比地区旅游的奢华体验。现代旅游文化类似于可卡因及其使消费者脱离现实的能力。无论是毒品还是旅游业，这两种幻觉都需要大量的幕后工作才能将产品交付给消费者。在快乐的表层之下，生产和运输层层相叠，将消费者和他们的幻想与工资极低的工人和被剥削的环境联系在一起。

在他的文章《远航》（*Shipping out*）中，华莱士扮演了一个清醒而又充满困惑的角色。他指出"美国上层社会的成年人会询问船上的游客接待处，浮潜是否会弄湿衣服，飞靶射击是否会在室外举行，船员是否睡在船上，以及午夜自助餐在什么时间开始"。这些观察让这位敏感的作者感到绝望。在吃饭与尴尬的闲聊之间，华莱士躲在自己的房间里，通过在他的米德笔记本上写东西来缓解自己即将崩溃的情绪，因为他觉得邮轮旅行的体验非常糟糕。他意识到"大众豪华邮轮中存在着一些令人难过的现象"。"就像大多数无法忍受的悲痛一样，这种悲痛似乎难以捉摸，原因错综复杂，但影响深刻。"[3] 他很难接受目睹美国公民享受奢华假期的事实。他认为，成年游客表现出来的生动幻想是某种"象征性的缩影"，甚至连他们自己都不知道是幻想。

华莱士在舒适和奢华之中产生的沮丧感可以说是旅游业与复杂的历史关系之间的典型表现。[4] 1995 年他去加勒比度假时，该地区的过去已经完全消失在一个永恒的包装中。从游轮到包罗万象的度假胜地，旅游业已经把历史重塑成现在令人愉悦的度假。华莱士所在的游轮宣传册上解释说，"放纵变得容易，放松成为人的第二天性，压力变成了模糊的记忆"。[5] 历史的情感复杂性被简化成一个简单的形象。从当代人和特权阶层的观点来看，加勒比海一直是一个等待人们从容抵达的热带天堂。但是，如果这些事情并不总是如他们所想象的那样呢？

正如我们在本书中所看到的，加勒比海地区的现代旅游业源于 20 世纪初。它的基本结构，包括基础设施、政策和相互关联的旅游目的地，以及社会实践，包括特权和冒险，都是在帝国主义建设的熔炉中诞生的。尽管当代游客似乎已经忘记了这一历史组合过程，但这种集体选择性的遗忘并不能削弱历史塑造了他们度假体验的事实。游客也不需要知道那些引导他们的想法和行为是从何而来。

在加勒比海度假的体验类似于参观柏拉图的洞穴，而这个洞穴是为现代居民改装的，因为他们愿意把模糊的表演当成现实。禁闭的条件已经升级，从简陋的炉火变成了配备空调的酒吧。[6] 然而，华莱士开始追问他的假期经历：

> 所有的麦格拉公司（Megalines）都提供同类的基础产品。这不是一项服务或一套服务，而更像是一种放松和刺激感受的结合体，无尽的放纵和疯狂旅游，在动词"纵容"的冠名下，向人们推销这种屈尊俯就的特殊服务。[7]

他意识到有些地方不对劲。他不停地问自己，船员们是如何以及为何要在这一切中保持微笑的？对他们来说，成千上万次地重复同样的吃力不讨好的任务和问候，绝对不可能快乐。他怀疑，"这里有关于豪华邮轮的关键证据，就是被一个明显不喜欢你的人笑脸相迎，并且觉得他在憎恨你的同时也必须欣然面对"。[8]我们应当理解华莱士和众多游客所经历的这种令人不安的社会动态，需要对潜在的、往往是隐藏的怨恨进行历史分析。所有这些微笑服务和所有这些游客幻想背后的故事究竟是什么？

是的，那些服务员和主办方正在对你微笑。是的，你对他们很重要。是的，他们选择在这艘巡游在加勒比海的大型游轮上工作。但是他们喜欢你吗？喜欢自己的工作吗？小说家牙买加·琴凯德（Jamaica Kincaid）在她的《小地方》[①]（*A Small Place*）一书中，对这种旅游服务动态的历史提出了尖锐的批评。这本书就像直接与华莱士和其他游客进行交流一样。她写道："当地人不喜欢游客，不难解释……因为每个当地人都想找到一条出路，每个当地人都想休息，每个当地人都想旅游。但是有些土著人，甚至世界上的大多数土著人哪儿也去不了，因为他们太穷了。"[9]在历史和当代政治经济关系的背景下，职业微笑背后的含义很明显，即在面对几个世纪以来的历史不平等时，微笑服务就是一种生存工具。无论是在游轮上，还是在加勒比海的港口上，无论微笑与否，服务人员都会被提醒着自己的位置，而这与度假截然相反。[10]然而，21世纪，参与全球旅游业服务的本地人数量急剧增加。2019年，该行业占全球工作岗位的十分之一。旅游业已成为与化石燃料、军火贸易和制药业等现代产业相媲美的最赚钱并且最全球化的产

---

① 书名为本书译者自译。——译者注

业之一。[11] 游客对休闲旅游和奢华体验的需求是现代化的关键所在。奢侈旅行或是穷困度日这一矛盾组合，完全代表了现代世界的特权和不公正。

后殖民时代的旅游

在后殖民和新自由主义时代，流动的不平等现象有所加剧。度假体验的民主化，发展模式的标准化和私有化，以及日益廉价和先进的交通技术，使许多阳光明媚、风景优美的地方成为潜在的旅游目的地。就好像现在每个人都想成为游客或旅游企业家，享受资本主义消费的果实。加勒比海地区的旅游业起源于殖民主义，如今已被重新包装为区域乃至全球发展的模板。加勒比海各国和发展中国家的政府都采取了相对宽松的财政政策，来吸引游客和外国投资者。例如，在巴拿马，如果游客想要长期居住，他们可以快速获批该国的居住权，住房和小企业建设也可以获得巨额税收减免。巴拿马的第 481 号法律规定，对用于旅游开发的建筑材料免征 20 年的税收，对用于生态旅游的车辆免征进口税，对为旅游购买的房地产免征 20 年的税收，以及其他激励措施。[12] 一家投资公司在回应这项新法律时解释说："佛罗里达州南部在旅游业上面临着一个日益崛起的竞争对手。投资者正在这个中美洲小国投入数亿美元来建设酒店。"[13] 即使是处于革命时期，本应结束本地人与外国人之间的历史不平等的古巴，现在也恢复了旅游经济。面对物质和生存的不确定性，没有明确的压迫者，前革命者和反殖民活动家转向了他们最初的敌人之一：豪华旅游。在古巴这样的革命国家，旅游业的发展似乎是例外的，但实际上是一个更普遍现象的象征。在寻找外国资本的过程中，后殖民时代的领导者，无论是社会主义者还是资本主义者都将自己与某种产业和旅行方式结合起来，这种产业和旅行方式源于他们最初试图推翻的那个时代的社会实践、特权和不平等。

旅游业的扩大和集约化证实了反殖民活动家最担心的一些问题。考虑到旅游业的增长，圣雄甘地（Mahatma Gandhi）对工业化和西方发展的危险警告显得尤有见地。早在 1928 年，甘地就批评了西方消费模式的不可持续性，这种消费模式开始在发展中国家被接受并且得到传播。他解释说："如今，一个王权岛国（英国）的经济帝国主义正束缚着世界。如果一个拥有 3 亿人口的国家也进行类似的经济剥削，那么它将会像蝗虫一样把世界洗劫一空。"[14] 如果不是数百万人，而是数十亿人试图像 20 世纪的霸权版游客那样旅行和消费，会发生什么？而这已经在发生了。2018年，联合国世界旅游组织预估会有 14 亿人出国旅游。想想数十亿吨的材料和废弃物，还有那么多人拿着低工资，假装微笑，为全球的大批游客服务。[15]

世界上最大的邮轮运营商之一皇家加勒比公司告诉游客，"大海在召唤，请认真回复它"。然而，想要得到尊贵的待遇，就需要付出大量的努力和劳动。我们可以想象一下，一艘载有数千人的游轮像古代国王和王后那样奢侈消费，那些天选的精英们无休止地造访加勒比海岸，这会对社会、经济和生态造成什么影响？在他的邮轮论文中，华莱士描述了他们的船抵达港口时的情景：

我很难向你清晰地描述一切事物和那超现实的规模：高耸的船、绳索、锚、码头、巨大的天青石圆顶。从高处俯瞰你的同胞穿着昂贵的凉鞋摇摇摆摆地走进贫困的港口，而这并不是豪华邮轮上最有趣的时刻。一群行进中的美国游客身上有一种无法忽视的傲慢之气，又带着一种贪婪的平静。[16]

科技驱动的休闲流动依赖于历史上滋养帝国主义的同一种动力，即为少数人积累资源和能源。高耸的船只、绳索、码头、疏浚的港口和低收入的有色人种劳工都为世界上享有特权的消费者服务。[17]

加勒比海地区的旅游史揭示了这个问题的历史根源。20 世纪初，在美国政府和企业向南扩张，通过军事行动、大规模工程项目和喷洒化学药剂来征服热带、对抗热带疾病时，游客们开始将热带地区重新想象成度假胜地。这一历史遗产依然很重要，未来通过传播也会变得更加普遍。然而，大多数当代旅行者和游客从未听说过这段历史。

他们为何微笑？

我在研究过程中也参与并观察了现代旅游的历史环境。和大多数历史学家一样，我在国外的时光不仅仅停留在尘封的档案馆和图书馆里。例如，在一次研究旅行中，我乘坐游轮从佛罗里达州南部到巴拿马的科隆去体验度假套餐。我既是游客又是研究者，一个星期，我经历着华莱士和琴凯德所描述的乐趣和挫折。

以下是那次旅行的一些记录，考虑到了他的故事对当代经验的影响：

　　我们一到佛罗里达州劳德代尔堡（Fort Lauderdale）的大沼泽港（Port Everglades），服务文化就开始了。警察、保安和带着明亮交通棒的停车服务人员将我们引到游轮入口。在终点站，搬运工微笑着帮我们搬行李。在等待小费时，他们热情地说着："祝您旅途愉快，先生！"航站楼内部就像是一个巨大的飞机库，又一轮服务人员微笑着走过来，他们身着白色套装，给我们分发柠檬水和饼干。当排着很长的队伍等待上船时，我重读了华莱士的文章，用他的话来说，"这能试图唤起一种催眠般的感官回忆，将我看到的、听到的和做过的一切拼贴在一起"。

　　港口里一片嘈杂。喷气式飞机、铲车、甲板上盘子与刀叉碰撞的声音、船的喇叭声、微风，以及从各个方向传来的含糊不清的说话声和笑声。另外三艘巨型游轮环绕着这艘船，其中一艘在左舷，一艘在右舷，第三艘在船尾。在港口，有六艘巨大的白色游轮，每艘都能搭载数千名乘客。小船飞驰而过。在保护港口的屏障岛外，更多的帆船和游船在海浪中航行。从我们游船的顶层甲板上看，一艘40英尺长的帆船看起来就像一群游牧蚂蚁的木筏。一片红树林，或者说剩下的红树林，也与港口接壤。我们可以看到两个世界，一个是生态世界，另一个是钢铁和塑料世界。当我们出海的时候，两艘巨型游轮在我们船的侧面。这是一场度假竞赛，是一支旅游舰队，现代的大白舰队正驶向加勒比海。

　　船上大约有 1 000 名船员和 3 000 名乘客。游客和服务员的比例是 3：1。[18] 我了解到，旅游业的劳动力既充足又廉价。"皇家加勒比"的服务员和空乘每月的基本工资为 50 美元，他们其余的收入靠收取小费来获得。而公共设施清洁工每天工作 12 小时，每月收入 550 美元，但没有小费。感谢外国国旗带来的方便，在巴拿马，美国的劳动法和环境法很容易被忽视。[19] 难怪这个假期如此实惠！邮轮的竞争对手也在全世界寻找最廉价的劳动力。

　　我们船上的船员来自多米尼加共和国、土耳其、保加利亚、智利、中国、哥伦比亚、捷克、加纳、洪都拉斯、印度、意大利、牙买加、拉脱维亚、马其顿、尼泊尔、尼加拉瓜、秘鲁、菲律宾、波兰、罗马尼亚、巴拿马、塞尔维亚、南非、西班牙、圣卢西亚、瑞典、乌克兰、英国、委内瑞拉和乌兹别克斯坦。在 1 000 名员工中，有 24 名来自美国，他们中的大多数从事船上的指挥工作，有的则是职业艺人。船上有一支来自田纳西州孟菲的布鲁斯乐队。来自北欧国家的船员大多身材高大、金发碧眼。身穿白色制服的男性是船上的领导。船上的其他人都在厨房、甲板下进行清洁或提供食物、饮料和娱乐服务，这让我们游客感到很特别。

　　大多数来自发展中国家的船员，都在这个水上豪华度假村工作。温德尔（Wendell）是我们在"了不起的盖茨比餐厅"（Great Gatsby Dining Hall）里提供晚餐的服务员，他离开了住在圣卢西亚岛上的妻子和孩子，已经出海六个月了。在短暂的交谈中，他分享道："我做这个已经有一段时间了。我当然宁愿在家，但家里没有工作。"他在游轮上工作了十三年。我们遇到的另一个工作人员何塞（José），在午餐时间叠了无数条毛巾，这听起来似乎并不难，但只有他把每条毛巾都叠成各种可爱的动物，如天鹅、大象和乌龟，这让客人们都很感动。他解释说，他离开在哥伦比亚的妻子和年幼的孩子已经五个月了。在港口时，他依旧待在船上，因为上岸太贵了，他在为他的家人工作。对他来说，这是一种牺牲而不是冒险。那么还有多少工人遭受着同样的命运？

我们这些游客彻底玩开心了。自助餐从来没有结束过，冰激凌吃不完，表演一直持续到深夜，而赌场也一直开着。[20]每天都有一张活动节目单供我们选择。在旅行的第五天，邮轮每日指南（Cruise Compass）告诉我们："此时此刻，整个加勒比海最令人兴奋的地方就是这里。作为我们国家的公民，你可以自由地在甲板上漫步，何乐而不为？"当天的活动包括：

● 国际国旗游行。这就像一个流动的联合国。

● 世界上最性感男人大赛。

● 泳池排球：嘉宾与工作人员。

● 皇家现金奖宾果游戏。

● 70年代迪斯科地狱。加入您的邮轮总监和邮轮工作人员，我们将踏上一段旅程，回到休闲西装盛行、爆炸头发型风靡一时的日子。

● 狂欢最后70秒。享受70年代最好的音乐。

　　华莱士指出，"度假是放松身心，缓解压力的"。如若人们密切关注过去和现在之间的交叉点，人们会意识到度假并非如此。游客的乐趣来自历史所造成的世界其他地区人民的低工资和不平等待遇。

破镜重圆

　　历史叙事和厚重的描述为我们理解塑造当代游客行为和劳工关系那看似难以捉摸和复杂的原因提供了线索。俗话说得好，"历史是现在需要了解的过去的东西"。因此，研究旅游业的历史，就是致力于创造更有意识的旅游活动。

　　众所周知，加勒比地区曾经是殖民主义的温床，而这样的日子应该已经结束了。旅游业的发展史告诉我们，奴隶制和帝国时代已成为历史。然而，批评家和后殖民主义学者对这种包装好的"米奇妙妙屋"（Mickey Mouse）版本的历史提出了质疑。历史学家罗宾·凯利说："我们并未身处后殖民时期，殖民统治的官方机构可能已经被移除了，但其所建立的政治、经济和文化联系仍然保留了一些变化。"[21] 虽然加勒比海大部分地区都经历了殖民主义的政治终结，但日常生活的去殖民化尚未发生。[22] 作家兼社会评论家詹姆斯·鲍德温认为："历史不仅仅指过去，甚至不主要指过去。相反，历史的强大力量来自我们倾向于把历史藏在心里这一事实，我们不知不觉地在许多方面受它的控制，历史确实存在于我们所做的一切事情中。因为我们的参照物、我们的身份和我们的愿望都是历史赋予的。"[23] 作为游客，我们如何旅行，或是否去旅行，都是这段历史的一部分。

正如我在这本书中所论述的那样，加勒比海旅游是经济和社会关系的历史产物，它使西方，特别是美国，在 20 世纪从该地区获利。加勒比旅游的现代伦理和风俗习惯根植于帝国主义的历史。帝国主义的生产和消费网络、科研技术，以及将游客的家乡与遥远地区连接起来所产生的社会冲突，造成了至今仍难以逾越的社会经济流动边界。[24] 这一经常被遗忘的遗产，超出了劳动关系的组织形式以及机动运输技术的获取能力。

当代文化幻想起源于殖民时期，经过游客包装和消费的文学作品以及视觉表现仍然模仿旧的信仰和做法。比如，詹姆斯·马修·巴里（J. M. Barrie）饰演的彼得·潘在一个永远不会变老的异国小岛上，与海盗作战并与印第安人交朋友，鲁滨逊·克鲁索和他的伙伴星期五（Friday）在热带小岛上冒险，印第安纳·琼斯和他的寻宝之旅，以及约翰尼·德普和他的加勒比海盗们一起寻欢作乐。从过去的故事中复制出来的故事和图像，继续引导着当代的游客。

游客们可以在"了不起的盖茨比"餐厅享用豪华套餐、喝可口可乐、吃美食、跳舞、赌博，并且可以在船上休息到深夜或第二天早上。游客可以上岸游览一个古老的堡垒或古老的种植园，或者去热带雨林进行一次生态之旅，寻找自然，遇到真正的土著居民。这些经验是历史形成的。然而，这种形态被粉饰了，留下的是一种有趣而奢华的国际体验。劫掠成性的海盗成为小孩子眼里的英雄，奴隶主和种族主义者成为高贵的种植园主和商人，为帝国主义服务的探险家和作家成为冒险的榜样。米米·谢勒告诉我们："今天，我们从历史的远方看到了这些图像，以为我们已经摆脱了它们，但其中的许多东西仍被雕刻成加勒比海度假胜地的生活景观。"[25] 成为一名游客也是历史的一部分。

旧的旅游模式过度干预了当代旅游文化，并且重新激活了旧的元素。陈规定型的观念在 21 世纪重现。回到家乡，历史上有导游带领的游客可能是受人尊敬的公民，有高薪工作，有体贴的配偶，有亲密的家庭成员以及当地社区。但在度假时，责任消失了，作为游客，他们感受到了自由。对他们来说，假期是一种逃离家庭规则和世俗的方式，是一种冒险，是一种可以不受惩罚地实现梦想的机会。家人和朋友一直都在等着他们回来，也知道他们度过了一个愉快的假期。回家以后，享乐主义被重新诠释为钓鱼之旅、海滩时光、放松的假期以及必要的消遣方式。

游客从谨小慎微的公民向自由的度假者的转变，令人毛骨悚然地联想起了殖民主义最臭名昭著的文学人物之一。在约瑟夫·康拉德的中篇小说《黑暗的心》（*Heart of Darkness*）中，库尔茨（Kurtz）是一位受人尊敬的公司领导，家里有一位爱慕他的妻子，她对他的一举一动都崇拜不已。但在国外，他暴露了自己狂野的一面。在上游的蛮荒殖民地，他作为一名象牙贸易商，经历了一次蜕变。然而，康拉德的叙述者马洛（Marlowe）诚实地告诉我们，这种行为并不是由地理或文化所预先决定的，而是库尔茨在从大都市到殖民地的旅途中隐藏在内心的东西，在两者相遇的那一刻，迸发出来。[26] 就像其他殖民主义者一样，黑暗企图从内心中逃离。

康拉德认为，殖民主义的核心与热带旅游业的核心息息相关。现代游客的霸权身份已经成为一种升级版的殖民能力，游客将自己被压抑的欲望投射且归化到另一种本性和另一种文化上。一个人度假的时候，常常以喝酒消遣。游客们游手好闲的原因是他们把这作为他们的另一种"生存方式"。游客赌博的原因则是其他道德在作祟。游客徒步穿过泥泞的森林，因为据说那里的自然环境更原始。和库尔茨一样，据推测，这位游客正在适应外国的环境。然而，这种行为更多地反映了文化的传播。[27]

审视过去，畅想未来

无论是坐船还是坐飞机，当游客抵达旅游目的地之时，一场深刻的社会变革就已经一触即发。这种变化根植于历史，也受历史影响。从前的旅游者的想法和经历规定了现代旅游者的许多期望、看法和旅行路线。虽然并不是所有的游客和旅行者都遵循着历史的主导路线，但仍有相当一部分人，甚至可以说是绝大多数人，持续参与了加勒比海旅游的霸权文化。

历史学家威尔·杜兰特（Will Durant）和阿里尔·杜兰特（Ariel Durant）认为，现在是过去的卷土重来。旅游的社会实践和价值观念从政治领袖、作家、博物学家和探险家，到南方拓荒者、商人、服务工作者、家庭成员和朋友，以及一大批被遗忘的历史旅行者，一代一代地传承下来。旅游就是这样把过去的时光再现，悠然影响着当前的旅游路径。按照这条历史推理路线，杜兰特陈述的后半部分，"仔细审视过去也是对现在的充分理解"。[28]过去的历史一旦被认清，就必须被抛在脑后，与之前的经历一起埋葬。正如弗朗西斯·斯科特·基·菲茨杰拉德在 1920 年的一次自我访谈中所说,"聪明的文学家儿子杀死了自己的父亲"。[29]菲茨杰拉德认为,创造性破坏是创造新事物的唯一途径。

反思历史需要深入观察、铭记,以避免重蹈覆辙。它需要对内部遗留问题进行透彻的分析。通过回顾历史,未来的旅行者可能会留下以前旅行者的一些指导经验,所有国际旅行中的浪漫、异国情调和假期都被杂志故事和华丽广告所模仿和复制。数以百万计的旅行者都被虚幻的故事所迷惑,并信以为真。旅行者认为加勒比海是一个天堂,等待着被发掘。创造于帝国主义愚蠢时代的文化比喻,被扭曲成了现代的度假梦想。许多善良的人去体验了这些幻想,结果却伤害身心,并使这种不公正的制度永存。幻想不仅对所参观的人和地方来讲是危险的,对旅行者自己也是。加勒比海度假的梦想是我们所生活的这个扭曲世界的缩影,在这个世界中,对快乐和解脱的渴望依赖于梦想并传播着其对立面。然而,渴望度假的人似乎很少认识到这种现代困境。对于那些喜欢大团圆结局的人来说,现实可能太过残酷。

然而,历史意识并不意味着我们必须待在家里,回到我们的小城镇,永远不再旅行。学者和哲学家们几千年来一直都在主张"实践出真知",而旅行是了解世界多样性和可能性的最亲密的方式之一。加勒比问题研究者埃梅·塞泽尔(Aimé Césaire)解释道:"让不同的文明相互碰撞,融合成不同的世界是一件美妙的事情。无论一个文明自身的特质如何,如果它故步自封,它就会萎缩。交流是文明发展不可或缺的动力。"但塞泽尔也会问,加勒比地区的人民是否真的与欧洲和北美地区有过联系,或者在所有建立联系的方式中，相互交流是最好的吗？[30] 这是指导我们在 21 世纪的关键哲学和伦理问题。

旅行和跨文化交流为现代生活发展创造了"氧气"。然而，我们必须认真考虑，当前形式的流动和不流动的规范是否正是我们所希望的方式。提出这个关键问题的远非我一个人。从"禁飞运动"（no-fly movements）到"团队旅行"（solidarity travel），再到"零浪费运动"（zero-waste movements），许多人正在尝试想象出另一种出行方式。然而，在国际范围内，一个理想的公正旅行方式还未付诸实践。现代生活的特权不应该也不可能保持从北半球到南半球的单向和单一的流动路径。

加勒比旅游史及其一切历史问题和挑战，为重新构想国际旅游的现在和未来提供了线索。总之，旅游的当代效应简单，但其历史原因复杂。但是，通过认识和反思当下这段潜在的历史，也许下一代人会更加自由地探索新的漫游方式，而不是被束缚住思想，或对内在的历史视而不见。

致谢

　　一本这样的著作需要团体的共同努力。在这本书的创作中，我们的团队分散在美国本土和加勒比海地区。我要感谢很多人。在查尔斯顿学院，我的同事们丽莎·平利·柯福特（Lisa Pinley Covert）、桑德拉·斯莱特（Sandra Slater）、玛丽·乔·费尔柴尔德（Mary Jo Fairchild）、雅各·斯逊尔·威廉姆斯（Jacob Steere Williams）、马尔特·佩尔（Malte Pehl）、莎拉·武伊克（Sarah Wuigk）、安德鲁·阿尔万（Andrew Alwine）、罗伯特·赛朴（Robert Sapp）、克里斯汀·麦克莱恩（Kristen McLean）、碧翠丝·马尔多纳多–伯德（Beatriz Maldonado–Bird）、马克斯·科瓦洛夫（Max Kovalov）、道格·弗里德曼（Doug Friedman）、布伦比·麦克劳德（Brumby McLeod）、艾米·马利克（Amy Malek）和霍利斯·弗朗斯（Hollis France）创建了一个互相支持和鼓舞人心的团队，来分享和优化我们的想法。富布赖特项目、史密森学会、弗吉尼亚惠灵顿卡伯特基金会、得克萨斯大学奥斯汀分校和查尔斯顿学院语言、文化学院和国际事务学院也给予了我慷慨的支持，给了我思考和写作的时间与空间。

　　我要特别感谢弗兰克·A. 古里达（Frank A. Guridy），当我还是得克萨斯大学奥斯汀分校的博士生时，他在这个项目的最初阶段给我提供了宝贵的建议。弗吉尼亚·加勒德·伯内特（Virginia Garrard–Burnett）和马克·劳伦斯（Mark Lawrence）还创建了一

233

个缜密的知识网络和问责网络，创造性地研究美国和拉丁美洲的关系。我在史密森博物馆时，帕梅拉·亨森敦促我深耕于档案研究中，并使我理解我自身在同行者中所承担的责任。杰弗里·斯汀（Jeffrey Stine）和马塞尔·拉福莱特（Marcel LaFollette）也在那段时间里和我有很多友善的交谈，并且给了我一些不错的阅读建议。

尽管新冠感染疫情形势严峻，但康奈尔大学出版社的每个人都很善良、专业、准时。我要特别感谢我在新闻界的编辑们，艾米丽·安德鲁（Emily Andrew）、贝瑟尼·瓦西克（Bethany Wasik）、埃里克·祖洛（Eric Zuelow）和唐·麦基恩（Don McKeon），感谢他们对这个项目的奉献。在漫长的创作过程中，一些论证观点的只言片语（在其最早的版本中）见《从致病到渴望：巴拿马运河旅游的兴起》（"From Disease to Desire: The Rise of Tourism at the Panama Canal", *Environmental History* 21, no. 2, April 2016：270-77）以及安德鲁·格兰特·伍德（Andrew Grant Wood）主编的《休闲商业：拉丁美洲和加勒比海地区旅游史》①（*The Business of Leisure: Tourism History in Latin America and the Caribbean*, Lincoln: University of Nebraska Press, 2021）中的第 3 章和第 6 章的改编版《加勒比海地区航线的改变：国际航空旅行的兴起》，以及《酒店革命：去殖民化时代的巴拿马和奢华旅行》（*Journal of Tourism History* 10, no. 2, June 2018：146-64）。我很感激能有机会在这

———————

① 书名为本书译者自译。——译者注

些早期版本中完成我的研究想法，并有机会将它们组合、添加和重新融合成一本独特的专著。

为了写成本书，这些年我在巴拿马进行了大量调查研究。在巴拿马地峡，我可以洞察并思考加勒比海地区的相互联系和人员、思想、货物的流动。我第一次去巴拿马是在几十年前，当时我还是一名本科生，卢卡斯·卡斯特雷龙（Lucas Castrellón）邀请了一群大学朋友去见他的家人。我们的本科母校佛罗里达州立大学一直是巴拿马人赴美留学的热门大学。在我们的交谈中，卢卡斯和他的家人教会了我更多关于巴拿马和美国－巴拿马关系的知识，这是我从书本上学不到的。我感谢他们的友谊和历史洞察力。在巴拿马，我还要特别感谢努瑞斯·埃雷拉（Noris Herrera）、米切尔·布朗（Michael Brown）、奥兰多·萨瓦基（Orlando Savage）、赫苏斯·戴维·布兰科（Jesús David Blanco）、迪安娜·莫斯乔司（Diana Moschos），以及青年教育项目"创意革新"（Cambio Creativo）的学生们。作为"创意革新"组织的资深志愿者，我从其他老师和组织者萝丝·科鲁姆维尔（Rose Cromwell）、库米·詹姆斯（Kumi James）、马丁·达尼鲁克（Martin Danyluk）、马雅·维利斯（Maya de Vries）和苏珊·布瑞沃（Susan Brewer）那里学习。在巴拿马进行档案研究时，我还遇到了善于鼓舞人心的同事：阿什利·卡斯、玛丽莎·拉索、梅根·拉比（Megan Raby）、埃泽尔·维尔巴（Ezer Vierba）、克里斯汀·凯纳（Christine Keiner）、马特·斯卡莱纳（Matt Scalena）、凯瑟琳·齐恩（Katherine Zien）、杰夫·帕克（Jeff Parker）、斯坦利·赫克卡顿－莫雷诺（Stanley Heckadon-Moreno）、帕特里夏·皮祖诺（Patricia Pizzurno）和弗朗西斯科·埃雷拉（Francisco Herrera）。

我的研究路线是巴拿马 – 牙买加 – 古巴，我在这些地方也完成了档案研究，得到了这些岛屿上的同事的支持。在金斯敦，我要感谢考特尼·米努斯（Courtney Minors）和他的兄弟，他们给予我超出了他们房东身份的热情。在哈瓦那，胡莉娅·格莱希雅·博特拉·庞斯·德·莱昂（Julia Grecia Portela Ponce de León）和她的儿子马塞尔（Marcel）也为我敞开家门，允许我使用他们庞大的图书馆，并把我当成他们家庭的一员。雷伊·萨勒莫（Rey Salermo）在古巴国家图书馆与我分享了他对古巴文学和文化的见解。研究人员塔卡拉·布伦森（Takkara Brunson）、约瑟夫·贡萨雷斯（Joseph Gonzalez）和菲德尔·路易斯·阿科斯塔（Fidel Luis Acosta）也指导和陪伴我。

从纽约到华盛顿，再到迈阿密、哈瓦那、金斯敦和巴拿马城，我查阅了美洲各地的档案和图书馆，接触到了大量的原始资料和个人经历：回忆录、采访、个人文件、政府报告和通信、游记和新闻文件，等等。哪些要包含在这个故事中，哪些是需要排除的，通常很难做出决定。要写出一本试图讲述跨越国界的历史书，必然需要其他研究者的帮助。我的研究将原始研究和二手资料结合在一起，讲述了一个更宏大的故事。对于所有与我分享他们工作的历史学家和档案工作者，我将永远感激。

当我回到得克萨斯州大学奥斯汀分校开始写下这本著述时，由同事和朋友组成的一个多元化的、鼓舞人心的团体也影响了我的想法。拉丁美洲和加勒比海地区历史的博士课程给人的感觉是学院式的，有时还像是家族式的。我感谢弗朗茨·亨塞尔 –

里韦罗斯（Franz Hensel–Riveros）、玛丽亚·何塞·阿法纳多尔（Maria José Afanador）、亚历克斯·法瑞尔（Alex Ferrell）、安德烈斯·隆巴纳·贝穆德斯（Andres Lombana Bermudez）、布莱恩·斯托弗（Brian Stauffer）、曼努埃尔·萨拉斯（Manuel Salas）、鲁迪·邓拉普（Rudy Dunlap）、伊娃·赫勒绍（Eva Hershaw）、帕梅拉·诺伊曼（Pamela Neumann）、克里斯蒂娜·梅茨（Cristina Metz）、埃亚尔·温伯格（Eyal Weinberg）、玛丽·波琳·洛瑞（Mary Pauline Lowry）、基兰·菲茨杰拉德（Kieran Fitzgerald）、胡安·塞科达（Juan Sequeda）、胡安·卡米洛·阿古代罗（Juan Camilo Agudelo）、何塞·巴拉甘（José Barragán）、马特·吉尔德纳（Matt Gildner）和莫妮卡·亚历山德拉·希梅内斯（Mónica Alexandra Jiménez）。

在我搬到西部之前，奥斯汀就已经在我的想象中了。我在佐治亚大学读硕士的时候，帕梅拉·沃克尔（Pamela Voekel）鼓励我申请她在得克萨斯州的母校。帕梅拉是一名具有批判性和参与度的学者，是一个鼓舞人心的榜样。从那以后，我一直牢记着她的教诲。在雅典，保罗·萨特（Paul Sutter）、雷纳多·拉蒙（Reinaldo Román）和贝特汉尼·莫雷东（Bethany Moreton）也鼓励我批判性地解构过去。我在佐治亚大学研究生项目的同事李维·范·桑特（Levi Van Sant）、拉·珊达·米姆斯（La Shonda Mims）和托雷·奥尔森（Tore Olson）提醒我，学习的关键是欣赏和倾听你周围的人。

我的早期研究想法的动因之一还有自己在佛罗里达州成长的经历。当我在州立大学读本科的时候，我试图在另一场战争中理解美国的外交政策，我当时遇到了一位教授，他帮助我了解了美国的历史。马特·蔡尔兹（Matt Childs）是另一位密歇根大学校友，给了我必要的学术指导。他的见解、他的阅读建议和他对学生的关心，引导我在研究生阶段学习拉丁美洲和加勒比海地区的历史。通过对历史的研究，我开始为 2001 年到 2005 年期间所看到和读到的新闻寻找答案。我意识到，美国对中东的外交政策和发动的战争背后有一段历史，就发生在离国土更近的加勒比海地区。在塔拉哈西那些变革性的岁月里，我还要感谢约瑟夫·桑德斯（Joseph Saunders）和查德·卡特（Chad Carter），感谢他们和我交谈并一起旅行。

从始至终，我都很感激我的家人。回到佛罗里达州的温特帕克，我的父母鼓励和支持我对学习的好奇心和富有批判性的设想。我的祖母科妮莉亚，又名"莫伊"（Moe），在我接受教育的每一步都陪伴着我。莫伊 1913 年出生于一个意大利移民家庭，她是我的第一位历史老师，她对我讲述了她的童年、大萧条时期、第二次世界大战期间，以及在迪士尼乐园诞生之前，她在佛罗里达州生活的艰辛与欢乐。这本书是为了纪念她，纪念她给我、我们的家庭和她作为教师给一代又一代学生讲过的课。

注释

序言

1　Christopher Hibbert, *The Grand Tour* (New York: G. P. Putnam's Sons, 1969), 24–25.

2　Brian Dolan, *Ladies of the Grand Tour* (New York: HarperCollins, 2001). See also Rosemary Sweet, "British Perceptions of Florence in the Long Eighteenth Century," Historical Journal 50, no. 4 (2007): 837–59.

3　Jack Simmons, "Railways, Hotels, and Tourism in Great Britain, 1839–1914," *Journal of Contemporary History 19*, no. 2 (April 1984): 201–22; John Armstrong and David M. Williams, "The Steamboat in Popular Tourism," *Journal of Transport History 26*, no. 1 (March 2005): 61–77; Susan Barton, *Working–Class Organisations and Popular Tourism*, 1840–1970 (Manchester: Manchester University Press, 2005).

4　John K. Walton, "The Demand for Working–Class Seaside Holidays in Victorian England," *Economic History Review* 34, no. 2 (May 1981): 249–65.

5　John K. Walton. "Thomas Cook: Image and Reality," in *Giants of Tourism*, ed. Richard W. Butler and Roslyn A. Russell, 81–92 (Wallingford, UK: CABI International, 2010), 87.

6　John F. Sears, *Sacred Places: American Tourist Attractions in the Nineteenth Century* (Amherst: University of Massachusetts Press, 1989); Marquerite S. Shaffer, See *America First: Tourism and National Identity, 1880–1940* (Washington, DC: Smithsonian Institution Press, 2001).

7   参见 , e.g., Diane P. Koenker, *Club Red: Vacation Travel and the Soviet Dream* (Ithaca, NY: Cornell University Press, 2013), and Shelley Baranowski, *Strength through Joy: Consumerism and Mass Tourism in the Third Reich* (Cambridge: Cambridge University Press, 2004).

8   Eric G. E. Zuelow, *A History of Modern Tourism* (London: Palgrave, 2016), 112–33, 165–79.

9   Daniel Hiernaux–Nicolas, "Cancún Bliss," in *The Tourist City*, ed. Dennis R. Judd and Susan S. Fainstein, 124–42 (New Haven, CT: Yale University Press, 1999).

10 Gethin Chamberlain, "Tourists in India Told to Avoid 'Human Safaris' as Row Widens," *The Observer*, January 22, 2012.

11 Thomas R. Metcalf, *Ideologies of the Raj* (Cambridge: Cambridge University Press, 1995). See also Edward W. Said, *Orientalism* (New York: Vintage Books, 1978), and Mary Louise Pratt, *Imperial Eyes: Travel Writing and Transculturalism* (Abingdon,UK: Routledge, 1992).

12 M. S. S. Pandian, "Gendered Negotiations: Hunting and Colonialism in Late Nineteenth Century Nilgiris," *Contributions to Indian Sociology* 20, nos. 1–2 (1995): 239–64.

13 参 见 , e.g., Kara Godfrey, "Lands of No Return," *U.S. Sun*, August 8, 2021; "No Heads in the Clouds," *The Economist*, February 13, 2021; Becca Milfeld, "Simple and Close to Home: Pandemic Vacations Embrace the Travel Norms of Earlier Eras," *Washington Post*, September 18, 2020; Sarah Firshein, "To Many Travelers, 2020 Was the Summer of 1965," *New York Times*, September 4, 2020; and Lionel Laurent, "Does Venice Hold the Key to Saving Cities from Mass Tourism?," Bloomberg Quint, August 5, 2021, https://www.bloombergquint.com/gadfly/what-amsterdam-paris-barcelona-can-learn-from-venice-cruise-ship-ban.

前言

1 Donna Olshan, "Coronavirus Has New Yorkers Fleeing the City and Hunting for Second Homes," Forbes, May 10, 2020.

2 Mimi Sheller, Mobility Justice: The Politics of Movement in an Age of Extremes (New York: Verso, 2018), 1.

3 C. L. R. James, Beyond a Boundary (1963; repr., Durham, NC: Duke University Press, 1993), 113.

4 "Tourism and Jobs: A Better for Future for All," UNWTO, September 27, 2019, https://www.unwto.org/world–tourism–day–2019.

5 Nicholas Kulish, "What It Costs to Be Smuggled across the U.S. Border," New York Times, June 30, 2018.

6 Emily Williams, "Coronavirus Crisis Will Cost Charleston Tourism More than $1B in 2 Months," Post and Courier, April 17, 2020.

引言

1 科妮莉亚·斯科特（我的祖母）2009 年 5 月与作者的谈话。我们家在佛罗里达州租的度假小屋最初是为一位"海岸观察员"（coast watcher）建造的，在"二战"期间，他负责监视在佛罗里达海岸和加勒比海巡航的德国潜艇。将这所房子从军用改造为民用，是遵循了既往历史模式：战争时期的基础设施成为未来旅游业的支柱。

2 关于佛罗里达州 20 世纪的人口增长过程，参见 Gary R. Mormino, Land of Sunshine, State of Dreams: A Social History of Modern Florida (Gainesville: University Press of Florida, 2008).

3 杰瑞·宋飞讲的关于佛罗里达州的笑话，参见，例如，The Tonight Show on Johnny Carson: King of Late Night, directed by Mark Catalena and Peter Jones (Arlington, VA: Public Broadcasting Service American Masters

Series, 2012), DVD.

4 虽然热带地区在地理上由北回归线（北纬 23° 26′ 11.1″）和南回归线（南纬 23° 26′ 11.1″）划分，但术语"热带"和"热带的"在文化和语言上的使用经常超出这些地理边界。在这本书中，我使用的术语是 20 世纪早期到中期的历史人物和演员使用的术语。在西半球，这些术语通常指"南佛罗里达州－加勒比岛屿－中美洲和南美洲"的空间。从历史上看，热带既是地球的一个连贯的物理空间，也是一种文化结构。有关旅游业和热带地区的相关论点，请参阅 Catherine Cocks, *Tropical Whites: The Rise of the Tourist South in the Americas* (Philadelphia: University of Pennsylvania Press, 2013).

5 有关加勒比地区当代旅游业的批判性分析，请参阅 Angelique V. Nixon, *Resisting Paradise: Tourism, Diaspora, and Sexuality in Caribbean Culture (Jackson: University of Mississippi Press, 2015); Martha Honey, ed., Cruise Tourism in the Caribbean: Selling Sunshine (London: Routledge, 2019); George Gmelch, Behind* the Smile: The Working Lives of Caribbean Tourism (Bloomington: Indiana University Press, 2003); and Polly Pattullo, Last Resorts: The Cost of Tourism in the Caribbean (Kingston, Jamaica: Ian Randle, 1996).

6 有关加勒比地区某一特定国家或地区旅游业历史的历史专著，请参阅 Rosalie Schwartz, Pleasure Island:Tourism and Temptation in Cuba (Lincoln: University of Nebraska Press, 1997), and Frank Fonda Taylor, To Hell with Paradise: A History of the Jamaican Tourist Industry (Pittsburgh: University of Pittsburgh Press, 1993).

7 "二战"后加勒比地区的旅游业发展，请参阅 Dennis Merrill, Negotiating Paradise: U.S. Tourism and Empire in Twentieth-Century Latin America (Chapel Hill: University of North Carolina Press, 2009), chap. 3–5, and Evan R. Ward, Packaged Vacations: Tourism Development in the Spanish Caribbean(Gainesville: University Press of Florida, 2008).

8 拉丁美洲和加勒比地区旅游业的近期历史研究，参见 Lisa Pinley

Covert, San Miguel de Allende: Mexicans, Foreigners, and the Making of a World Heritage Site (Lincoln: University of Nebraska Press, 2017); Mark Rice, Making Machu Picchu: The Politics of Tourism in Twentieth-Century Peru (Chapel Hill: University of North Carolina Press, 2018); and Andrew Wood, ed., The Business of Leisure: Tourism History in Latin America and the Caribbean (Lincoln: University of Nebraska Press, 2021).

9　Richard Grove, Green Imperialism: Colonial Expansion, Tropical Island Edens, and the Origins of Environmentalism, 1600–1800 (New York: Cambridge University Press, 1996), 3.

10　Cocks, Tropical Whites, 2,7 – 27。长期以来，人们一直在争论用"American"一词来专门代表来自美国的人，尤其是在描写"美国拉美人"（US–Latin Americans）时。美洲各地的人通常认为自己是"American"。为了避免混淆，在描述来自美国的旅行者、官员和游客时，我尽量用具体的词。然而，如果我引用或转述历史资料，我会用文献资料里的表达，可能包括"North American"（"北美人"）、"美国人"（"Americans"），有时也包括"美国白人"（"white Americans"）。

11　David Foster Wallace, "Shipping Out: On the (Nearly Lethal) Comforts of a Luxury Cruise," Harper's Magazine, January 1996, 34.

12　鉴于旅游业与美国在北非和中东扩张的历史关系，参看 Waleed Hazbun, "The East as an Exhibit: Thomas Cook & Son and the Origins of the International Tourism Industry in Egypt," and Kenneth J. Perkins, "The Compagnie Générale Transatlantique and the Development of Saharan Tourism in North Africa," in The Business of Tourism: Place, Faith, and History, ed. Philip Scranton and Janet F. Davidson (Philadelphia: University of Pennsylvania Press, 2021), chap. 1–2. 关于地中海在英国人旅游想象中承担的角色，请参阅 John Pemble, The Mediterranean Passion: Victorians and Edwardians in the South (Oxford: Oxford University Press 1987), and Robert Holland, The Warm South: How the Mediterranean Shaped the British Imagination (New Haven, CT: Yale University Press,

2018).

13 William Cronon, "The Trouble with Wilderness; or, Getting Back to the Wrong Nature," in Uncommon Ground: Rethinking the Human Place in Nature, ed. William Cronon (New York: W. W. Norton, 1995), 69–90. 更多关于美国西部、边疆和旅游业的文献，参看 Hal K. Rothman, Devil's Bargains: Tourism in the Twentieth-Century American West (Lawrence: University Press of Kansas, 1998); David Wrobel and Patrick Long, eds., Seeing and Being Seen: Tourism in the American West (Lawrence: University Press of Kansas, 2001); and Thomas Andrews, " 'Made by Toile': Tourism, Labor, and the Construction of the Colorado Landscape, 1858—1917," Journal of American History 92, no. 3 (December 2005): 837–63. 关于后来与汽车有关的旅游发展，参看 Paul S. Sutter, Driven Wild: How the Fight against Automobiles Launched the Modern Wilderness Movement (Seattle: University of Washington Press, 2002).

14 Clifford Geertz, "The Wet and the Dry: Traditional Irrigation in Bali and Morocco," Human Ecology 1, no. 1 (March 1972): 38.

15 Jorge Luis Borges, "The Argentine Writer and Tradition," in Labyrinths: Selected Stories and Other Writings, ed. Donald A. Yates and James E. Irby (New York:New Directions, 1964), 181

16 Nixon, Resisting Paradise, 17. On the ways power has selectively silenced the past, see Michel-Rolph Trouillot, Silencing the Past: Power and the Production of History (Boston: Beacon Press, 1995).

17 John Urry and Jonas Larsen, The Tourist Gaze 3.0 (London: SAGE Publications, 2011), 1–30.

18 我的方法是谱系学，遵循米歇尔·福柯（Michel Foucault）的观点，他解释说："如果系谱学家拒绝扩展他对形而上学的信仰，如果他倾听历史，那么他会发现事物背后有完全不同的东西：不是永恒的和本质的秘密，而是它们没有本质的秘密，或者它们的本质是从外来方式中零星散乱地编造出来的秘密。" Michel Foucault, "Nietzsche,

Genealogy, History," in Language, Counter–Memory, Practice: Selected Essays and Interviews, ed. D. F. Bouchard (Ithaca, NY: Cornell University Press, 1977), 142.

19　Neil Leiper, "An Etymology of 'Tourism,' " Annals of Tourism Research 10, no.2 (1983): 277–81.

20　Zuelow, History of Modern Tourism, 9.

21　Ascem Anand, Advance Dictionary of Tourism (New Delhi: Sarup & Sons, 1997), 41.

22　Urry and Larsen, Tourist Gaze 3.0, 4–5.

23　引用 Zuelow, History of Modern Tourism, 15. 有关欧洲旅游业悠久历史的更多信息，请参阅 Maxine Feifer, Tourism in History: From Imperial Rome to the Present (New York: Stein & Day, 1986).

24　关于 19 世纪前往欧洲，特别是巴黎的美国游客，参阅 Harvey Levenstein, The Seductive Journey: American Tourists in France from Jefferson to the Jazz Age (Chicago: University of Chicago Press, 2000), and David McCullough, The Greater Journey: Americans in Paris (New York: Simon & Schuster, 2011). 关于在欧洲旅行的拉丁美洲精英的信息，参看 Meri L.Clark, "From the Andes to the Alps: Colombian Writers on Travels in Europe," inWood, Business of Leisure, 23–48. On tourism history across Europe, see Eric G. E.Zuelow, ed., Touring beyond the Nation: A Transnational Approach to European Tourism History (New York: Routledge, 2011).

25　Mark Twain, The Innocents Abroad, or The New Pilgrims' Progress (Hartford, CT: American Publishing, 1869), 19.

26　关于 19 世纪美国旅游业的历史，参看，Cindy Aron, Working at Play: A History of Vacations in the United States (New York: Oxford University Press, 1999); Dona Brown, Inventing New England: Regional Tourism in the Nineteenth Century (Washington, DC: Smithsonian Institution Press, 1995); and Sears, Sacred Places.

27 关于早期到美洲热带地区旅游的发展，参看 Cocks, Tropical Whites.

28 "City Officials to Dine on 475 Lbs. of Bass [sic]," Waukegan News–Sun, September 18, 1961.

29 科妮莉亚·斯科特 2009 年 5 月与作者讨论。

30 "Tropical Bay Estates: In the Famed Florida Keys," flyer, Big Pine Key, Florida, Scott Family Papers.

31 关于佛罗里达州退休和度假发展项目的历史，参看 Jason Vuic, The Swamp Peddlers: How Lot Sellers, Land Scammers, and Retirees Built Modern Florida and Transformed the American Dream (Chapel Hill: University of North Carolina Press, 2021).

32 佛罗里达州的旅游历史参看 Tracy Revels, Sunshine Paradise: A History of Florida Tourism (Gainesville: University Press of Florida, 2011), and Julio Capó, Welcome to Fairyland: Queer Miami before 1940 (Chapel Hill: University of North Carolina Press, 2017).

33 Brochure, "Florida Cuba," RUs 4601–20, FEUF.

34 Brochure, "Florida East Coast Railroad, Hotels, and Tour Books," RUs 2521– 30, FEUF.

35 关于弗拉格勒（Flagler）在佛罗里达半岛的历史，参看 Edward N. Akin, Flagler: Rockefeller Partner and Florida Baron (Gainesville: University Press of Florida, 1991), and Pat Parks, The Railroad That Died at Sea: The Florida East Coast's Key West Extension (Key West, FL: Langley, 1968).

36 Les Standiford, Last Train to Paradise: Henry Flagler and the Spectacular Rise and Fall of the Railroad That Crossed an Ocean (New York: Crown, 2002). 为了开发迈阿密铁路线周围的地区，弗拉格勒疏浚了水道，修建了街道，并建立了城市的第一个供水和电力系统。

37 关于佛罗里达州早期旅游发展，参看 Christopher Knowlton, Bubble in the Sun: The Florida Boom of the 1920s and How It Brought on the Great Depression (New York: Simon & Schuster, 2020).

38 关于迈阿密的旅游特权和种族不平等现象，参看 Chanelle Nyree Rose, The Struggle for Black Freedom in Miami: Civil Rights and America's Tourist Paradise, 1896–1968 (Baton Rouge: Louisiana State University Press, 2019).

39 我关于游客消费模式的代际和阶层转移的论点遵循了西德尼·明茨（Sidney Mintz）对糖的消费模式的分析。他认为，社会地位较低的人在消费选择上一直试图效仿较高阶层。明茨在他的经典著作《甜蜜与权力》中引入了两个术语来解释这一社会过程："强化"和"扩展"。"强化"指的是为了显示自己地位的提高而模仿上流社会的消费行为——把地位高的人的消费用途和意义转移到地位低的人身上。而"扩展"指的是在新语境中使用旧材料，"与新材料一起使用"或者是"修改"的意思——以前用法的扩展。Sidney Mintz, Sweetness and Power: The Place of Sugar in Modern History (New York: Viking, 1985), 140.

40 Chanelle N. Rose, "Tourism and the Hispanicization of Race in Jim Crow Miami, 1945–1965," Journal of Social History 45, no. 3 (Spring 2012): 735–56.

41 Mike Wallace, Mickey Mouse History and Other Essays on American Memory (Philadelphia: Temple University Press, 1996); Richard E. Foglesong, Married to the Mouse: Walt Disney and Orlando (New Haven, CT: Yale University Press, 2001).

42 William Appleman Williams, The Shaping of American Diplomacy: Readings and Documents in American Foreign Relations, 1750–1955 (Chicago: Rand McNally, 1956), xx.

43 我的叙述方法受到微观历史学术的影响。参看 See Lara Putnam, "To Study the Fragments/Whole: Microhistory and the Atlantic World," Journal of Social History 39, no. 3 (2006), 615–30; Jill Lepore, "Historians Who Love Too Much: Reflections on Microhistory and Biography," Journal of American History 88, no. 1 (2001), 129–44; and Sigurður Gylfi Magnússon

and István M. Szíjártó, What Is Microhistory? Theory and Practice (Milton Park, UK: Routledge, 2013). For classic microhistory, Carlo Ginzburg, The Cheese and the Worms: The Cosmos of a Sixteenth Century Miller (Baltimore: Johns Hopkins University Press, 1992).

44 Ralph Waldo Emerson, "History," in Essays: First and Second Series (New York: Vintage Books, 1990), 240.

45 Stuart Hall, "Minimal Selves," in Identity: The Real Me, ed. Homi Bhabha and Lisa Appignasesi (London: Institute of Contemporary Arts, 1987), 45.

46 Kimberlé Crenshaw, "Mapping the Margins: Intersectionality, Identity Politics, and Violence against Women of Color," Stanford Law Review 43, no. 6 (1991), 1241–99.

47 Doreen Massey, "A Global Sense of Place," in Space, Place, and Gender (Minneapolis: University of Minnesota Press, 1994), 154.

48 Putnam, "To Study the Fragments/Whole," 617.

49 "Tourism Statistics: The Bigger Picture," Caribbean Council, accessed July 2020, https://www.caribbean-council.org/tourism-statistics-bigger-picture/.

50 我对"跨国"一词的使用遵循了以下人物的思路 Laura Briggs, Gladys McCormick, and J. T. Way in "Transnationalism: A Category of Analysis," American Quarterly 60, no. 3 (2008), 625–48.

51 "Florida Is the World's Port of Call," Florida Trend, April 15, 2015, https://www. floridatrend.com/article/18344/florida-is-the-worlds-port-of-call?page=1; "Florida Home to 3 of the World's Most-Visited Cruise Terminals," Orlando Business Journal, April 21, 2015, http://www. bizjournals.com/orlando/morning_call/2015/04/floridahome-to-3-of-the-worlds-most-visited.html; "Cruise Industry Overview—2013: State of the Cruise Industry," Florida-Caribbean Cruise Association, accessed July 15, 2015, http://www.f-cca.com/downloads/2013-cruise-industry-overview. pdf.

52 对于从殖民前到当代的加勒比历史的出色概述，参看 Stephan Palmié and Francisco A. Scarano, eds, The Caribbean: A History of the Region and Its Peoples (Chicago: University of Chicago, 2011); O. Nigel Bolland, ed., The Birth of Caribbean Civilization: A Century of Ideas about Culture and Identity, Nation and Society (Kingston, Jamaica: Ian Randle, 2004); and Sidney Mintz, Three Ancient Colonies: Caribbean Themes and Variations (Cambridge, MA: Harvard University Press, 2010).

53 关于西班牙征服佛罗里达半岛的经典论述，参看 Herbert E. Bolton, The Spanish Borderlands: A Chronicle of Old Florida and the Southwest (New Haven, CT: Yale University Press, 1921).

54 关于加勒比的跨国和殖民历史，参看 Carrie Gibson, Empire's Crossroads: A History of the Caribbean from Columbus to the Present Day (New York: Grove Atlantic, 2015).

55 Deborah Cullen and Elvis Fuentes, eds, Caribbean: Art at the Crossroads of the World (New Haven, CT: Yale University Press, 2012).

56 关于巴拿马过境历史，参看 Aims McGuinness, Path of Empire: Panama and the California Gold Rush (Ithaca, NY: Cornell University Press, 2008), and Ashley Carse, Beyond the Big Ditch: Politics, Ecology, and Infrastructure at the Panama Canal (Cambridge, MA: MIT Press, 2014).

57 Glenda A. Walters, Panama City (Charleston, SC: Arcadia, 2008).

58 Derek Walcott, The Antilles: Fragments of Epic Memory; The Nobel Lecture (New York: Farrar, Straus & Giroux, 1993).

59 关于欧洲对加勒比地区的殖民幻想，参看 Peter Hulme, Colonial Encounters: Europe and the Native Caribbean, 1492–1797 (London: Methuen, 1986).

60 Bob Friel, "8 Dream Beaches of the Caribbean: Sand, Sea and Palm Trees: Fantasies Come True Here," NBC News, May 11, 2005, http://www.nbcnews. com/id/7818136/ns/travel-romantic_getaways/t/dream-beaches-caribbean/#. VfhTbUuJlg0.

61　John S. Hogue, "Cheeseburger in Paradise: Tourism and Empire at the Edges of Vacationland," American Quarterly 63, no. 1 (March 2011): 203–14.

62　Wallace, Mickey Mouse History, 133–58.

63　Eduardo Galeano, Open Veins of Latin America: Five Centuries of the Pillage of a Continent (New York: Monthly Review Press, 1997), 2.

64　Mintz, Sweetness and Power. 欲了解更多关于有关糖和加勒比历史的信息，参看 Reinaldo Funes Monzote, From Rainforest to Cane Field in Cuba: An Environmental History since 1492, trans. Alex Martin (Chapel Hill: University of North Carolina Press, 2008), and Frank Moya Pons, History of the Caribbean: Plantations, Trade, and War in the Atlantic World (Princeton, NJ: Markus Wiener, 2007).

65　关于拉丁美洲和加勒比出口商品的历史，参看 Stephen Topik, Carlos Marichal, and Zephyr Frank, eds., From Silver to Cocaine: Latin American Commodity Chains and the Building of the World Economy, 1500–2000 (Durham, NC: Duke University Press, 2006), and Richard P. Tucker, Insatiable Appetite: The United States and the Ecological Degradation of the Tropical World (Berkeley: University of California Press, 2000).

66　John Soluri, Banana Cultures: Agriculture, Consumption, and Environmental Change in Honduras and the United States (Austin: University of Texas Press, 2005).

67　Mintz, Sweetness and Power, xxv.

68　Mimi Sheller, Consuming the Caribbean: From Arawaks to Zombies (London: Routledge, 2003), 14.

69　Walter Benjamin, "Theses on the Philosophy of History," in Illuminations, ed. Hannah Arendt, trans. Henry Zohn (New York: Schocken Books, 1968), 253–64.

70　Paul Gilroy, The Black Atlantic: Modernity and Double Consciousness (Cambridge, MA: Harvard University Press, 1993), 4.

71 关于海上船只的隐喻，请参见 Hans Blumenberg, Shipwreck with Spectator: Paradigm of a Metaphor for Existence, trans. Steven Rendall (Cambridge: MIT Press, 1997).

72 联合果品公司的蒸汽船，官方名称为"大白舰队"，呼应了美国海军在 1907 年 12 月 16 日至 1909 年 2 月 22 日期间著名的环球探险，后者被大众称为"大白舰队"。舰队这两种情况 (军用和民用)，都代表着美国在海外的势力扩张。

73 John Soluri, "Empire's Footprint: The Ecological Dimensions of a Consumers' Republic," OAH Magazine of History 25, no. 4 (2011): 17.

74 关于联合果品公司在中美洲和加勒比地区的历史，参看 Aviva Chomsky, West Indian Workers and the United Fruit Company in Costa Rica, 1870–1940 (Baton Rouge: Louisiana State University Press, 1996); Marcelo Bucheli, Bananas and Business: The United Fruit Company in Colombia, 1899–2000 (New York: New York University Press, 2005); and Soluri, Banana Cultures.

75 Harry Foster, A Tropical Tramp with the Tourists (New York: Dodd, Mead, 1925), 305.

76 Eric Walrond, "Wharf Rats," in Tropic Death (New York: Collier Books, 1972), 72–73.

77 Marcus Garvey, "Autobiography: Articles from the Pittsburgh Courier," in Marcus Garvey: Life and Lessons, ed. Robert A. Hill and Barbara Bair (Berkeley: University of California Press, 1987), 88.

78 关于马库斯和世界黑人促进会的历史，参看 Tony Martin, Race First: The Ideological and Organizational Struggles of Marcus Garvey (Dover, MA: Majority Press, 1986).

79 加维主义及其对加勒比黑人旅行史的影响，参看 Frank A. Guridy, Forging Diaspora: Afro–Cubans and African Americans in a World of Empire and Jim Crow (Chapel Hill: University of North Carolina Press, 2010).

80 Claude Lévi-Strauss, The Savage Mind (Chicago: University of Chicago Press, 1966).

81 Tom Miller, The Panama Hat Trail: A Journey from South America (New York: Morrow, 1986).

82 Walter Benjamin, "Doctrine of the Similar," New German Critique 17, Special Walter Benjamin Issue (1979): 65–69. On mimesis, see Michael Taussig, Mimesis and Alterity: A Particular History of the Senses (New York: Routledge, 1993).

第一章

1 Winifred James, The Mulberry Tree (London: Chapman & Hall, 1913), 225.

2 "Tales of the Great White Fleet," UNIFRUITCO (August 1929): 24–25.

3 See Ashley Carse, Christine Keiner, Pamela M. Henson, Marixa Lasso, Paul S. Sutter, Megan Raby, and Blake Scott, "Panama Canal Forum: From the Conquest of Nature to the Construction of New Ecologies," Environmental History 21, no. 2 (2016): 206–87.

4 关于巴拿马运河建设项目从辉煌到关键的历史，参看 David G. McCullough, The Path between the Seas: The Creation of the Panama Canal, 1870–1914 (New York: Simon & Schuster, 1977); Matthew Parker, Panama Fever: The Epic Story of One of the Greatest Achievements of All Time— the Building of the Panama Canal (New York: Doubleday, 2007); Alexander Missal, Seaway to the Future: American Social Visions and the Construction of the Panama Canal (Madison: University of Wisconsin Press, 2008); and Julie Greene, The Canal Builders: Making America's Empire at the Panama Canal (New York: Penguin, 2009).

5 Carse, Beyond the Big Ditch, 40.

6 Stephen Graham, In Quest of El Dorado (London: Macmillan, 1924), 167.

7 有关热带疾病的历史及其与流动性的关系，请参看 Mark Carey,

"Inventing Caribbean Climates: How Science, Medicine, and Tourism Changed Tropical Weather from Deadly to Healthy," Osiris 26, no.1 (2011): 129–41; Philip D. Curtin, Death by Migration: Europe's Encounter with the Tropical World in the Nineteenth Century (New York, 1989); and John Robert McNeill, Mosquito Empires: Ecology and War in the Greater Caribbean (New York: Cambridge University Press, 2010).

8 Richard Harding Davis, Three Gringos in Venezuela and Central America (New York: Harper & Brothers, 1896), 193. According to Theodore Roosevelt, the writing of Richard Harding Davis provided "a textbook of Americanism." See Beatriz Urraca, "A Textbook of Americanism: Richard Harding Davis's Soldiers of Fortune," in Tropicalizations: Transcultural Representations of Latinidad, ed. Frances R. Aparicio and Susana Chávez–Silverman (Hanover, NH: University Press of New England, 1997), 21–50.

9 Krista Thompson, An Eye for the Tropics: Tourism, Photography, and Framing the Caribbean Picturesque (Durham, NC: Duke University Press, 2007), 4–5.

10 Curtin, Death by Migration, 62.

11 在美国西部的背景下关于旅游业和交通基础设施之间的历史关系参看 Andrews, "Made by Toile," 837–63. On infrastructure and tourism mobility in Europe, see Andrew Denning, "From Sublime Landscapes to 'White Gold': How Skiing Transformed the Alps after 1930," Environmental History 19, no. 1 (2014): 78–108.

12 James, Mulberry Tree, 226.

13 Quoted in Missal, Seaway to the Future, 127.

14 西奥多·罗斯福对地峡运河委员会雇员的讲话，科隆，巴拿马，1906 年 11 月 11 日，未编目，PCUF。

15 James, Mulberry Tree, 241.

16 哈斯金斯旅程的叙述来自一系列剪报：W. C. Haskins, "Early Day Reminiscences," Richard W. Pat Beall Collection, PCUF. 哈斯金斯最终

留在了巴拿马，并在地峡运河委员会找到了一份工作，但他解释
说："我做出了一些牺牲。"

17 关于欧洲人和欧裔美国人对热带地区危险和疾病的看法，参看 Nancy
Leys Stepan, Picturing Tropical Nature (London: Reaktion Books, 2001);
specific to Panama, Stephen Frenkel, "Jungle Stories: North American
Representations of Tropical Panama," Geographical Review 86, no. 3 (July
1996): 327. For the white's man grave narrative more generally, see Phillip
D. Curtin, " 'The White Man's Grave': Image and Reality, 1780–1850,"
Journal of British Studies 1, no. 1 (November 1961): 94–110.

18 1855 年，一条连接科隆市和巴拿马城的铁路建成，大大加快了穿越
地峡的速度。参见 McGuinness, Path of Empire, and Robert D. Aguirre,
Mobility and Modernity: Panama in the Nineteenth Century Anglo American
Imagination (Columbus: Ohio State University Press, 2017).

19 James Clark Diary (1851–1852), box 1, Canal Zone Library–Museum
Panama Collection, LOC. 从记录来看，克拉克是否从他在 1852 年的日
记中报告的疾病中幸存下来尚不清楚。

20 Alfredo Castillero Calvo, Historia general de Panamá (Panama City:
Comisión Nacional del Centenario, 2004); Christopher Ward, Imperial
Panama: Commerce and Conflict in Isthmian America, 1550–1800
(Albuquerque: University of New Mexico Press, 1993).

21 在殖民时代，加勒比热带地区的危险也成为抵御其他欧洲殖民势力
和定居入侵的天然屏障。疾病消灭了来自温带地区的入侵军队和冒
险家。McNeill, Mosquito Empires.

22 McCullough, Path between the Seas, 124–203.

23 Mariola Espinosa, Epidemic Invasions: Yellow Fever and the Limits of
Cuban Independence, 1878–1930 (Chicago: University of Chicago Press,
2009).

24 Timonthy C. Winegard, The Mosquito: A Human History of Our Deadliest
Predator (Melbourne, Australia: Text Publishing, 2019), 354.

25 William Crawford Gorgas, Sanitation in Panama (New York: D. Appleton, 1915), 6–7.

26 Quoted in McCullough, Path Between the Seas, 451.

27 Mariola Espinosa, "The Question of Racial Immunity to Yellow Fever in History and Historiography," Social Science History 38, nos. 3–4 (Fall/Winter 2014): 437–53.

28 Michael L. Conniff, Black Labor on a White Canal: Panama, 1904–1981 (Pittsburgh: University of Pittsburgh Press, 1985). 康尼夫估计，西印度社区的死亡总人数接近 15 000 人，每 10 名移民中就有 1 人死亡。

29 运河对非裔加勒比移民文学的影响，参看 Rhonda Frederick, Colón Man a Come: Mythographies of Panama Canal Migration (Lanham, MD: Lexington Books, 2005), and Lara Putnam, Radical Moves: Caribbean Migrants and the Politics of Race in the Jazz Age (Chapel Hill: University of North Carolina Press, 2013).

30 Letter from Albert Peters, box 25, Canal Zone Library–Museum Panama Collection, LOC.

31 关于种族和运河的批判性解读，请参阅 Conniff, Black Labor on a White Canal, and Marixa Lasso, Erased: The Untold Story of the Panama Canal (Cambridge，MA: Harvard University Press, 2019).

32 Farnham Bishop, Panama, Past and Present (New York: Century, 1916), 203.

33 See Natalie J. Ring, "Mapping Regional and Imperial Geographies: Tropical Disease in the U.S. South," in Colonial Crucible: Empire in the Making of the Modern American State, ed. Alfred W. McCoy and Francisco A. Scarano (Madison: University of Wisconsin Press, 2009), 299.

34 See Greene, Canal Builders, and Conniff, Black Labor on a White Canal.

35 Haskins, "Early Day Reminiscences."

36 Alfred Kimball Hills, ed., "Hygiene at Panama," Medical Times: A Monthly Journal of Medicine (April 1908): 114. 该杂志引用了另一位地峡游客的

著名的话：“地球上没有其他地方能在一个地方集中如此多的肮脏疾病，如此令人作呕的道德和身体上的污秽。”

37　Marie D. Gorgas and Burton J. Hendrick, William Crawford Gorgas: His Life and Work (Garden City, NY: Doubleday, 1924).

38　关于古巴黄热病的历史，参看 Espinosa, Epidemic Invasions.

39　Gorgas and Hendrick, William Crawford Gorgas, 201.

40　McCullough, Path between the Seas, 405–26.

41　在世纪之交，英国在西非和印度开展了类似的防治疟疾运动，参看 Ronald Ross, Mosquito Brigades and How to Organize Them (London: George Philip, 1902).

42　Paul S. Sutter, "Nature's Agents or Agents of Empire? Entomological Workers and Environmental Change during the Construction of the Panama Canal," Isis 98, no. 4 (December 2007): 724–54.

43　William Crawford Gorgas, "The Conquest of the Tropics for the White Race," 美国医学会会长在美国医学会第六十届年会上的讲话, Atlantic City, NJ, June 9, 1909, Journal of the American Medical Association 52, no. 25 (1909): 1967–69.

44　Joseph Pennell, Pictures of the Panama Canal (Philadelphia: J. B. Lippincott, 1912), 10.

45　Frenkel, "Jungle Stories," 327.

46　Lasso, Erased, 154–90.

47　Quoted in Michael Adas, Dominance by Design: Technological Imperatives and America's Civilizing Mission (Cambridge, MA: Belknap Press of Harvard University Press, 2006), 186.

48　1906 年 11 月 11 日，巴拿马，科隆市，罗斯福对地峡运河委员会雇员的讲话。

49　Arthur Bullard, Panama: The Canal, the Country, and the People (New York: Macmillan, 1914), 66. 有关运河胜利文献的选录，请参阅 Willis J. Abbot, Panama and the Canal in Picture and Prose (New York: Syndicate

Publishing, 1913); Emory Adams Allen, Our Canal in Panama: The Greatest Achievement in the World's History (Cincinnati: United States Publishing, 1913); and Ralph Emmett Avery, America's Triumph at Panama (Chicago: L. W. Walter, 1913).

50 Bullard, Panama, 66–67.

51 Gorgas, "Conquest of the Tropics for the White Race," 1967–69.

52 西奥多·罗斯福总统的信, August 21, 1908, Canal Record, September 9, 1908.

53 "The Great White Fleet," advertisement in Scribner's Magazine, 1916, from Wikimedia Commons, accessed December 10, 2014, https://commons. wikimedia. org/wiki/File:United_Fruit_Ad_1916.jpg.

54 Quoted in Cocks, Tropical Whites, 91.

55 Quoted in Paul S. Sutter, "Tropical Conquest and the Rise of the Environmental Management State," in McCoy and Scarano, Colonial Crucible, 317.

56 Erastus Howard Scott, Panama, Yosemite, Yellowstone (Chicago: Scott, Foresman, 1925), 13.

57 Sutter, "Tropical Conquest," 318.

58 Quoted in Missal, Seaway to the Future, 69.

59 Sutter, "Nature's Agents or Agents of Empire?," 724–54.

60 关于美国南部的疾病和蚊子的历史，请参阅 Margaret Humphreys, Yellow Fever and the South (New Brunswick, NJ: Rutgers University Press, 1992), and Gordon Patterson, The Mosquito Crusades: A History of the American Anti Mosquito Movement from the Reed Commission to the First Earth Day (New Brunswick, NJ: Rutgers University Press, 2009).

61 关于古巴的长期独立战争，参看 Ada Ferrer, Insurgent Cuba: Race, Nation, and Revolution, 1868–1898 (Chapel Hill: University of North Carolina Press, 1999), and Louis A. Pérez, The War of 1898: The United States and Cuba in History and Historiography (Chapel Hill: University of North Carolina Press, 1998).

62 关于 1903 年美国和巴拿马之间的条约，参看 Ovidio Diaz Espino, How Wall Street Created a Nation: J. P. Morgan, Teddy Roosevelt, and the Panama Canal (New York: Basic Books, 2003), and Walter LaFeber, The Panama Canal: The Crisis in Historical Perspective (New York: Oxford University Press, 1978).

63 Brooks Adams, "The Spanish War and the Equilibrium of the World," The Forum 25, no. 6 (March–August 1898): 648.

64 Alfred T. Mahan, "The United States Looking Outward," Atlantic Monthly, December 1890, 816–24. See also Alfred T. Mahan, The Interest of America in Sea Power, Present and Future (London: Sampson Low, Marston, 1897).

65 美国扩张史参看 Matthew Frye Jacobson, Barbarian Virtues: The United States Encounters Foreign Peoples at Home and Abroad, 1876–1917 (New York: Hill & Wang, 2000); Daniel Immerwahr, How to Hide an Empire: A History of the Greater United States (New York: Farrar, Straus & Giroux, 2019); and Greg Grandin, The End of the Myth: From the Frontier to the Border Wall in the Mind of America (New York: Metropolitan Books, 2019).

66 David Healy, Drive to Hegemony: The United States in the Caribbean, 1898–1917 (Madison: University of Wisconsin Press, 1988).

67 Abbot, Panama and the Canal, 8.

68 Jefferson B. Browne, Key West: The Old and the New (St. Augustine, FL: Record, 1912), 114. 有关基韦斯特在美西战争中的历史作用，请参阅 Wright Langley and Joan Langley, Key West and the Spanish American War (Key West: Langley, 1998).

69 Brochure, "Florida East Coast Railway Guide, 1911," RUs 2521–30, FEUF.

70 Quoted in Louis A. Pérez, Cuba under the Platt Amendment, 1902–1934 (Pittsburgh: University of Pennsylvania Press, 1986), 44.

71 Abbot, Panama and the Canal, 360.

72 Canal Record, March 18, 1908.

73 Frederick Haskins, The Panama Canal (Garden City, NY: Doubleday, 1914),

170.

74 "Chairman and Chief Engineer, George W. Goethals to Secretary of War, Washington D.C., 5 November, 1910," box 112, file 13-K-15, RG 185, Records of the Panama Canal, NARA.

75 Rosa Luxemburg, "The Idea of May Day on the March," in Selected Political Writings of Rosa Luxemburg, ed. Dick Howard (New York: Monthly Review Press, 1971), 317.

76 Bishop, Panama, Past and Present, 241.

77 See McGuinness, Path of Empire, 12. 麦吉尼斯认为：“跨洲国家美国的形成和美国在巴拿马的海外扩张是相互重合和交织的，而不是独立的或相互竞争的过程。”

78 Bullard, Panama, 45.

79 Gorgas and Hendrick, William Crawford Gorgas, 1–68.

80 Clifford Foust, John Frank Stevens: Civil Engineer (Bloomington: University Press of Indiana, 2013).

81 "Biographical Notes," Yearbook: Society of the Chagres, 1911–17, PCUF.

82 Frederick Jackson Turner, “边疆在美国历史上的意义”，1893 年 7 月 12 日在芝加哥举行的美国历史协会会议上提出，http://national-humanitiescenter.org/pds/gilded/empire/text1/turner.pdf.

83 William Appleman Williams, "The Frontier Thesis and American Foreign Policy," Pacific Historical Review 24, no. 4 (November 1955): 379–95.

84 关于边疆在美国历史上的意义，参看 Kerwin L. Klein, Frontiers of Historical Imagination: Narrating the European Conquest of Native America, 1890–1990 (Berkeley: University of California Press, 1997).

85 关于早期和现在对天定命运论文化的经典批判，参看 Albert Weinberg, Manifest Destiny: A Study of Nationalist Expansionism in American History (Baltimore: Johns Hopkins University Press, 1935). On the relationship between the western frontier and tourism, see Anne Farrar Hyde, An American Vision: Far Western Landscape and National Culture,

1820–1920 (New York: New York University Press, 1990).

86 关于美国在太平洋的帝国主义，参看 Rebecca McKenna, American Imperial Pastoral: The Architecture of US Colonialism in the Philippines (Chicago: University of Chicago Press, 2017).

87 Yearbook: Society of the Chagres, 1915, PCUF.

88 关于美国在巴拿马的军事活动和非法夜生活的历史，请参阅 Jeffrey Wayne Parker, "Empire's Angst: The Politics of Race, Migration, and Sex Work in Panama, 1903–1945" (PhD diss., University of Texas at Austin, 2013), and Matthew Scalena, "Illicit Nation: State, Empire, and Illegality on the Isthmus of Panama" (PhD diss., Stony Brook University, 2013).

89 Yearbook: Society of the Chagres, 1915, PCUF.

90 William Appleman Williams, Empire as a Way of Life: An Essay on the Causes and Character of America's Present Predicament, along with a Few Thoughts about an Alternative (New York: Oxford University Press, 1980).

91 关于征服美国西部和受欢迎的艺人，参看 Louis S.Warren, Buffalo Bill's America: William Cody and the Wild West Show (New York: Alfred A. Knopf, 2005).

92 Annual Report of the Board of Regents of the Smithsonian Institution, Showing the Operations, Expenditures, and Condition of the Institution for the Year Ending June 30 1924 (Washington, DC: GPO, 1925), 358–62, SIA.

93 1927 年 3 月 19 日《巴拿马时报》。

94 "Biographical Notes," Yearbook: Society of the Chagres, 1911, PCUF.

95 The Panama Times can be accessed at National Library of Panama, Ernesto J. Castillero R., Panama City.

96 John O. Collins, The Panama Guide (Mount Hope, Canal Zone: ICC Press, 1912); John O. Collins, Recreation in Panama (Culebra, Canal Zone: self-pub., 1914).

97 Canal Record, December 18, 1912.

98 Yearbook: Society of the Chagres, 1913, PCUF. W. M. 巴克斯特似乎喜

欢取笑自己和他必须带去的游客："我妻子承认我天生刻薄，但我不会。至少，在那个拿伞的游客身上，我表现得如此糟糕并不是因为卑鄙。"

99　Harry A. Franck, Zone Policeman 88: A Close Range Study of the Panama Canal and Its Workers (New York: Century, 1913), 312.

第二章

1　关于联合果品公司的舰队，参看，Mark H. Goldberg, "Going Bananas": 100 Years of American Fruit Ships in the Caribbean (Kings Point, NY: American Merchant Marine Museum, 1993)。

2　巴拿马总统弗洛伦西奥·哈莫迪奥·阿罗塞梅纳和古巴总统杰拉德多·马查多·莫拉莱斯的信件，November 1928, Legación de Panamá en Cuba, 1928, AMRE.

3　Quoted in George Roberts, Economic Survey of the Republic of Panama, 1929, ABRA, printed in Spanish, Investigación económica de la República de Panamá (Panama City: Imprenta Nacional, 1930).

4　Guillermo Andreve, Cómo atraer el turismo a Panamá (Panama City: Edición oficial, 1929).

5　关于古巴旅游业的历史和支持该行业的国家立法，参看 Schwartz, Pleasure Island; Evaristo Villalba Garrido, Cuba y el turismo (Havana: Editorial de Ciencias Sociales, 1993); and Andrea Colantonio and Robert B. Potter, Urban Tourism and Development in the Socialist State: Havana during the "Special Period" (Burlington, VT: Ashgate, 2006), 91.

6　Andreve, Cómo atraer el turismo a Panamá.

7　Rodrigo Miró, "Don Guillermo Andreve y su labor literaria," Epocas (July 2000): 3; Guillermo Andreve, "Escritos de Andreve," Revista Lotería, nos. 282–84 (August–October 1979). 除了自己的写作外，安德列夫还创办并指导了 El Heraldo del Istmo, El Cosmos, 还有文学杂志 La Biblioteca de Cultura Nacional.

8 Peter A. Szok, La última gaviota: Liberalism and Nostalgia in Early Twentieth Century Panama (Westport, CT: Greenwood, 2001).

9 Michael Gobat, Empire by Invitation: William Walker and Manifest Destiny in Central America (Cambridge, MA: Harvard University Press, 2018).

10 关于拉丁美洲和加勒比地区自由主义的历史，参看 E. Bradford Burns, The Poverty of Progress: Latin America in the Nineteenth Century (Berkeley: University of California Press, 1983). 有关更多国家的研究，请参见, for Panama, Szok, La última gaviota, and, for Cuba, Louis A. Pérez, Cuba: Between Reform and Revolution (Oxford: Oxford University Press, 2010).

11 Roberts, Economic Survey of the Republic of Panama, 190. 科克斯在她的著作《热带白人》第 46 页中指出了旅游业和土地开发之间的类似关系，"所有这些实体的旅游业都与殖民地密切相关，从 20 世纪初至今，几乎所有的宣传材料都反映了同样的假设，即游客基本上都是潜在的公民"。

12 Arturo Escobar, Encountering Development: The Making and Unmaking of the Third World (Princeton, NJ: Princeton University Press, 1995), 47.

13 Szok, La última gaviota, 7.

14 Legación de Panamá en Cuba, 1928, AMRE.

15 Mintz, Sweetness and Power, xxix.

16 Amanda Stronza, "Anthropology of Tourism: Forging New Ground for Ecotourism and Other Alternatives," Annual Review of Anthropology 30 (2001): 269.

17 Frederick Cooper and Jane Burbank, Empires in World History: Power and the Politics of Difference (Princeton, NJ: Princeton University Press, 2010), 4.

18 Patricia Pizzurno Gelós and Celestino Andrés Araúz, eds., La modernización del estado panameño bajo las administraciones de Belisario Porras y Arnulfo Arias Madrid (Panama City: Editorial Mariano Arosemena del Instituto Nacional de Cultura, 1992).

19 On José Martí and his writings, see Jeffrey Belnap and Raúl Fernández, eds., José Martí's "Our America" : From National to Hemispheric Cultural Studies (Durham, NC: Duke University Press, 1998).

20 Belisario Porras, Trozos de la vida (San José, Costa Rica: Imprenta Alsina, Sauter, Arias, 1931). 有关波拉斯生活的更多信息，请参见 Manuel Octavio Sisnett, Belisario Porras o la vocación de la nacionalidad (Panama City: Imprenta Universitaria, 1972).

21 See Belisario Porras, La venta del istmo: Manifesto a la nación (Panama City: Editorial Portobelo, 1996).

22 Ernesto J. Castillero Reyes, La causa inmediata de la emancipación de Panamá: Historia de los orígenes, la formación y el rechazo por el senado colombiano, del tratado Herrán–Hay (Panama City: Imprenta Nacional, 1933), 108.

23 Porras, Trozos de la vida, 107–8.

24 See Patricia Pizzurno Gelós and Celestino Andrés Araúz, Estudios sobre el Panamá Republicano, 1903–1999 (Cali, Colombia: Manfer, 1996), 207–55.

25 "La flota llega el 18, con que la espera usted?," El Diario Nuevo, February 2, 1923; "Tourists Should Follow Example of U.S. Sailors," Star and Herald, February 27,1931.

26 Parker, "Empire's Angst," 217.

27 Porras, Trozos de la vida, vii.

28 关于庆祝巴拿马运河建成的旧金山博览会，参看 Robert W. Rydell, All the World's Fair: Visions of Empire at American International Expositions, 1876–1916 (Chicago: University of Chicago Press, 1987), 208–33.

29 Exposición Nacional de Panamá: Commemorativa al Descubrimiento del Océano Pacífico Porras, vol. 24, ABP. The Pan–American Magazine is available online at the Hathi Trust Digital Library, http://catalog.hathitrust. org/Record/000636937.

30 Canal Record, March 24, 1915.

31 Exposición Nacional de Panamá, vol. 24.

32 John O. Collins, "The Panama Canal and Its Jonah," Pan–American Magazine 22, no. 2 (November 1915): 111.

33 Memoria que el secretario de estado en el despacho de fomento presenta a la Asambela Nacional de 1914 (Panama City: Diario de Panamá, 1914). Note that all memorias (government reports) cited in this chapter are housed at the Biblioteca Nacional de Panamá, Ernesto J. Castillero R., Panama City.

34 詹姆斯·泽特克与总统波拉斯的通信，1915 年 6 月，Exposición Nacional de Panamá, vol. 24.

35 古巴旅游业和发展项目之间的关系，参看，Armando Maribona, Turismo y ciudadania (Havana: Grafica Moderna, 1943).

36 "Ideas del presidente sobre agricultura e inmigración," El Diario de Panama, January 2, 1923.

37 Benjamin Kidd, Social Evolution (New York: Macmillan, 1894), 316. 有关拉丁美洲种族主义政治思想的批判性分析，请参见 Nancy Leys Stepan, The Hour of Eugenics: Race, Gender, and Nation in Latin America (Ithaca, NY: Cornell University Press, 1991).

38 Aviva Chomsky, " 'Barbados or Canada?' Race, Immigration, and Nation in Early–Twentieth–Century Cuba," Hispanic American Historical Review 80, no. 3 (August 2000): 420.

39 Fernando Ortiz, "La inmigración desde el punto de vista criminológico," Derecho y Sociología 1, no. 5 (May 1906): 55.

40 关于旅游业和生活方式迁移，参看 Ana K. Spalding, "Lifestyle Migration to Bocas del Toro, Panama: Exploring Migration Strategies and Introducing Local Implications of the Search for Paradise," International Review of Social Research 3, no.1 (February 2013): 67–86.

41 Alfredo Castillero Calvo, "Transitismo y dependencia: El caso del istmo de Panamá," Nueva Sociedad, no. 5 (1973): 35–50.

42 Hernán F. Porras, Papel histórico de los grupos humanos en Panamá (Panama

City: Editorial Portobelo, 1998).

43 Marco A. Gandásegui, ed., Las clases sociales en Panamá: Grupos humanos, clases medias, elites y oligarquía (Panama City: Centro de Estudio Latinoamericanos, 2008).

44 "各商业实体的通信和电报，支持旅游行动委员会努力将旅游立法的修正案提交经济阶层审议。" Havana, February 21–July 18, 1934, box 85, Secretaria de Presidencia, ANC, Havana.

45 "First Airmail Miami–Cristobal–Miami, Charles A. Lindbergh, 2/4/29–2/13/29," collection 341, box 250, folder 6, PAW.

46 See Andreve, Cómo atraer el turismo a Panamá, and Maribona, Turismo y ciudadania.

47 马查多访谈, Oral History Program, World Bank / IFC Archives, July 18, 1961, http://oralhistory.worldbank.org/transcript/machado/ transcript–oral–history–interview–luis–machado–held–july–18–1961; "Luis Machado, 79, Ex–Envoy of Cuba," Washington Post, February 10, 1979.

48 Luis Machado y Ortega, Informe, June 14, 1941, Presidencia de Arnulfo A. Madrid, box 6, ANP.

49 Ora E. Chapin, "Across Boundary Lines: Rotarians of Cuba and Florida Adopt Rotary's Good–Will Formula," The Rotarian 36 (January 1930): 26–27, 48.

50 "Memorandum mecanografico, referente al escrito que dirige A.T. Moreaux, al presidente de la republica, considerando ser el momento propicio para aumentar el turismo en Cuba, y solicitandole una entrevista a fin de exponerle su proyecto de fomento turistico. Adjunto dicho escrito," Havana, 19 de agosto de 1925, box 85, Secretaria de Presidencia, ANC.

51 Chapin, "Across Boundary Lines," 26–27, 48. 有关迈阿密 – 古巴旅游联系的更多信息，参看 Rose, "Tourism and the Hispanicization of Race in Jim Crow Miami," 735–56, and Louis A. Pérez Jr., On Becoming Cuban: Identity, Nationality, and Culture (Chapel Hill: University of North Carolina

Press, 1999).

52 Consulado de Panamá en Miami, box 1, correspondence, 1931–42, ANP.

53 In Panama, Patricia Pizzurno Gelós surveys many of these tourism laws, decrees, and contracts in her article "El turismo y el patrimonio en el Panamá republicano," Revista Canto Rodado, no. 2 (2007): 1–22.

54 Memoria que el secretario de estado.

55 "New York Men Offer to Build Panama Hotel," Panama American, January 1, 1929.

56 "Panama All-Year Resort Is Aim of Association," Panama American, January 1, 1929.

57 T. J. English, Havana Nocturne: How the Mob Owned Cuba and Then Lost It to the Revolution (New York: William Morrow, 2008), 1–29.

58 更多关于黑手党在古巴的影响力信息，参看 Enrique Cirules, The Empire of Havana (Havana: Editorial José Martí, 2003).

59 Luis Machado y Ortega, Informe, June 14, 1941, Presidencia de Arnulfo A. Madrid, box 6. ANP.

60 Matt Scalena, "La economía del vicio," La Prensa, May 18, 2014.

61 1924 年 8 月财政代理人给总统波拉斯的信，box 663, ABP.

62 关于古巴和加勒比地区的酒类销售和走私情况，参看 Lisa Lindquist Dorr, A Thousand Thirsty Beaches: Smuggling Alcohol from Cuba to the South during Prohibition (Chapel Hill: University of North Carolina Press, 2018).

63 Quoted in Szok, La última gaviota, 47.

64 Mark Kurlansky, Havana: A Subtropical Delirium (New York: Bloomsbury, 2017), 96.

65 Demetrio Korsi, "Visión de Panamá," in Los gringos llegan y la cumbia se va (Panama City: Imprenta Excelsior, 1953).

66 关于美国对巴拿马的看法，参看 Frenkel, "Jungle Stories," 327. T 也有大量关于美国和欧洲对美国热带地区看法的文献，参看，例如，Pratt,

Imperial Eyes, and Frederick B. Pike, The United States and Latin America: Myths and Stereotypes of Civilization and Nature (Austin: University of Texas Press, 1992).

67 Parker, "Empire's Angst," 75.

68 Quoted in Stephen Birmingham, "The Rest of Us:" The Rise of America's Eastern European Jews (Syracuse, NY: Syracuse University Press, 1999), 152. 伯明翰解释了梅耶・兰斯基的这句话"他的朋友……很快就熟知并接受了'兰斯基定律',从那时起,这将成为有组织犯罪赖以生存的基本准则,就像合法的资本主义社会赖以生存一样,一直以来都是如此"。

69 Kurlansky, Havana, 93.

70 Parker, "Empire's Angst."

71 1926 年 2 月 29 日,《巴拿马时报》。

72 Dorr, Thousand Thirsty Beaches, 19.

73 Andreve, Cómo atraer el turismo a Panamá, 23.

74 Andreve, Cómo atraer el turismo a Panamá, 23.

75 English, Havana Nocturne, 4.

76 关于刺杀总统何塞・拉蒙・基萨多一事,参看 Larry LaRae Pippins, The Remón Era: An Analysis of a Decade of Events in Panama, 1947–1957 (Stanford, CA: Stanford University Press, 1964).

77 有关中美洲和加勒比地区毒品贩运的最近历史,请参阅 Julie Marie Bunck and Michael Ross Fowler, Bribes, Bullets, and Intimidation: Drug Trafficking and the Law in Central America (University Park: Pennsylvania State University Press, 2012.)

78 关于巴拿马民俗,参阅 Alfredo Figueroa Navarro, ed., El desarrollo de las ciencias sociales en Panamá (Panama City: Universidad de Panamá, 1983).

79 Pizzurno, "El turismo y el patrimonio," 21–22.

80 Hal Rothman and William P. Clements, eds. The Culture of Tourism,

the Tourism of Culture: Selling the Past to the Present in the American Southwest (Albuquerque: University of New Mexico Press, 2003).

81 Putnam, Radical Moves, 19.

82 Marixa Lasso, "Race and Ethnicity in the Formation of Panamanian National Identity: Panamanian Discrimination against Chinese and West Indians in the Thirties," Revista Panameña de Política, no. 4 (July–December 2007): 63.

83 Star and Herald, October 23, 1926.

84 George Westerman, A Minority Group in Panama: Some Aspects of West Indian Life (Panama City: National Civic League, 1950), 15.

85 Guridy, Forging Diaspora, 157.

86 "RP Discriminates in Entry Laws, Writer Charges," The Nation, November 22, 1947.

87 1953 年 7 月 30 日，乔治·韦斯特曼给总统何塞·安东尼奥·雷蒙的信 , George W. Westerman Papers, box 63, SCRBC.

88 B. Traven, The Death Ship (1926; repr., Chicago: Chicago Review Press, 1991), 57.

89 关于种族主义继续在旅游业中发挥的作用，请参阅 L. Kaifa Roland, Cuban Color in Tourism and La Lucha: An Ethnography of Racial Meanings (New York: Oxford University Press, 2011.)

第三章

1 泛美航空公司的宣传手册，哈瓦那航线 (n.d.), collection 341, box 248, folder 11, PAW.

2 报纸和泛美航空公司的公共关系剪报，摘自 "1928 年 1 月 16 日，哈瓦那西礁岛第一次客运航班" 文件夹 , collection 341, box 248, folder 11, PAW.

3 See James R. Hansen, "Aviation in the Wider View," Technology and

Culture 30, no. 3 (July 1989)：643–56. 关于泛美航空的历史，请参见 Eugene Banning, Airlines of Pan American since 1927: Its Airlines, Its People, and Its Aircraft (McLean, VA: Paladwr, 2001); Barnaby Conrad, Pan Am: An Aviation Legend (Emeryville, CA: Woodford, 1999); R. E. G. Davies, Pan Am: An Airline and Its Aircraft (Twickenham, UK: Hamlyn, 1987); and Matthew Josephson, Empire of the Air: Juan Trippe and the Struggle for World Airways (New York: Harcourt, Brace, 1944).

4　Jennifer Van Vleck, Empire of the Air: Aviation and the American Ascendancy (Cambridge, MA: Harvard University Press, 2013.)

5　卡尔·马克思于 1857 年出版了《政治经济学批判大纲》，他首次解释了时间对空间的毁灭理论。他写道："一方面，资本必须努力打破每一个空间上的交流障碍，即交换的每一个空间障碍，并以征服整个地球作为它的市场；另一方面，它又努力用时间消灭这种空间，也就是说，把从一个地方到另一个地方所花费的时间减少到最低限度。"Karl Marx, Grundrisse: Foundations of the Critique of Political Economy, trans. Martin Nicolaus (New York: Vintage, 1973), 538.

6　在伊曼纽尔·沃勒斯坦等学者的启发下，我们必须"不思考"我们对现代世界的了解。我们的现在是一个复杂的历史拼贴画，是理所当然的转变。参看 Immanuel Wallerstein, World–Systems Analysis: An Introduction (Durham, NC: Duke University Press, 2006).

7　航空业最初几十年的辉煌历史，参看 Robert Wohl, The Spectacle of Flight: Aviation and the Western Imagination, 1920—1950(New Haven, CT: Yale University Press, 2005).

8　论现代技术与文化变迁的关系，参看 Stephen Kern, *The Culture of Time and Space, 1880–1918*(Cambridge, MA: Harvard University Press, 2003); David Harvey, *The Condition of Postmodernity: An Enquiry into the Origins of Cultural Change*(Cambridge, MA: Blackwell, 1990); and John Agnew, "The New Global Economy: Time–Space Compression, Geopolitics, and Global Uneven Development," *Journal of World–Systems Research* 7, no.

2 (Fall 2001): 133–54.

9 Christian Beyer, "Edmund Husserl," Stanford Encyclopedia of Philosophy, November 18, 2020, https://plato.stanford.edu/entries/husserl/. 有关现象学的经典文本，参看 Edmund Husserl, *Ideas: A General Introduction to Pure Phenomenology* (1931; repr., New York: Collier Books, 1963); Martin Heidegger, *The Basic Problems of Phenomenology*, trans. Alfred Hofstader (1975; repr., Bloomington: Indiana University Press, 1982); and Jean Paul Sartre, *Being and Nothingness*, trans. Hazel Barnes (1943; repr., New York: Washington Square, 1956).

10 Stephen Crane, *The Open Boat and Other Tales of Adventure* (New York: Dou bleday & McClure, 1898), 3.

11 有关克雷恩描写海上旅行的文学重要性，参看 Bert Bender, "The Nature and Significance of 'Experience' in 'The Open Boat,'" *Journal of Narrative Technique* 9, no. 2 (Spring 1979): 70–80.

12 Ernest Hemingway, "On the Blue Water: A Gulf Stream Letter," *Esquire*, April 1936.

13 On the cultural significance of ships and the sea, see Blumenberg, *Shipwreck with Spectator*.

14 Herman Melville, *Moby-Dick; or, The White Whale* (1851; repr., Boston: C. H.Simonds, 1892), 7.

15 Zuelow, *History of Modern Tourism*, 58.

16 Paul Sutter, "The Tropics: A Brief History of an Environmental Imaginary," in *Oxford Handbook of Environmental History*, ed. Andrew Isenberg (New York: Oxford University Press), 178–204.

17 "Underwater Cultural Heritage," UNESCO, accessed August 1, 2018, http://www.unesco.org/new/en/culture/themes/underwater-cultural-heritage/underwater-cultural-heritage/wrecks/.

18 有关哥伦布的航行以及古代地理和航海思想的指引，参看 Nicolás Wey Gómez, *The Tropics of Empire: Why Columbus Sailed South to the*

Indies (Cambridge, MA: MIT Press, 2008) 。有关加勒比地区的飓风，参看 Stuart Schwartz, *Sea of Storms: A History of Hurricanes in the Greater Caribbean from Columbus to Katrina* (Cambridge, MA: Harvard University Press, 2005).

19　Bernard Bailyn, *Atlantic History: Concepts and Contours* (Cambridge, MA: Harvard University Press, 2005).

20　Derek Howse, *Greenwich Time and the Discovery of Longitude* (London: Philip Wilson, 1997); P. Kenneth Seidelmann and Catherine Y. Hohenkerk, eds., *The History of Celestial Navigation: Rise of the Royal Observatory and Nautical Almanacs* (New York: Springer, 2020).

21　Alex Roland, W. Jeffrey Bolster, and Alexander Keyssar, *The Way of the Ship: America's Maritime History Reenvisioned, 1600–2000* (Hoboken, NJ: John Wiley, 2008).

22　Mahan, "The United States Looking Outward," 816–24.

23　Roland, Bolster, and Keyssar, *Way of the Ship*, 255–63.

24　Joseph Conrad, *The Mirror of the Sea* (New York: Doubleday, 1926), 72.

25　"Havana Newspaper Man Describes Plane Trip from That City Here," *Key West Citizen*, January 21, 1928, collection 341, box 248, folder 11, PAW.

26　Charles A. Lindbergh, *Autobiography of Values* (New York: Harcourt Brace Jovanovich, 1977), 63–64.

27　"The Logic of the Air," *Fortune* 27, April 1943, 72–74, quoted in Van Vleck, *Empire of the Air*, 3–4.

28　有关美国航空文化影响的概述，参看 Dominick Pisano, ed., *The Airplane in American Culture* (Ann Arbor: University of Michigan Press, 2003).

29　Arjun Appadurai, *Modernity at Large: Cultural Dimensions of Globalization* (Minneapolis: University of Minnesota Press, 1996), 37–39.

30　有关现代飞行的疏远效应，参看 Walter Kirn, *Up in the Air: A Novel*(New York: Doubleday, 2001.)

31　在帝国竞争中，泛美航空公司在将其服务扩展到加勒比地区的法国控制的岛屿方面进展缓慢。一位史密森学会的科学家观察到，"法国人正在为一些法国公司保留特许经营权"。Letter from Waldo Schmitt to Alexander Wetmore, March 6, 1937, RU 7231, box 91, SIA.

32　Alex Roland, *Model Research: The National Advisory Committee for Aeronautics, 1915*–1958 (Washington, DC: NASA, 1985.) See Pub. L. 271, 63rd Cong., 3rd sess., passed March 3, 1915 (38 Stat. 930), accessed, December 1, 2018, https://history. nasa.gov/SP-4103/app–a.htm#1.

33　Van Vleck, *Empire of the Air*, 28.

34　有关美国联邦对科技发展的资助，参看 Hunter A. Dupree, *Science in the Federal Government: A History of Policies and Activities to 1940* (New York: Harper & Row, 1964).

35　Rosalie Schwartz, *Flying down to Rio: Hollywood, Tourists, and Yankee Clippers* (College Station: Texas A&M Press, 2004), 221–58.

36　Marilyn Bender and Selig Altschul, *The Chosen Instrument: Pan Am, Juan Trippe, the Rise and Fall of an American Entrepreneur* (New York: Simon & Schuster, 1982).

37　"First Passenger Flight, Key West–Havana, January 16, 1928," collection 341, box 248, folder 11, PAW.

38　Quoted in James Brown Scott, "The Sixth Pan American Conference," *American Journal of International Law* 22, no. 2 (April 1928): 351–62.

39　"Panama's Distinctive Stability," *Panama Times*, January 23, 1926.

40　"First Airmail Miami–Cristobal–Miami, 1929," collection 341, box 250, folder 6, PAW.

41　Banning, *Airlines of Pan Am since 1927*. Today the old Pan Am air terminal is Miami's city hall.

42　有关快船的视觉历史，参看 Richard Woodman, *The History of the Ship: The Comprehensive Story of Seafaring form the Earliest Times to the Present Day* (London: Conway Maritime, 2005).

43　Van Vleck, *Empire of the Air*, 1–17.

44 Roger Connor, "Amelia Earhart and the Profession of Air Navigation," Smithsonian National Air and Space Museum, February 12, 2013, https://airand space.si.edu/stories/editorial/amelia−earhart−and−profession−air−navigation.

45 "Profits from Passengers," undated article, collection 341, box 248, folder 11, PAW.

46 Alain Pelletier, *Boeing: The Complete Story* (Sparkford, UK: Haynes, 2010).

47 引用自安妮·雅各布森, *Operation Paperclip: The Secret Intelligence Program That Brought Nazi Scientists to America* (New York: Little, Brown, 2014), 52.

48 Van Vleck, Empire of the Air, 241−47. See Peter Dunn, "Why Hasn't Commercial Air Travel Gotten Any Faster since the 1960s?," MIT School of Engineering, February 19, 2009, https://engineering.mit.edu/engage/ask−an−engineer/why−hasnt−com mercial−air−travel−gotten−any−faster−since−the−1960s/. 摘自邓恩的文章:"Specified cruising speeds for commercial airliners today range between about 480 and 510 knots, compared to 525 knots for the Boeing 707, a mainstay of 1960s jet travel. Why?" 简而言之, 主要关注的是燃油效率。跑得更快会消耗更多的燃料。

49 "Pan Am Introduction to Jet Service," Pan American Airways commercial, 1958, https://www.youtube.com/watch?v=bKqQgNZylLw.

50 Michael Lombardi, "Seventh Heaven: 50 Years ago, Boeing and Pan Am Revolutionized Travel with the 707," *Boeing Frontiers*, July 2008, 8−9.

51 "Faith, Progress Mark 30 Years of Pan American Pioneering," Pan American Airways, promotional brochure, 1957, collection 341, box 1, folder 8, PAW.

52 有关游轮的兴衰, 参看 Honey, *Cruise Tourism in the Caribbean*; Jean−Paul Rodrigue and Theo Notteboom, *The Geography of Transport Systems* (New York: Routledge, 2017), 249−50.

53 有关作为现代性象征的飞机上, 参看 Wohl, *Spectacle of Flight*, and Pisano, *Airplane in American Culture*.

54 引用自马西，"Global Sense of Place,"154.

55 有关集装箱运输的历史，参看 Marc Levinson, *The Box: How the Shipping Container Made the World Smaller and the World Economy Bigger* (Princeton, NJ: Princeton University Press, 2006).

56 Gabe Bullard, "The Surprising Origin of the Phrase 'Flyover Country,'" *National Geographic*, March 14, 2016.

57 Walter Benjamin, *One-Way Street and Other Writings*, trans. J. A. Underwood (New York: Penguin Classics, 2009), 52.

58 关于汽车旅行的历史，参见 Sutter, Driven Wild。火车旅行，参看 Wolfgang Schivelbusch, *The Railway Journey: The Industrialization of Time and Space in the Nineteenth Century* (Oakland: University of California Press, 2014).

59 Walcott, *The Antilles*.

60 See Barbara Ireland, ed., *The New York Times 36 Hours World* (Cologne: Taschen, 2015).

第四章

1 Mark V. Barrow Jr., *A Passion for Birds: American Ornithology after Audubon* (Princeton, NJ: Princeton University Press, 1998), 9–10.

2 Theodore Roosevelt Rotunda, American Museum of Natural History, accessed March 3, 2015, http://www.amnh.org/theodore-roosevelt-quotes.

3 Letter from Theodore Roosevelt to Bonnie Roosevelt, August 6, 1876, Oyster Bay, NY, Theodore Roosevelt Center, Dickinson State University, http://www.theodorerooseveltcenter.org.

4 有关罗斯福作为博物学家的经历，参见 Michael R.Canfield *Theodore Roosevelt in the Field* (Chicago: University of Chicago Press, 2015).

5 有关旅游、探险和冒险之间的关系，参见 Robert J. Gordon and Luis Antonio Vivanco, eds., *Tarzan Was an Eco-tourist: And Other Tales in the*

Anthropology of Adventure (New York: Berghahn Books, 2006).

6 有关古巴军事战役，参看 Theodore Roosevelt, *The Rough Riders* (New York: Charles Scribner's Sons, 1899).

7 有关罗斯福的海外旅行，参见 Kelly Enright, *The Maximum of Wilderness: The Jungle in the American Imagination* (Charlottesville: University of Virginia Press, 2012), 9–34.

8 罗斯福远征巴西，参见 Candice Millard, *The River of Doubt: Theodore Roosevelt's Darkest Journey* (New York: Broadway Books, 2005).

9 William Cronon, "The Trouble with Wilderness; or, Getting Back to the Wrong Nature," in Cronon, *Uncommon Ground*, 78.

10 Patrick Hemingway, foreword to Ernest Hemingway, *Hemingway on Hunting* (New York: Scribner, 2003), xxvi.

11 On the cultural influence of the National Geographic Society, Catherine A. Lutz and Jane L. Collins, *Reading National Geographic* (Chicago: Chicago University Press, 1993).

12 Albert Camus, *The Myth of Sisyphus, and Other Essays*, ed. Gustavo Aguilera (New York: Vintage Books, 1991), 11. Explaining phenomenology, Camus adds, "Phenomenology declines to explain the world, it wants to be merely a description of actual experience. It resembles the projector that suddenly focuses on an image."

13 Robert E. Kohler, *All Creatures: Naturalists, Collectors, and Biodiversity, 1850—1950* (Princeton, NJ: Princeton University Press, 2006), 88.

14 Donna Haraway, "Teddy Bear Patriarchy: Taxidermy in the Garden of Eden, New York City, 1908–36," *Social Text*, no. 11 (Winter 1984/85): 21.

15 Theodore Roosevelt, "A Zoological Trip through Africa," lecture, March 21, 1911, Science Series of the Throop Extension Courses, *Bulletin of Throop Polytechnic Institute* 10, no. 51, Theodore Roosevelt Center, https://www.theodorerooseveltcenter.org/Research/Digital–Library/Record?libID=o279320.

16 Theodore Roosevelt, *An Autobiography* (New York: Charles Scribner's Sons, 1920), 19.

17 *Annual Report of the Board of Regents of the Smithsonian Institution, Showing the Operations, Expenditures, and Condition of the Institution for the Year Ending June 30, 1912* (Washington: GPO, 1913), 3, SIA.

18 Twain, *Innocents Abroad*, 23.

19 Elizabeth Blair, "Smithsonian, Congress Share a Turbulent History," National Public Radio,May20, 2007, http://www.npr.org/templates/story/story. php?storyId=10283521.

20 有关博物馆对世界其他地区，特别是热带地区的西方文化信仰的塑造作用，参见 James Clifford, *The Predicament of Culture: Twentieth-Century Ethnography, Literature, and Art* (Cambridge, MA: Harvard University Press, 1988); Barbara Kirshenblatt-Gimblett, *Destination Culture: Tourism, Museums, and Heritage* (Berkeley: University of California Press, 1998); and Karsten Schubert, *The Curator's Egg: The Evolution of the Museum Concept from the French Revolution to the Present Day* (London: Ridinghouse, 2009).

21 Heather Ewing, *The Lost World of James Smithson: Science, Revolution, and the Birth of the Smithsonian* (London: Bloomsbury, 2007).

22 Letter from Alexander Wetmore to Frank Chapman, June 23, 1943, RU 7006, box 4, Alexander Wetmore Papers, SIA.布鲁诺·拉图尔总结道，西方科学技术史"在很大程度上就是动员一切可以移动并运回国内的东西的历史"。Bruno Latour, *Science in Action: How to Follow Scientists and Engineers through Society* (Philadelphia: Open University Press, 1987), 225.

23 *Annual Report of Board of Regents, Year Ending June 30, 1912*, 25, SIA.随着运河的建设（见第一章），在美国大陆到运河的海上航线上，从前被认为不可接近的甚至是可以致命的岛屿和社区，如今已经被重新想象为度假目的地。

24 William L. Stern, oral history interview, July 2, 1997, History of Tropical

Biology, RU 9606, SIA.

25 Grove, *Green Imperialism*, 8.

26 Phillip J. Pauly, "The World and All That Is in It: The National Geographic Society, 1888–1918," *American Quarterly* 31, no. 4 (1979): 517.

27 David Arnold, *The Problem of Nature: Environment, Culture, and European Expansion* (Cambridge, MA: Blackwell, 1996), 2.

28 Warder C. Allee and Marjorie Hill Allee, *Jungle Island* (Rand McNally: Chicago, 1925), 10.

29 Quoted in Haraway, "Teddy Bear Patriarchy," 55.

30 有关科学知识的历史生产，参见 Hugh Raffles, *In Amazonia: A Natural History* (Princeton, NJ: Princeton University Press, 2002).

31 Alexander Wetmore Papers, RU 7006, SIA.

32 S. Dillon Ripley and James A. Steed, "Alexander Wetmore, June 18, 1886–December 7, 1978," National Academy of Sciences, *Biographical Memoirs* 56 (1987): 597–626.

33 有关韦特莫尔的传记信息，参见 Paul H. Oehser, "In Memoriam: Alexander Wetmore," *The Auk,* no. 97 (July 1980): 608–15, and John Sherwood, "His Field Notebook Was Started in 1894: It Is Not Yet Complete," *Washington Star*, January 13, 1977. 关于他对古鸟类学的贡献的讨论，参见 Storrs L. Olson, "Alexander Wetmore and the Study of Fossil Birds," in *Collected Papers in Avian Paleontology Honoring the 90th Birthday of Alexander Wetmore*, ed. Storrs L. Olson, Smithsonian Contributions to Paleobiology (Washington, DC: Smithsonian Institution Press, 1976): xi–xvi.

34 Letter from Alexander Wetmore to Thomas Barbour, October 28, 1944, RU 7006, box 4, SIA.

35 Alexander Wetmore, "Something about Museums," speech for the opening of the new wing of the Science Museum of the St. Paul Institute, November 29, 1938, RU 7006, box 233, SIA.

36 Alexander Wetmore, "The Value of Travel," Future Farmers of America

national radio program, August 7, 1939, RU 7006, box 233, SIA.

37 Alexander Wetmore, oral history interview, RU 9504, SIA.

38 James Dietz, *Economic History of Puerto Rico: Institutional Change and Capital ist Development* (Princeton, NJ: Princeton University Press, 1986). 在美国军事政变之后，古巴和巴拿马也出现了类似的资本主义发展。参见 Marifeli Pérez-Stable, *The Cuban Revolution: Origins, Course, and Legacy* (New York: Oxford University Press, 2012), and Michael L. Conniff, *Panama and the United States: The End of an Alliance* (Athens: University of Georgia Press, 2012).

39 有关美国科学进入加勒比地区的历史和文化根源，参见 Megan Raby, *American Tropics: The Caribbean Roots of Biodiversity Science* (Chapel Hill: University of North Carolina Press, 2017.)

40 Letter from Alexander Wetmore to Maj. Gen. Willis Hale, May 6, 1948, RU 7006, box 153, SIA.

41 Letter from Alexander Wetmore to Gen. Hubert R. Harmon, June 12, 1947, RU 7006, box 153, SIA.

42 Letter from Alexander Wetmore to Brig. Gen. E. F. Bullene, November 30, 1943, RU 7006, box 153, SIA.

43 Alexander Wetmore, memorandum, October 23, 1944, RU 7006, box 153, SIA. 要了解更多关于圣何塞岛化学战测试的信息，参见 John Lindsay-Poland, *Emperors in the Jungle: The Hidden History of the U.S. in Panama* (Durham, NC: Duke University Press, 2003), 44–73.

44 Robert Fitzroy, *Narrative of the Surveying Voyages of His Majesty's Ships Adventure and Beagle between the years 1826 and 1836, Volume II* (1839; repr., New York: AMS, 1966), 43.

45 Franz Boas, "Scientists as Spies," *The Nation*, December 20, 1919.

46 Boas, "Scientists as Spies."

47 David H. Price, *Anthropological Intelligence: The Deployment and Neglect of American Anthropology in the Second World War* (Durham, NC: Duke

University Press, 2008), 7–14.

48 James Bond, *Birds of the West Indies* (1936; repr., Boston: Houghton Mifflin, 1961).

49 Jim Wright, *The Real James Bond: A True Story of Identity Theft, Avian Intrigue, and Ian Fleming* (Atglen, PA: Schiffler, 2020).

50 Letter from James Bond to Alexander Wetmore, August 25, 1941, RU 7006, box 6, SIA.

51 Letter from James Bond to Smithsonian, June 5, 1973, RU 7006, box 6, SIA.

52 Geoffrey T. Hellman, "Curator Getting Around," *New Yorker*, August 26, 1950.

53 Quoted in Michael Lewis, "Scientists or Spies? Ecology in a Climate of Cold War Suspicion," *Economic and Political Weekly* 37, no. 24 (June 15, 2002): 2323–32.

54 Lewis, "Scientists or Spies?," 2324.

55 Waldo L. Schmitt Papers, 1907–1978, RU 7231, SIA.

56 Fenner A. Chace Jr., oral history interview, October 6 and 11, 1977, RU 9516, SIA.

57 Huntington Hartford, "Gone without the Wind," *Esquire*, October 1938.

58 Dave Kansas, "A&P Heading to the Checkout Counter?," *Wall Street Journal*, December 10, 2010.

59 Quoted in Suzanna Andrews, "Hostage to Fortune," *Vanity Fair*, June 12, 2010.

60 Letter from Waldo Schmitt to Alexander Wetmore, March 6, 1937, RU 7231, box 91, SIA.

61 Hartford, "Gone without the Wind."

62 Waldo Schmitt Diary, March 3–May 12, 1937, Smithsonian–Hartford West Indies Expedition, RU 7231, box 91, SIA.

63 Letter from Waldo Schmitt to Alexander Wetmore, March 6, 1937, RU 7231, box 91, SIA.

64 Hartford, "Gone without the Wind" ; Schmitt Diary, March 3–May 12, 1937.

65 Schmitt Diary, March 3–May 12, 1937.

66 Andrews, "Hostage to Fortune."

67 Chace, oral history interview, October 6 and 11, 1977.

68 Richard E. Blackwelder, oral history interview, January 17, 1973, RU 9517, SIA.

69 Letter from Waldo Schmitt to Helen and George Allan Hancock, March 16, 1943, RU 7231, box 14, SIA.

70 Gordon and Vivanco, *Tarzan Was an Eco-tourist*, 1.

71 有关生态旅游，参见 Héctor Ceballos-Lascuráin, *Tourism, Ecotourism, and Protected Areas: The State of Nature-Based Tourism around the World and Guidelines for Its Development* (Gland, Switzerland: International Union for Conservation of Nature and Natural Resources, 1996); Sterling Evans, *The Green Republic: A Conservation History of Costa Rica* (Austin: University of Texas Press, 1999); Martha Honey, *Ecotourism and Sustainable Development: Who Owns Paradise?* (Washington DC: Island, 1999); Deborah McLaren, *Rethinking Tourism and Ecotravel: The Paving of Paradise and What You Can Do to Stop It* (West Hartford, CT: Kumarian, 1998); and Paige West and James G. Carrier, "Ecotourism and Authenticity: Getting Away from It All?," *Current Anthropology* 45, no. 4 (2004): 483–98.

72 George Simmel, "The Adventurer," in *George Simmel on Individuality and Social Forms*, ed. Donald N. Levine, 187–98 (Chicago: University of Chicago Press).

73 Waldo Schmitt, "Knowledge and the Zest of Life," RU 7231, box 73, SIA.

74 Haraway, "Teddy Bear Patriarchy," 168.

75 Nils Lindahl Elliot, "A Memory of Nature: Ecotourism on Panama's Barro Colorado Island," *Journal of Latin American Cultural Studies* 19, no. 3 (December 2010): 237–59.

76 Quoted in Pamela Henson, "Invading Arcadia: Women Scientists in the

Field in Latin America, 1900–1950," *The Americas* 58, no. 4 (April 2002): 577.

77 Candace Slater, "Amazonia as Edenic Narrative." in Cronon, *Uncommon Ground*, 114.

78 Fausto Bocanegra, oral history interview, August 15, 1988, RU 9561, SIA.

79 James Clifford, *Routes: Travel and Translation in the Late Twentieth Century* (Cambridge, MA: Harvard University Press, 1997), 33.

80 Valerie Boyd, *Wrapped in Rainbows: The Life of Zora Neale Hurston* (New York: Scribner, 2003), 81.

81 Alexis Pauline Grumbs, *Undrowned: Black Feminist Lessons from Marine Mammals* (Chico, CA: AK, 2020), 95.

82 Clifford, *Predicament of Culture*, 220.

第五章

1 "Editor's Box," *Esquire*, inaugural issue, autumn 1933.

2 Arnold Gingrich, "Publisher's Page," *Esquire*, October 1961.

3 关于金里奇与海明威的关系，参见 Arnold Gingrich, *Nothing but People: The Early Days at Esquire* (New York: Crown, 1971).

4 Kevin Maier, "'A Trick Men Learn in Paris': Hemingway, Esquire, and Mass Tourism," *Hemingway Review* 31, no. 2 (Spring 2012): 68.

5 Ernest Hemingway, "Marlin off the Morro: A Cuban Letter," *Esquire*, Autumn 1933.

6 Russ Pottle, "Travel," in *Ernest Hemingway in Context*, ed. Debra A. Moddel mog and Suzanne del Gizzo, 367–78 (New York: Cambridge University Press, 2013).

7 James Salter, "The Finest Life You Ever Saw," *New York Times Review of Books*, October 2011.

8 *Michael Palin's Hemingway Adventure*, directed by David F. Turnbull

(London: BBC, 1999), DVD.

9 "Running with the Bulls," *Snap Judgment*, National Public Radio, December 19, 2014.

10 Ernest Hemingway, *Death in the Afternoon* (New York: Charles Scribner's Sons, 1932), 2.

11 Paul Fussell, *Abroad: British Literary Traveling between the Wars* (New York: Oxford University Press, 1980), 11.

12 Ford Madox Ford, *The English Novel: From the Earliest Days to the Death of Joseph Conrad* (London: Constable, 1930), 9.

13 Emily Rosenberg, ed. *A World Connecting, 1870–1945* (Cambridge, MA: Harvard University Press, 2012), 3.

14 Said, *Orientalism*, 27.

15 Toni Morrison, *Playing in the Dark: Whiteness and the Literary Imagination* (New York: Vintage Books, 1993), 12.

16 Pratt, *Imperial Eyes*, 4.

17 Pratt, *Imperial Eyes*, 221.

18 Helen Carr, "Modernism and Travel, 1880–1940," in *Cambridge Companion to Travel Writing*, ed. Peter Hulme and Tim Youngs, 70–86 (Cambridge: Cambridge University Press, 2002).

19 Fussell, *Abroad*, 38.

20 Morrison, *Playing in the Dark*, 90.

21 David Foster Wallace, "E Unibus Pluram: Television and U.S. Fiction," in *A Supposedly Fun Thing I'll Never Do Again* (New York: Little, Brown, 1997), 51.

22 Hulme and Young, *Cambridge Companion to Travel Writing*, 2.

23 有关海明威杂志作品的完整列表，参见 Carlos Baker, *Hemingway: The Writer as Artist* (Princeton, NJ: Princeton University Press, 1980), 409–39.

24 "宽阔的草坪和狭窄的心灵"这句话经常被认为是海明威的功劳，但没有记录表明他曾说过或写过这句话。参见 Robert K. Elder, "The

'Wide Lawns' Myth: Ernest Hemingway in Oak Park," *Chicago Tribune*, July 17, 2014.

25　Hemingway, "The Great Blue River," *Holiday Magazine*, July 1949.

26　Morrison, *Playing in the Dark*, 70.

27　Arnold Samuelson, *With Hemingway: A Year in Key West and Cuba* (New York: Random House, 1984), 3.

28　Samuelson, *With Hemingway*, 3.

29　Paul Hendrickson, *Hemingway's Boat: Everything He Loved in Life, and Lost* (New York: Vintage Books, 2012), 66.

30　Hemingway, "Monologue to the Maestro: A High Seas Letter," *Esquire*, October 1935.

31　Samuelson, *With Hemingway*, 162.

32　Samuelson, *With Hemingway*, 84.

33　有关跨国历史作为历史方法，参见 Briggs, McCormick, and Way, "Transnationalism"；Mae M. Ngai, "Promises and Perils of Transnational History," *Perspectives on History: The Newsmagazine of the American Historical Association*, December 2012; and Louis A. Pérez Jr., "We Are the World: Internationalizing the National, Nationalizing the International," *Journal of American History* 89, no. 2 (September 2002): 558–66.

34　John Steinbeck, *Cup of Gold: A Life of Sir Henry Morgan, Buccaneer, with Occasional Reference to History* (New York: McBride, 1929).

35　Steinbeck, *Cup of Gold*, 41.

36　John Steinbeck, *The Pearl* (New York: Viking, 1947).

37　John Steinbeck, *Log from the Sea of Cortez* (1951; repr., New York: Penguin Classics, 1995), 21.

38　Richard Halliburton, *The Royal Road to Romance* (Indianapolis, IN: Bobbs Merrill, 1925), 4.

39　Clare Boothe, "We Nominate for Oblivion," *Vanity Fair*, June 1930.

40　有关哈里伯顿的遗产，参见 R. Scott Williams, *The Forgotten Adventures* of *Richard Halliburton: A High-Flying Life from Tennessee to Timbuktu* (Charleston, SC: History Press, 2014).

41 Quoted in Greg Daugherty, "The Last Adventure of Richard Halliburton, the Forgotten Hero of 1930s America," *Smithsonian Magazine*, March 25, 2014.

42 Robert Colls, *George Orwell: English Rebel* (Oxford: Oxford University Press, 2013), 18. 关于奥威尔及其与英国殖民主义的关系，科尔斯写道："对于英国人来说，每一个山头都是一个可以逃离的地方。奥威尔的曾曾祖父曾是牙买加的奴隶主，他的岳父是缅甸的柚木商人，他的父亲曾是鸦片贸易的官员。这些传家宝让他亲身见证了他所目睹的一切。"

43 Aldous Huxley, "Wordsworth in the Tropics," in *Do What You Will* (London: Chatto & Windus, 1929), 128–29.

44 格林经常回到拉丁美洲和加勒比地区，并将其作为他讲故事的背景。在墨西哥，*The Lawless Roads* (1939) and *The Power and the Glory* (originally *The Labyrinthine Ways*) (1940); 在古巴，*Our Man in Havana* (1958); and in Panama, *Getting to Know the General: The Story of an Involvement* (1984).

45 Quoted in Guridy, *Forging Diaspora*, 124.

46 Langston Hughes, *I Wonder as I Wander* (New York: Hill & Wang, 1956), 25.

47 Claude McKay, *A Long Way from Home* (New York: Arno, 1937), 9.

48 Hulme, *Colonial Encounters*; Sheller, *Consuming the Caribbean*.

49 Harry L. Foster, *The Adventures of a Tropical Tramp* (New York: A. L. Burt, 1922), 2.

50 1910 年，美国学生的平均受教育年限约为 8.1 年。到 1940 年，这一数字只增加到 8.6 年。参见 Thomas Snyder, *120 Years of American Education: A Statistical Portrait; National Center for Education Statistics* (Washington, DC: Department of Education, 1993).

51 Foster, *Adventures of a Tropical Tramp*, 1–8; "Harry L. Foster, Writer, Dies at 37," *New York Times*, March 16, 1932.

52 Foster, *Tropical Tramp with the Tourists*. 福斯特能够随心所欲地选择目的地，并朝着那个方向前进，这意味着他拥有高度特权的旅行身份。对于有色人种或不太受欢迎的国家的旅行者来说，旅行受到严格限制。关于旅行限制和国家当局的作用，参见 John Torpey, *The Invention of the Passport: Surveillance, Citizenship and the State* (Cambridge: Cambridge University Press, 1999).

53 哈里·L. 福斯特的出版物包括：*If You Go to South America* (1937), *The Caribbean Cruise* (1935), *A Vagabond in the Barbary* (1930), *Combing the Caribbees* (1929), *A Vagabond in Fiji* (1927), *A Tropical Tramp with the Tourists* (1925), *A Gringo in MananaLand* (1924), *A Beachcomber in the Orient* (1923), and *The Adventures of a Tropical Tramp* (1922).

54 Foster, *Tropical Tramp with the Tourists*, 2.

55 Michael Adas, *Machines as the Measure of Men: Science, Technology, and Ideologies of Western Dominance* (Ithaca, NY: Cornell University Press, 1989), 348.

56 Missal, *Seaway to the Future*.

57 Benjamin, *One–Way Street*, 114.

58 Kern, *Culture of Time and Space*, 130.

59 *Panama Star and Herald*, September 24, 1923.

60 Traven, *Death Ship*, 41.

61 有关美国禁酒令的历史，参见 Daniel Okrent, *Last Call: The Rise and Fall of Prohibition* (New York: Simon & Schuster, 2010).

62 Malcolm Cowley, *A Second Flowering: Works and Days of the Lost Generation* (New York: Viking, 1973), 14.

63 Ernest Hemingway, *A Moveable Feast* (New York: Bantam Books, 1965).

64 Jeffrey Schwartz, " 'The Saloon Must Go, and I Will Take It with Me': American Prohibition, Nationalism, and Expatriation in *The Sun Also Rises*," *Studies in the Novel* 33, no. 2 (2001): 196.

65 Carlos Baker, *Ernest Hemingway: A Life Story* (New York: Charles

Scribner's Sons, 1969), 180.

66 F. Scott Fitzgerald, *This Side of Paradise* (New York: Scribner, 1920), 256.

67 Fitzgerald, *This Side of Paradise*, 281.

68 Allie Baker, "Hemingway, the Fitzgeralds, and the Lost Generation: An Interview with Kirk Curnutt," The Hemingway Project, August 14, 2018, http://www.thehemingwayproject.com/hemingway–the–fitzgeralds–and–the–lost–generation–aninterview–with–kirk–curnutt/.

69 Harry Franck, *Roaming through the West Indies* (Cornwall, NY: Cornwall, 1920), 484. 有关弗兰克的文学生涯和旅行，参见 Steven L. Driever, "Geographic Narratives in the South American Travelogues of Harry A. Franck: 1917–1943," *Journal of Latin American Geography* 10, no. 1 (2010): 53–69, and "From Travel to Tourism: Harry Franck's Writing on Mexico (1916–1940)," *Journal of Latin American Geography* 12, no. 2 (2013): 7–33.

70 Foster, *Adventures of a Tropical Tramp*, 358.

71 Cowley, *Second Flowering*, 26.

72 Wallace, "E Unibus Pluram," 57.

73 Max Horkeimer and Theodor W. Adorno, *The Dialectic of Enlightenment: Cultural Memory in the Present*, trans. Steven Rendall (1944; repr., New York: Verso 1997), 167.

74 "A Banker's Holiday in Hemingway's Cuba," *Wednesday Journal of Oak Park and River Forest*, April 24, 2012, https://www.oakpark.com/2012/04/24/a–bankersholiday–in–hemingways–cuba/.

75 Ricardo Salvatore, "The Enterprise of Knowledge: Representational Machines of Informal Empire," in *Close Encounters of Empire: Writing the Cultural History of U.S.–Latin American Relations*, ed. Gilbert Joseph, Catherine LeGrand, and Ricardo Salvatore, 69–104 (Durham, NC: Duke University Press, 1998).

76 Quoted in Cowley, *Second Flowering*, 226.

77 "The Old Man and the City: Hemingway's Love Affair with Pamplona," *The*

Independent, February 12, 2015.

78 Ernest Hemingway, *To Have and Have Not* (New York: Charles Scribner's Sons, 1937).

79 Morrison, *Playing in the Dark*, 70.

80 Morrison, *Playing in the Dark*, 82.

81 Samuelson, *With Hemingway*, 20.

82 Hemingway, *To Have and Have Not*, 96.

83 Letters from Hemingway to John Dos Passos, from Havana, May 15, 1933, and from Key West, April 12, 1932, in *Ernest Hemingway: Selected Letters, 1917–1961*, ed. Carlos Baker (New York: Charles Scribner's Sons, 1981), 357, 389.

84 参看 Robin Moore, *Nationalizing Blackness: Afrocubanismo and Artistic Revolution in Havana; 1920–1940* (Pittsburgh: University of Pittsburgh Press, 1997); Putnam, *Radical Moves*.

85 Sheller, *Consuming the Caribbean*, 186.

86 Gilroy, *Black Atlantic*, 19.

87 Zora Neale Hurston, *Dust Tracks on a Road* (New York: Arno, 1969), 243.

88 Hurston, *Dust Tracks on a Road*, 188.

89 Zora Neale Hurston, *Tell My Horse: Voodoo and Life in Haiti and Jamaica* (1938; repr., New York: Perennial Library, 1990), 249.

90 Ifeoma Kiddoe Nwankwo, "Insider and Outsider, Black and American: Zora Neale Hurston's Caribbean Ethnography," *Radical History Review*, no. 87 (Fall 2003): 63.

91 Hurston, *Tell My Horse*, 249.

92 Nwankwo, "Insider and Outsider," 49–77; Annette Trefzer, "Possessing the Self: Caribbean Identities in Zora Neale Hurston's Tell My Horse," *African American Review* 34, no. 2 (Summer 2000): 299–312.

93 Correspondence between Zora Neale Hurston and Alan Lomax, 1936, Association for Cultural Equity, http://www.culturalequity.org/alan-lomax/

friends/ hurston.

94　Hurston, *Dust Tracks on a Road*, 141.

95　Herbert Aptheker, ed., *The Correspondence of W. E. B. Du Bois: Volume I, Selections, 1877–1934* (Amherst: University of Massachusetts Press, 1997), 374.

96　J. A. Rogers, "Book Review," *Pittsburgh Courier*, March 5, 1927.

97　有关海明威和《时尚先生》的关系，参见 Arnold Gingrich, "Scott, Ernest, Whoever," *Esquire*, December 1966.

98　Amy Kaplan, *The Anarchy of Empire in the Making of U.S. Culture* (Cambridge, MA: Harvard University Press, 2002), 53.

99　有关凯鲁亚克在墨西哥的时光及其对他文学创作的影响，参见 Jorge Garcia-Robles, *At the End of the Road: Jack Kerouac in Mexico* (Minneapolis: University of Minnesota Press, 2014).

100 Jack Kerouac, *Lonesome Traveler* (New York: Grove, 1960), 22.

第六章

1　"Iban a incendiar el Hotel Tívoli," *La Critica*, January 14, 1964. 袭击发生后查恩和阿隆卡计划立即返回巴拿马领土，以免被美国军方击落。

2　"Avioneta robada tripulada por dos panameños caeen la bahía," *La Estrella*, January 12, 1964.

3　Daniel Levinson Wilk, "Review of *Hotel: An American History* by A. K. Sandoval-Strausz, *Class Acts: Service and Inequality in Luxury Hotels* by Rachel Sherman, and *Hotel Theory* by Wayne Koestenbaum," *Enterprise and Society* 9, no. 4 (December 2008): 873–77.

4　有关美国对外关系与旅游业的历史研究，参看 Christopher Endy, *Cold War Holidays: American Tourism in France* (Chapel Hill: University of North Carolina Press, 2004), and Merrill, *Negotiating Paradise*. 关于酒店史学，参看 Kevin James, *Histories, Meanings, and Representations of the*

Modern Hotel (Bristol, UK: Channel View, 2018).

5　Lisa Smirl, *Spaces of Aid: How Cars, Compounds, and Hotels Shape Humanitarianism* (Chicago: University of Chicago Press, 2015); Kenneth Morrison, *Sarajevo's Holiday Inn on the Frontline of Politics and War* (Basingstoke, UK: Palgrave Macmillan, 2016).

6　Sarah Fregonese and Adam Ramadan, "Hotel Geopolitics: A Research Agenda," *Geopolitics* 20, no. 4 (2015): 793–813.

7　Michael E. Donoghue, *Borderland on the Isthmus: Race, Culture, and the Struggle for the Canal Zone* (Durham, NC: Duke University Press, 2004), 245–55.

8　"Canal Zone Milestone," *New York Times*, January 21, 1951.

9　"Balboa," *Saturday Evening Post*, December 24, 1949.

10　20 世纪 50 年代和 60 年代分别发生在埃及、古巴和巴拿马的反殖民斗争具有明显的文化和历史差异。不过，总体而言，它们突显了地方和民族主义者对帝国主义的控制与旅游发展之间交集的抵制。在这三次运动中，旅游业和外国游客的奢侈物都成为斗争的主要目标。

11　Robin D. G. Kelley, introduction to *Discourse on Colonialism,* by Aimé Césaire (New York: Monthly Review Press, 2000), 8.

12　On contact zones, see Pratt, *Imperial Eyes*.

13　Hunter S. Thompson, "Why Anti-Gringo Winds Often Blow South of the Border," *National Observer*, August 19, 1963.

14　Claude Lévi-Strauss, *Tristes Tropiques*, trans. Doreen Weightman and John Weightman (1955; repr., New York: Penguin Books, 1974), 126.

15　John Urry, *Consuming Places* (New York: Routledge, 1995), 131.

16　Maurizio Peleggi, "The Social and Material Life of Colonial Hotels: Comfort Zones and Contact Zones in British Colombo and Singapore, ca. 1870–1930," *Journal of Social History* 46, no 1 (2012): 124–53.

17　Clifford, *Routes*, 2.

18　"Panama Eyewitnesses Stress Army Restraint," *Youngstown (OH) Vindicator*, January 28, 1964, in George W. Westerman Papers, US-

Panama Relations, box 78, SCRBC. 有关1964年骚乱的各种第一手资料，参看韦斯特曼收藏。

19　有关 1964 年巴拿马的抗议和骚乱，参看 Donoghue, *Borderland on the Isthmus*; LaFeber, *Panama Canal*; and Alan L. McPherson, *Yankee No! Anti-Americanism in U.S.-Latin American Relations* (Cambridge, MA: Harvard University Press, 2003), 77–116.

20　"What Really Happened," *Spillway: Publication of the Panama Canal*, January 20, 1964. PCUF.

21　Quoted in Gregorio Selser, "La explosion del 9 de enero de 1964," *Tareas*, no. 97 (September–December 1997): 76.

22　"Chronology of Events Involving the Acting Governor of the Canal Zone, January 9–10, 1964," RG 185, Records of the Panama Canal, Internal Security Office, Declassified General Correspondence, box 4, NARA. 抗议活动爆发时，美国运河区州长罗伯特·约翰·弗莱明（Robert John Fleming，1962—1967）回到美国。帕克当时是副州长，后来又担任全职州长（1971—1975 年）。

23　"Panama Eyewitnesses Stress Army Restraint."

24　"Tivoli Buffet Interrupted," *Spillway: Publication of the Panama Canal*, January 20, 1964, PCUF.

25　LaFeber, *Panama Canal*, 109. 今天，位于蒂沃利酒店旧址的是史密森热带研究所的主办公楼和图书馆。

26　Donald R. Flynn, "The Battle: An Eyewitness," in Westerman Papers, USPanama Relations, box 78, SCRBC.

27　Flynn, "Battle."

28　George P. Hunt, "Covering the Riot–Ridden Canal," *Life*, January 24, 1964.

29　Tom Flaherty, "Bullets Fly in Panama over the Right to Fly the Flag: Inside an Ugly Fight," *Life*, January 24, 1964.

30　"Statement," Chiriqui Land Company, unpublished report, January 13, 1964, Westerman Papers, box 78, SCRBC.

31　Robert Richardson, " 'Burn, Baby, Burn' Slogan Used as Firebugs Put Area to Torch," *Los Angeles Times*, August 15, 1965.

32　"What Really Happened."

33　Martha Smith, "The Crisis in Panama: 1964," *Tropical Collegian* 29 (Spring 1964), PCUF.

34　Eugene H. Methvin, "Anatomy of a Riot: Panama 1964," *Orbis*, no. 14 (Summer 1970): 463–89; International Commission of Jurists, *Report on the Events in Panama, January 9–12, 1964* (Geneva: International Commission of Jurists, 1964).

35　"Panama's Economy Is Shaken by Crisis," *New York Times*, January 16, 1964.

36　"Desvían itinerario: 9 barcos turísticos cancelan viajes anunciados a Panamá," *La Hora*, January 29, 1964.

37　"Tourist Desert Country: Panama Economy Stricken as Dollar Flow Dries Up," *Miami Herald*, January 30, 1964, Westerman Papers, box 78, SCRBC.

38　引用自 George Westerman, "Let's Clean up Panama City," *Panama American*, June 27, 1964, Westerman Papers, box 78, SCRBC.

39　McCullough, *Path between the Seas*.

40　*Canal Record*, March 18, 1908.

41　*Canal Record*, August 13, 1913. 游客们想亲眼看见巴拿马运河的建设。1911 年，有 15 790 名游客到访巴拿马；1912 年，超过 20 000 人；1913 年的前 6 个月，有 18 972 人。

42　"Panama's Distinctive Stability," *Panama Times*, January 23, 1926.

43　Foster, *Tropical Tramp with the Tourists*, 94.

44　Conniff, *Black Labor on a White Canal*.

45　有关巴拿马的色情业，参看 Parker, "Empire's Angst."

46　Foster, *Tropical Tramp with the Tourists*, 97.

47　Abbot, *Panama and the Canal*, 224.

48　Merrill, *Negotiating Paradise*, 77.

49 Joaquín C. Beleño, *Gamboa Road Gang* (Panama City: Ministerio de Educación, Departamento de Bellas Artesy Publicaciones, 1960), 180.

50 Patricia Pizzurno, "Zona de contacto y espacio intervenido en Panama, 1904—1955," *Tareas*, no. 138 (May–August 2011): 85.

51 George Westerman, introduction to Linda Samuels, *An Exhibit on the Races of Mankind* (Panama City: Isthmian Negro Youth Congress, 1946), Westerman Papers, SCRBC.

52 Conniff, *Black Labor on a White Canal*.

53 Pizzurno, "Zona de contacto," 86.

54 "Balboa."

55 从这个意义上说，巴拿马官员对切断美国游客及其经济资本的流动并不感兴趣，而是想控制并从中获利。在去殖民化的缓慢进程中，资本主义民族主义旅游联盟并不罕见。1952年埃及革命中的民族主义领袖贾迈勒·阿卜杜勒·纳赛尔也在20世纪50年代与希尔顿集团达成协议，允许后者取代殖民时期的谢泼德酒店。

56 Quoted in "Bullets Fly in Panama."

57 Letter from Mrs. Fairchild to Mrs. Wetmore, February 5, 1964, Alexander Wetmore Papers, RU 7006, box 155, SIA.

58 Edward P. Morgan, "It's a Specious Kind of Patriotism Which Defiles That of Our Allies," *Panama Star and Herald*, January 27, 1964, Westerman Papers, box 78, SCRBC.

59 Joseph Curran, "NMU Can Point the Way to a Just Panama Policy," *NMU Pilot*, January 23, 1964, Westerman Papers, box 78, SCRBC. To better understand British colonial policies in India, see Stephen Legg, *Spaces of Colonialism: Delhi's Urban Governmentalities* (Oxford, UK: John Wiley & Sons, 2008).

60 有关飞地的历史和美国在拉丁美洲的文化影响，参看 Joseph, LeGrand, and Salvatore, *Close Encounters of Empire*.

61 William J. Lederer and Eugene Burdick, *The Ugly American* (New York:

Norton, 1958), 108.

62 Quoted in Donoghue, *Borderland on the Isthmus*, 77.

63 Donoghue, *Borderland on the Isthmus*, 58.

64 Greg Grandin, *Empire's Workshop: Latin America, the United States, and the Rise of the New Imperialism* (New York: Metropolitan Books, 2006), 56.

65 A. P. Boxley, "Our Readers Speak: Panama Crisis Could Hurt Coal Exports," *Post Herald* (Beckley, WV), January 23, 1964, Westerman Papers, box 78, SCRBC.

66 Quoted in *La Estrella*, January 12, 1964.

67 William J. Fulbright, "Old Myths and New Realities," United States of America Congressional Record Proceedings and Debates of the 88th Congress, Second Session 110, March 25, 1964, http://scipio.uark.edu/cdm/ref/collection/Fulbright/ id/312.

68 Quoted in Robin D. G. Kelley, *Freedom Dreams: The Black Radical Imagination* (Boston: Beacon, 2002), 56.

69 George Westerman, "The Passing Review: Jamaica–Trinidad Independence Triumph of Human Liberty," *Panama Tribune*, July 21, 1962, Westerman Papers, box 78, SCRBC.

70 Martin Travis and James Watkins, "Time Bomb in Panama," *The Nation*, April 30, 1960.

71 有关英国帝国主义、经济权力和埃及反抗殖民化之间的关系，参看 Robert L. Tignor, *Capitalism and Nationalism at the End of Empire: State and Business in Decolonizing Egypt, Nigeria, and Kenya, 1945—1963* (Princeton, NJ: Princeton University Press, 2015).

72 Yasser Elsheshtway, "Urban Transformations: The Great Cairo Fire and the Founding of a Modern Capital, 1952—1970," *Built Environment* 40, no. 3 (Autumn 2014): 408–25.

73 Garrido, *Cuba y el turismo*, 116. 有关古巴旅游历史的更多信息，参看 Schwartz, *Pleasure Island*, and Christine Skwiot, *The Purposes of Paradise:*

U.S. Tourism and Empire in Cuba and Hawai'i (Philadelphia: University of Pennsylvania Press, 2010).

74 Merrill, *Negotiating Paradise*, 4.

75 Quoted in Skwiot, *Purposes of Paradise*, 157.

76 自 20 世纪 90 年代以来，虽然古巴革命政府一直在推动旅游业的发展，但必须记住，最初的革命与 20 世纪中叶主导加勒比地区的国际旅游业迥然不同。有关革命古巴的种族主义和旅游业，参看 Devyn Spence Benson, *Antiracism in Cuba: The Unfinished Revolution* (Chapel Hill: University of North Carolina Press, 2016).

77 Peter Abrahams, "Commentaries: Ambivalence about Tourism," December 14, 1963, Statutory Bodies, record code 3/9/1/671, JARD.

78 "Political Broadcast by Abe Issa," Statutory Bodies, record code 3/9/4/88, JARD.

79 最高法院 1896 年的普莱西诉弗格森案，这是南部种族隔离的第一个也是最重要的挑战之一，实际上是关于旅游业的问题。1892 年，非裔美国人霍默·普莱西（Homer Plessy）试图登上新奥尔良的观光列车，但被拒绝允许乘坐"白人专用"汽车。关于旅游和公民权利，参看 Rose, *Struggle for Black Freedom in Miami*, and Guridy, *Forging Diaspora*.

80 Quoted in John Herbers, "Martin Luther King and 17 Others Jailed Trying to Integrate St. Augustine Restaurant," *New York Times*, June 12, 1964.

81 Stetson Kennedy (as Snow James), " 'Seeing St. Aug.' Proves Exciting," *Pitts burgh Courier*, June 6, 1964. 有关圣奥古斯丁的旅游和公民权利，参看 Reiko Hillyer, "Cold War Conquistadors: The St. Augustine Quadricentennial, Pan Americanism, and the Civil Rights Movement in the Ancient City," *Journal of Southern History* 81, no. 1 (February 2015): 117–56.

82 Martin Luther King Jr., *I Have a Dream* (New York: Schwartz & Wade, 2012).

83 Letter from Arthur B. Spingarn, president of NAACP, to president of the

United States, September 16, 1941, Westerman Papers, box 63, SCRBC.

84 George W. Westerman, "American–Panamanian Relations," *The Crisis* 60, no.3 (March 1953): 147–53, Westerman Papers, box 94, SCRBC.

85 Ricaurte Soler, "La concentración del poder económico en Panamá," in Gandásegui, *Las clases sociales en Panam*á, 97–98.

86 George W. Westerman "African Freedom Vital Development of the Sixties," *Panama Tribune*, July 7, 1962, Westerman Papers, box 78, SCRBC.

87 E. P. Thompson, *The Making of the English Working Class* (New York: Vintage Books, 1963), 27.

88 Quetzil E. Castañeda, "The Neo–Liberal Imperative of Tourism: Rights and Legitimization in the UNWTO Global Code of Ethics for Tourism," *Practicing Anthropology* 34, no. 3 (Summer 2012): 47–51.

89 Wolfgang Sachs, preface to *The Development Dictionary: A Guide to Knowledge as Power* (New York: Zed Books, 2010), vii.

90 Michael L. Conniff, "George Westerman: A Barbadian Descendant in Panama," in *The Human Tradition in Latin America*, ed. William H. Beezley and Judith Ewell, 141–50 (Lanham, MD: Rowman & Littlefield, 1998).

91 Letter from Hope R. Stevens to George Westerman, June 23, 1964, Westerman Papers, box 14, SCRBC.

92 Letter from S. P. B Magee to George Westerman, September 2, 1974, Westerman Papers, box 14, SCRBC.

93 Letter from George Westerman to Rex Williams, June 21, 1964, Westerman Papers, box 14, SCRBC.

94 Letter from Westerman to Rex Williams, June 21, 1964.

95 Greene, *Getting to Know the General*, 29.

结论

1　David Foster Wallace, "Shipping Out: On the (Nearly Lethal) Comforts of a Luxury Cruise," *Harper's Magazine*, January 1996, 33.

2　"Five Days with David Foster Wallace: Colin Marshall Talks to Author and Journalist David Lipsky," 3 Quarks Daily, July 19, 2010, http://www.3quarksdaily.com/3quarksdaily/2010/07/five-days-with-david-foster-wallace-colin-marshalltalks-to-author-and-journalist-david-lipsky.html.

3　Wallace, "Shipping Out," 34–35.

4　与流行的信仰相反，但符合悠久的哲学传统，无知不是福。浑浑噩噩的生活依旧不值得过。

5　Wallace, "Shipping Out," 36.

6　Plato, *Republic*, ed. Chris Emlyn-Jones and William Preddy (Cambridge, MA: Harvard University Press, 2013).

7　Wallace, "Shipping Out," 34.

8　Wallace, "Shipping Out," 56.

9　Jamaica Kincaid, *A Small Place* (New York: Farrar, Strauss, Giroux, 2000), 19.

10　在服务工作和情绪劳动方面，参看 Amy S. Wharton, "The Sociology of Emotional Labor," *Annual Review of Sociology* 35, no. 1 (August 2009): 147–65.

11　Paul Gootenberg, *Andean Cocaine: The Making of a Global Drug* (Chapel Hill: University of North Carolina Press, 2008), 4.

12　Spalding, "Lifestyle Migration to Bocas del Toro," 67–86; Carla María Guerrón Montero " 'Can't Beat Me Own Drum in Me Own Native Land': Calypso Music and Tourism in the Panamanian Atlantic Coast," *Anthropological Quarterly* 79, no. 4 (2006): 633–63.

13　Quoted in "New Tourism Law, Incentives to Promote Industry Growth," *The Visitor / El Visitante*, November 2012.

14 Quoted in Ramachandra Guha, *How Much Should a Person Consume?: Environmentalism in India and the United States* (Berkeley: University of California Press, 2006), 231.

15 United Nations Environment Programme and World Travel and Tourism Council, *Rethinking Single-Use Plastic Products in Travel and Tourism: Impacts, Management Practices and Recommendations* (Nairobi: United Nations Environment Programme, June 2021), https://wedocs.unep.org/bitstream/handle/20.500.11822/36324/RSUP.pdf.

16 Wallace, "Shipping Out," 50.

17 Honey, *Cruise Tourism in the Caribbean*.

18 豪华游轮上的工人与游客的比例让美国公共教育系统蒙羞。学生与教师的比例平均为 16 ：1。如果每三到四个学生就有一个老师，公共教育会是什么样子？

19 Jim Walker, "Royal Caribbean: The Rich Get Richer, the Poor Get Poorer," Jim Walker's Cruise Law News, February 26, 2014, http://www.cruiselawnews.com/2014/02/articles/crew-member-rights-1/royal-caribbean-the-rich-get-richer-the-poor-get-poorer/.

20 在加勒比游轮度假时，冰激凌消费的个人纪录可能会被打破。事实上，无论是穿着正装还是泳衣，很多人似乎总是拿着甜筒。无论早上、下午还是晚上，冰激凌都在畅销。啤酒和各种软饮料亦是如此。

21 Kelley, introduction to Césaire, *Discourse on Colonialism*, 27.

22 正式的殖民关系仍然存在于加勒比各个地区，包括波多黎各和美属维尔京群岛等美国控制的领土。参看 Immerwahr, *How to Hide an Empire*.

23 James Baldwin, "The White Man's Guilt," *Ebony*, August 1965.

24 这是一系列的经历。我所描述的是旅游业塑造当下的历史。这涉及许多历史和社会实践。尽管如此，仍有相当多占主导地位的人已经采取至少其中一些霸权特征，这些特征已成为加勒比旅游文化的一部分。

25 Sheller, *Consuming the Caribbean*, 121.

26 Joseph Conrad, *The Heart of Darkness* (1899; repr., Boston: Bedford / St. Martin's, 2011). 有关康拉德及其与欧洲殖民主义的关系，参看 Edward Said, *Joseph Conrad and the Fiction of Autobiography* (New York: Columbia University Press, 2008), and Maya Jasanoff, *The Dawn Watch: Joseph Conrad in a Global World* (New York: Penguin, 2017).

27 有关西方对殖民世界的幻想，参看 Said, *Orientalism*, and Ann Laura Stoler, *Race and the Education of Desire: Foucault's History of Sexuality and the Colonial Order of Things* (Durham, NC: Duke University Press, 1995).

28 Will Durant and Ariel Durant, *The Lessons of History* (New York: Simon & Schuster, 1968), 12.

29 F. Scott Fitzgerald, "An Interview with F. Scott Fitzgerald," *New York Tribune*, May 7, 1920.

30 Césaire, *Discourse on Colonialism*, 33.